本研究得到西安外国语大学英文学院，西安外国语大学"外语拔尖人才学术素养培养模式研究"项目（22XWC3），北京外国语大学北京高校高精尖学科"外语教育学"建设项目（2020SYLZDXM011）的资助。

外语专业本科新生
学术素养社会化研究

苏 芳〇著

中国社会科学出版社

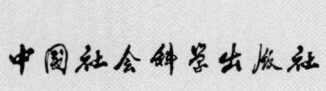

图书在版编目(CIP)数据

外语专业本科新生学术素养社会化研究 / 苏芳著 . —北京：中国社会科学出版社，2023.12
ISBN 978-7-5227-2742-4

Ⅰ.①外⋯　Ⅱ.①苏⋯　Ⅲ.①外语教学—素质教育—教学研究—高等学校　Ⅳ.①H09

中国国家版本馆 CIP 数据核字(2023)第 218055 号

出 版 人	赵剑英
责任编辑	高　歌
责任校对	李　琳
责任印制	戴　宽

出　　版	中国社会科学出版社
社　　址	北京鼓楼西大街甲 158 号
邮　　编	100720
网　　址	http：//www.csspw.cn
发 行 部	010-84083685
门 市 部	010-84029450
经　　销	新华书店及其他书店

印　　刷	北京明恒达印务有限公司
装　　订	廊坊市广阳区广增装订厂
版　　次	2023 年 12 月第 1 版
印　　次	2023 年 12 月第 1 次印刷

开　　本	710×1000　1/16
印　　张	19.25
插　　页	2
字　　数	280 千字
定　　价	109.00 元

凡购买中国社会科学出版社图书，如有质量问题请与本社营销中心联系调换
电话：010-84083683
版权所有　侵权必究

序 一

　　苏芳是2017年秋考入北京外国语大学，开始跟随我学习在外语教育研究领域开展质性研究。身为她的导师，为她的第一本学术著作作序，我颇感自豪。正所谓"知人论世"，作为一名质性研究者，我也希望大家能够从我对苏芳的介绍中，获取些许对她作品的了解。

　　苏芳的博士论文是针对外语专业本科新生学术素养社会化的研究。她的选题过程并不顺利，几经周折。作为一名具有丰富经验的大学英语教师，她从开始就对外语教师的专业发展抱有浓厚的研究兴趣，期望能够从中找寻现有外语教研困境的出路，并希望以此为基点探寻自身专业发展的切实路径。在与她交谈后，我却更希望苏芳能够走出她为自己设定的条条框框，换一个全新的视角，去扎入课堂，以"新学生"的身份重新体验教与学的互动，从而打开自己的视野，谋求更为持续的发展。从本科生的写作课堂、名师工程的培训课程到本书中提及的语言学习与语文能力发展课堂（即该专著中的S课程），苏芳在"旁观"与"参与"的过程中，也经历过望不尽天涯路的彷徨与无措、有过为"学术"消得人憔悴却盼而无果的犹豫与沮丧。然而，她一直坚持着，靠自己的热爱与执着不断追寻，一路前行。她渴望自己通过对生活经验的凝练与批判、对已有知识的问询与反思在外语教育研究领域做出推己及人、诚挚而真切的学术成果。经过深入的思考，她最终决定深入研究S课程，在文献阅读与数据分析的反复对话中找到了研究的聚焦点，顺利完成了博士论文。这本书——《外语专业本科新生学术素养社会化研究》——就是她努力的结果。

教师们似乎对学生的日常生活司空见惯，认为学生从高中到大学的转换是"自然而然"的成长，有的甚至认为"本科生无学术素养可谈"。而学生们也似乎对自己的学校日常生活经验有着"日用而不知"的忽视。但我们始终觉得对这群高考佼佼者的学校生活经验进行研究，可以了解到他们学校生活的实然状态，激发、唤醒读者对于他们学校生活的关注。这对我们更好地理解年轻一代的成长是非常有意义的。在这项研究中，苏芳对这些大学生所经历的学术实践活动进行了深描，展现了他们丰富多彩的学术素养社会化过程，让我们在具体的事件中，真实地看到了这些精英学生如何一步一步地成长，揭示了他们如何在一样的环境下孕育出不一样的文化。阅读此专著，我们可以感受着大学生的困惑、挣扎与兴奋，见证着他们的努力与成长，让我们看见这群年轻人在初入大学一年丰富而复杂的内心世界，或许能找到些许自己的影子，体会到感同身受。如此一来，专著其它方面的不足也得到了或多或少的弥补。

正如这本书中描绘的那般，苏芳在观察、理解、解释他人的学术素养社会化的过程中，也悄无声息地实现了自己的学术社会化。伴随着这群年轻人，苏芳逐步理解并掌握了外语教育研究相关文献，感悟质性研究的本质，并掌握质性数据分析的精髓。

生活经验是一种社会化的身体本能。苏芳的博士论文就源于她自身的学校生活体验。她好奇于优秀本科生的生活体验，也热衷于关注这些学生在高等学府中的"成才"路径，专心于探索当今大学教育能够对这些大学生产生的影响。作为一名博士生，苏芳在读期间几乎参加了我在北外开设的所有课程和学术讲座。我们对于这项研究的对话与讨论，正是在一次次的课间转场，或从教室到办公室间的往返，或从学校到魏公村地铁站的路途中点滴积累完成的。

当自我对确定性和结论没有头绪时，写作即方法。苏芳在收集好数据后经历了一段"沉默期"，坦言自己有些不知所措。我建议她投入写作，把数据从整体上进行梳理，写一个整体的数据报告，实现对研究现象的整体性认识，进而探究现象背后的意义。苏芳的执行力很强，很快就提交了数万字的数据报告。也因此，她的论文有了更快的进展。除此之外，体验与反思也是帮助实现自我提升的最好路径。苏芳是一个善于反思的学者，我知道她每天都会记录自己的生活体验，努力从中获取更多的写作灵感，不断地训练自己的写作思维。

在我们从一个个始发点走向另一个目的地的过程中，苏芳也努力地完成了她对自己研究的自我叙事。从课堂日常中捕获的萤火点点，如研究现象的锁定，到学生成长点所带来的恍然大悟，如研究问题的初步聚焦，再从研究工具与方法的抉择与论证到以研究对象学术素养社会化路径的白描和因素分析与讨论，苏芳在这场"他者研究"中也实践着"自我探究"，正如她在毕业时所讲的有种"豁然开朗"的感觉，也是一段自己的社会化之旅。

呈现在大家面前的这本专著，是苏芳在博士论文基础上修改而成的。重读她的作品，我看到了苏芳的进步。专著虽没有实质性的改动，但一些增删、语言的润色、甚至是标题的重拟都是苏芳不断思考、不断精进的结果。本书虽然仍有一些"青涩"，但也是当初那个阶段苏芳的"真实"写照，也正因本书的"青涩"让我们看到青年学者的不断进步。苏芳在博士毕业后的学术发展令我欣慰，也期望广大读者能够跟我一样持续关注苏芳的研究，一起见证苏芳的学术发展之路。

"得天下英才而教育之"是《孟子》一书中提到的君子三乐之一。我衷心希望本书能够为广大教师和教育工作者们开展学生的学术素养培育工作提供知识与启发。也希望读者能够通过本书的阅读、参考学长们的成长路径，进行一场专属于自我的民族志研究，从而学会在体验中对话、在对话中思考、在思考中获得发展！

杨鲁新

北京外国语大学

2023 年 11 月 27 日

序 二

  十分荣幸能够受苏芳博士邀请为其新著做序！专著不仅深入探讨了中国外语专业本科新生学术话语能力发展的成长过程，而且为我们理解和促进高校学生的学术素养和话语能力提供了新的视角。创新国际化外语人才培养是我国高等教育国际化的时代议题，特别是"双一流"及"四新"建设国家战略背景下，外语教育实现工具性和人文性的辩证统一，逐步培养学生真正使用英语进行学术交流的能力，并过渡到培养通过英语获得专业知识、从事跨文化交际及国际学术交流的能力。因此，高校学生学术素养的创新培养和生态发展是外语教育者亟需解决的问题。

  苏芳博士基于这一重要的现实问题，提炼出具有学术及理论价值的研究课题，采用民族志式个案历时研究方法。研究过程中，苏博士深入到外语课堂，对五位外语专业大学生的学术素养社会化过程及其影响因素进行全面、系统分析。她综合考量多维度的数据收集方法，采用问卷调查、访谈、课堂观察、叙事、实物资料以及研究日志和课堂观察笔记等多种方式，确保了数据的全面性和深度。结合情境分析与对比归纳分析方法实现科学、有效的数据处理，这些均有助于更准确地捕捉和理解研究中的复杂现象。

  根据苏博士的研究发现，外语专业本科新生的学术素养社会化是一个分阶段的过程，包括准备、实践和结果三个阶段，揭示出学术素养的发展并非一蹴而就，而是一个逐步积累和发展的过程。每个阶段都有其独特的特征和要求，对学校、教师和学生都提出了不同的挑战和机遇。此外，她还发现学术素养社会化不仅受到个人因素的影响，还受到社会文化环境、课程资源、师生互动方式等多种因素的共同作用。这些因素构成了一个复杂的影响网络，它们相互作用，共同塑造学生的学术素养。

在专著中，苏芳博士对学术素养的内涵和外延给予丰富和拓展，指出其核心要素不仅包括知识和技能，还涉及品性与社会关系。这一理解发展了学术技能的传统理解，并强调个人品质和社会互动能力的重要性。在此基础上，苏芳博士还构建了具有中国特色的外语专业本科新生学术素养社会化模型，为国内外相关研究提供重大的理论创新与学理支撑。本研究对于高等外语教育领域也具有重要的实践意义。它不仅为教师提供了关于如何指导学生发展学术素养的具体参考，还为学校和政策制定者提供了改善教育环境和课程设置的依据，以及如何为学生提供丰富的学术实践活动、强化专业理论知识和独特的评价方式，以创造有利于学术素养社会化的环境。

习近平总书记曾指出，哲学社会科学的核心任务是构筑学科、学术和学生一体化发展。苏芳博士的新著和研究真正践行了人文社会科学学者的这一使命与担当，着眼教学实践、聚焦本土问题、依托文献理论、借鉴中外方法、立足有效解决并心怀学术创新。这本专著不仅为我们提供了我国高校学生学术素养社会化的深入洞见，而且为未来在此领域的研究奠定了坚实的基础。我期待这本书能激发更多的学术讨论，并促进外语教育领域的进一步发展。

姜峰

吉大南校外语楼
2023 年 11 月 24 日

目　　录

前　言 ……………………………………………………………（1）

第一章　外语专业本科生培养与学术素养 ……………………（1）

第二章　学术素养社会化述评 …………………………………（8）
　第一节　基本概念 ………………………………………………（8）
　第二节　语言社会化理论及相关实证研究 ……………………（13）
　第三节　大学生社会化模型 ……………………………………（39）
　第四节　研究问题的提出 ………………………………………（44）
　第五节　本章小结 ………………………………………………（44）

第三章　研究方法的考量 ………………………………………（46）
　第一节　民族志式个案研究 ……………………………………（46）
　第二节　研究场域 ………………………………………………（48）
　第三节　研究参与者 ……………………………………………（54）
　第四节　研究者角色 ……………………………………………（57）
　第五节　数据收集 ………………………………………………（58）
　第六节　数据分析 ………………………………………………（67）
　第七节　研究的伦理道德及可信度 ……………………………（74）

第四章　研究参与者白描 ·· （79）
　　第一节　经历多彩的核心参与者 ···························· （79）
　　第二节　多彩中的共性：参与者学术素养基础 ············ （93）

第五章　外语专业本科新生学术素养社会化过程 ············ （103）
　　第一节　学术素养实践之茫然中摸索前行 ················· （104）
　　第二节　学术素养实践之探索发现 ························· （116）
　　第三节　学术素养实践之丰硕收获 ························· （126）
　　第四节　专业课及课外活动中的学术素养实践 ············ （159）
　　第五节　小结 ··· （166）

第六章　外语专业本科新生学术素养社会化影响因素 ······· （167）
　　第一节　宏观机构因素 ·· （167）
　　第二节　中观课程因素 ·· （172）
　　第三节　微观个体因素 ·· （187）
　　第四节　小结 ··· （219）

第七章　学术素养社会化再认识 ································ （221）
　　第一节　学术素养社会化之互动过程性 ··················· （221）
　　第二节　学术素养社会化影响因素间的关系 ·············· （233）
　　第三节　学术素养社会化再思考 ···························· （239）
　　第四节　小结 ··· （243）

第八章　研究结论与启示 ·· （245）
　　第一节　研究结论 ·· （245）
　　第二节　研究创新 ·· （247）
　　第三节　研究启示及未来展望 ······························· （250）

参考文献 …………………………………………………（253）

附　录 ……………………………………………………（272）

后　记 ……………………………………………………（290）

前　　言

当我踏入北京外国语大学的校园时，其实对自己充满了怀疑，我到底是不是这块读博士的料。因为觉得自己的基础相对要差一些，似乎离学术圈的边缘也还很远。所以在平日里特别关注校内优秀本科生的生活，想对他们的大学生活一探究竟，看看到底他们是如何成为优秀的学习者的。所幸的是有机会走进 F 大学辛老师的课堂，了解、感悟本科新生的学术素养社会化过程，这些促成了一篇博士学位论文，也最终有了这本在博士论文基础上修改而成的书。

在此期间，当我再次走进参与者们的世界，仿佛又回到了当初。再一次细读文字，又有了一些不一样的理解，但核心内容还是保持了博士论文的内容。在修改时，我增加了一章关于研究参与者的深描，我相信这种描写会为读者提供一种情境，使他们有身临其境的感觉，并在后面阅读研究发现时能有自己的理解。

呈现在读者面前的这本书是对 F 大学五位本科新生的学术素养社会化过程进行的探究结果。是她们的真诚、无私与勇气，带着我"重走"了一段难忘的路程，让我有可能为读者呈现她们在实现学术素养社会化过程中的点点滴滴，去分析使她们成为现在的她们的可能性。没有她们的无私帮助，这本书将不复存在。也因为她们，我多了几位充满活力、有抱负的年轻朋友，我一直与她们保持联系，看着她们一个个迈上更高的台阶，心里无比高兴。在此想特意对五位研究伙伴说一声"谢谢"，你们是本书的主角。

本书的目的不在于为读者提供一个普遍的学术素养社会化过程，

而是为读者呈现在特定场域、特定群体、特定阶段的一段生命历程，可能为读者提供一个可资回忆的机会，也可能让读者找到自己的影子，更为即将成为大学生的朋友提供一个预热的情境，也为高校的教师更好地理解本科新生所经历的学术素养社会化过程提供案例，或许也可以为家长朋友们了解自己的大学生孩子们提供一个窗口。因此在修改过程中，我尽量少用特别专业的词汇，或提供更多的脚注信息，使其更适应读者的阅读与理解。如果读者能在本书中有所收获，在心底有所回响，那么也算是本书一点贡献了。

苏 芳

写于 2023 年 1 月

第一章
外语专业本科生培养与学术素养

> 我们的目标,应该是让人们既拥有文化素养,也拥有某方面的专业知识。如此一来,他们便能以专业知识作为自我发展的基础,在文化素养的引领下,达到哲学的深度与艺术的高度。
> ——《教育的本质》[①]

教育兴则国家兴,教育强则国家强。二十大明确提出高等教育是一个国家发展水平和发展潜力的重要标志。本科教育在我国高等教育中享有核心地位。

> 本科生是高素质专门人才培养的最大群体,本科阶段是学生世界观、人生观、价值观形成的关键阶段,本科教育是提高高校人才培养质量的重要基础。办好我国高校,办出世界一流大学,人才培养是本,本科教育是根。本科不牢,地动山摇。[②]

为进一步强基固本,国家不断深化教育强国的战略高度,"全面振兴本科教育,教育部采取了一系列措施,打出了一套组合拳,召开了新时代高等学校本科教育工作会议,出台系列政策,开展本科教学秩序大整顿"。例如,2018 年全国教育大会的举办、《一流本科教育宣言》

[①] [英]弗雷阿尔德·诺思·怀特海:《教育的本质》,刘玥译,北京航空航天大学出版社 2019 年版,第 1 页。

[②] 陈宝生在 2018—2022 年教育部高等学校教学指导委员会成立大会上的讲话。

《关于加快建设高水平本科教育，全面提高人才培养能力的意见》（即新时代高教 40 条）以及《普通高等学校本科专业类教学质量国家标准》（以下简称《国标》）等政策的出台。2019 年教育部又提出要推进高等教育向内涵式发展的要求，并实施了一系列的计划（如"双万计划""六卓越一拔尖"计划 2.0 等）。高等外语教育是高等教育的重要组成部分，其发展"关系到高等教育人才的培养质量，关系到中国同世界各国的交流互鉴，更关系到中国参与全球治理体系的改革建设"[①]。在新时代背景下，我国高等外语教育肩负着重要的历史使命，更面临着新的机遇与挑战[②]。为此，全国高等学校外语专业教学指导委员会参与制定了《高等学校外语类专业本科教学质量国家标准》以及《普通高等学校本科外国语言文学类专业教学指南》等相关文件，为高等外语教育提供了纲领性指导。这些举措充分彰显了我国对本科教育及本科外语教育的重视程度，也说明了本科教育及本科外语教育的重要性。

学术素养[③]是高等教育水平的重要体现，也是大学生学术生涯发展的重要标志。[④] 学术素养的发展过程是一个社会化过程，是接受新知识、技能与倾向的过程。[⑤] 学术素养社会化具有开放性、发展性、复杂性、情境性以及学科性等特点。[⑥] 因此，深入探究不同专业本科学生的学术素养社会化过程对我国高等教育，尤其是高等外语教育有

[①] 吴岩：《新使命 大格局 新文科 大外语》，《外语教育研究前沿》2019 年第 2 期。

[②] 何莲珍：《新时代大学外语教育的历史使命》，《外语界》2019 年第 1 期。郭英剑：《对"新文科、大外语"时代外语教育几个重大问题的思考》，《中国外语》2020 年第 1 期。蒋洪新、杨安、宁琦：《新时代外语教育的战略思考》，《外语教学与研究》2020 年第 1 期。

[③] 学术是指具有较为专门、有系统的学问，而素养是指经常修习涵养。参见《辞海》，上海辞书出版社 1979 年版，第 2579、2789 页。关于学术素养的内涵，请参见本书第二章第一节。

[④] 刘秋颖、苏彦捷：《跨学科新生讨论班：学术生涯发展意义上的学习与研究经验的建构》，《教育研究与实验》2017 年第 3 期。

[⑤] Orville G. Brim Jr., "Socialization through the Life Cycle", in O. G. Brim, Jr. and Stanton Wheeler eds., *Socialization After Childhood: Two Essays*, New York: Wiley, 1966, pp. 1–49.

[⑥] Daniella Molle, Sato Edynn, Boals Timothy and Hedgspeth Carol A., *Multilingual Learners and Academic Literacies*. New York: Routledge. 2015; Patricia Duff, "Social Dimensions and Processes in Second Language Acquisition: Multilingual Socialization in Transnational Contexts", *The Modern Language Journal*, 103, Supplement, 2019, pp. 6–22.

着重要的指导意义。对外语专业本科生学术素养社会化的探究不仅顺应我国发展本科教育（尤其是本科外语教育）的要求，还能揭示其学术生涯发展的具体过程与影响因素，为本科教育相关利益人提供一定的参考。

目前，外语专业大学生尚存在学术培养严重不足[1]、学生知识面窄化明显等问题。虽然有研究针对外语专业本科生的培养进行了探究，例如，对本科生培养的相关文件进行解读[2]、专业定位探讨或者针对课程设置进行讨论[3]，也有研究针对教师发展进行探讨[4]。然而，从学生发展视角出发探究外语专业学生学术素养社会化的研究并不多见，对学术素养社会化的过程和影响因素等内容尚不明确。此外，已有研究大都以英语专业大学生为主要研究对象，对其他外语语种专业学生，尤其是初学者的学术素养社会化的关注度有所欠缺。因此，开展英语之外其他语种专业大学生学术素养社会化研究有其必要性。

此外，本科新生在进入大学后会面临适应性问题。已有研究表明从高中到大学的过渡过程中，大学新生在学业与生活等方面的适应与融入面临着巨大挑战，存在一定的问题。他们既面临着应对较高难

---

[1] 徐烈炯：《外文系怎么办》，《外国语》2004年第1期。

[2] 仲伟合、赵军峰：《翻译本科专业教学质量国家标准要点解读》，《外语教学与研究》2015年第2期。王立非、王灿：《高等学校（财经类）英语专业人才培养方案》解读：指导意见与实施要求，《外语界》2016年第2期。曾艳钰：《英语专业本科教学指南解读》，《外语界》2019年第6期。张文忠：《外语人才培养规格新议》，《山东外语教学》2021年第1期等。

[3] 冯光武：《国标与新时期外语类专业定位》，《外语教学与研究》2020年第6期。王俊菊：《英语专业本科国家标准课程体系构想——历史沿革与现实思考》，《现代外语》2015年第1期。常俊跃：《对〈国标〉框架下外语院校英语专业课程设置的思考》，《外语教学》2018年第1期。王卓：《回归与创新：〈国标〉视野下高校英语专业外国文学课程体系构建》，《外语电化教学》2019年第189期。孙有中：《贯彻落实〈国标〉和〈指南〉，推进一流专业和一流课程建设》，《外语界》2020年第3期。

[4] 钟美荪、金利民：《英语专业本科人才培养改革与教师专业发展》，《外语界》2017年第2期。孙有中、张虹、张莲：《国标视野下外语类专业教师能力框架》《中国外语》2018年第2期。王立非、金钰珏：《国标指引下商务英语教师专业核心素养阐释》，《外语电化教学》2019年第4期。张虹：《国标背景下高校非通用语教师身份认同研究》，《中国外语》2019年第5期。

度、较高标准的学业任务，又体验着相对独立多元的生活环境。① 因此，大学第一年成为影响大学生后续发展的关键时期。本科新生对大学生活的适应性对其专业学习、人际交往及人格塑造等诸多方面均会产生一定的影响，甚至会影响大学生的学业成功与否。② 因此，"充分认识大学生入学适应的丰富发展内涵、性质及其影响因素，对于切实落实高等院校学生的素质培养有着积极的作用"③。有学者针对这些问题也开展了相关研究，并取得了一些成果。例如，王颖和王笑宇探讨了本科新生导师制的影响及效果，如通过结构方程模型进行路径分析发现导师的指导对大学生的学业提升、学校适应以及未来取向都有正向影响，具有显著的效果。④ 旋天颖和黄伟的研究说明新生研讨对解决新生适应问题具有重要作用。他们以中国人民大学新生研讨课为案例，分析了新生研讨课开设情况总结新生研讨课开设经验，并指出新生研讨课是解决大学新生适应问题的主要渠道。⑤ 熊静和杨颉通过介绍哈佛大学新生指导与支持服务体系，提出可以借鉴国外做法的建议等。⑥

　　这些研究虽然为理解大学新生的适应性提供了重要参考，但是

---

① Anne Pitkethly and Michael Prosser, "The First Year Experience Project: A Model for University-Wide Change", *Higher Education Research and Development*, Vol. 20, No. 2, 2001, pp. 185 – 198; Patrick T. Terenzini, Rendon Laura I., Upcrft M. Lee, Millar Susan B., Allison Kein W., Gregg Patricia L. and Jalomo Romero, "The Transition to College: Diverse Students, Diverse Stories", *Research in Higher Education*, Vol. 35, No. 1, 1994, pp. 57 – 73; Lee M. Upcraft, Gardner John N. and Barefoot Betsy Overman eds., *Challenging and Supporting the First-year Student: A Handbook for Improving the First Year of College*, Vol. 254. San Francisco: Jossey-Bass, 2005.

② 陶沙：《从生命全程发展观论大学生入学适应》，《北京师范大学学报》（人文社会科学版）2000年第2期。龚放：《大一和大四：影响本科教学质量的两个关键阶段》，《中国大学教学》2010年第6期。

③ 陶沙：《从生命全程发展观论大学生入学适应》，《北京师范大学学报》（人文社会科学版）2000年第2期。

④ 王颖、王笑宇：《本科新生导师制对大学生的影响路径及实施效果研究》，《教育研究》2016年第1期。

⑤ 旋天颖、黄伟：《大学本科新生研讨课的经验与分析》，《中国大学教学》2014年第2期。

⑥ 熊静、杨颉：《过渡与适应：哈佛大学新生指导与支持服务体系探微》，《高教探索》2018年第7期。

主要以量化研究范式或是简单的调查方式来探讨本科新生的适应性问题及相关应对措施。鲜有研究采用质性研究范式针对大学新生的具体适应过程展开历时跟踪研究,而针对外语专业本科新生的相关研究更是寥寥无几。仅有少量研究针对外语专业本科生应具备的能力进行了探索,并取得了一定的研究成果。例如,有研究从高层能力、中层能力和操作能力三个层次指出外语专业本科生应具备的八个类别 27 项能力;还有研究就外语专业本科生的信息技术能力、多元能力或多元读写能力等的培养模式进行探索[①]。综观这些研究,均从宏观层面以教育者、管理者的视角对外语专业本科生培养的相关议题展开研究,针对外语专业本科生学术素养社会化过程的专门研究并不多见。

鉴于此,本书聚焦五位(非英语)外语专业新生的学术素养社会化过程,通过 18 个月的历时跟踪,深入探究其学术素养社会化的过程及影响因素。本书旨在揭示外语专业本科新生的学术素养社会化过程并探究影响其学术素养社会化过程的诸因素,进而构建中国外语专业大学生的学术素养社会化模型。为此,本书采用质性研究范式,以民族志式个案研究为研究方法,探究外语专业本科生在新生阶段如何实现其学术素养的社会化。基于此,本书提出以下两个研究问题:

(1)外语专业本科新生学术素养社会化的过程是什么?
(2)外语专业本科新生学术素养社会化的影响因素是什么?

本书拟通过对外语专业本科新生学术素养社会化的过程及影响因素的深入探究,以期为我国高等外语教育,尤其是外语专业本科新生学术素养的发展提供一定的参考与启示。

[①] 张德禄:《外语本科生多元能力培养教学选择模式探索》,《外语界》2018 年第 1 期。张德禄:《外语专业本科生信息技术能力培养模式研究》,《西安外国语大学学报》2019 年第 1 期。张德禄、陈一希:《我国外语专业本科生多元能力结构探索》,《外语界》2015 年第 6 期。张德禄、张时倩:《论设计学习——多元读写能力培养模式探索》,《解放军外国语学院学报》2014 年第 2 期。

本书共计七章，具体内容包括：

第一章研究背景。主要介绍本研究开展的研究背景，强调高等外语教育的地位与存在的问题，旨在引出本研究的研究问题以及本书的框架结构。

第二章学术素养社会化述评。该章首先介绍了学术素养及学术素养社会化等基本概念的内涵。其次介绍本研究的理论基础，即语言社会化理论与大学生社会化模型，并对国内外相关研究进行述评。最后，对该章节内容进行小结。

第三章研究设计的考量。该章首先对研究场域和研究者角色进行了说明。其次介绍了数据收集与分析的具体过程。最后对本研究所遵循的研究伦理及研究可信度等内容进行说明。

第四章研究参与者白描。对本研究的参与者进行深入描写，旨在为读者提供一种身临其境的背景，以便对本研究得出的结论给出自己的看法，或在本研究中找到自己的影子。

第五章学术素养社会化过程。该章旨在回答本研究的第一个研究问题，并以时间为序拉开参与者学术素养社会化之幕，对参与者的学术素养社会化的过程进行阐述。通过对其所参与的学术素养实践活动如学术阅读、学术写作、小组合作、专业课程学习及社会活动等过程的深度描写。

第六章学术素养社会化的影响因素。该章回答本研究的第二个研究问题，主要从宏观的社会文化环境、中观的课堂及微观的个人三个层面分别介绍影响外语专业本科新生学术素养社会化的因素。宏观层面主要从国家教育背景与政策，学校资源等方面介绍整体的社会文化环境。中观层面以F大学的S课堂为例，详细说明影响外语专业本科新生学术素养社会化的因素。微观层面主要以个人实践网络为例说明其对外语专业本科新生学术素养社会化的影响。宏观与微观层面主要关注机构组织方面对学术素养社会化的影响，而微观层面主要关注个体方面对学术素养社会化的影响。

第七章学术素养社会化再认识。该章主要基于第五章和第六章的研究发现，进一步对外语专业本科新生的学术素养的深入理解与提炼，进而建构外语专业本科新生学术素养社会化模型，并对模型进行详细解读，对学术素养社会化给予新解。

第八章是结论部分。该章主要对本研究进行总结，包括概括研究发现与研究创新以及研究启示。

第二章
学术素养社会化述评

第一章就本研究的背景进行了说明，指出学术素养社会化研究在高等外语教育，尤其是外语专业本科新生培养中的重要性及必要性。本章旨在介绍本研究的理论框架并对国内外相关文献进行综述。首先，对基本概念如学术素养（academic literacy）、社会化（socialization）及学术素养社会化进行阐述。其次，介绍本研究的理论框架及相关实证研究，主要包括语言社会化理论和大学生社会化模型及其相关实证研究，并对相关研究进行评介。最后，对本章节内容进行小结。

第一节 基本概念

界定术语、廓清基本概念的意涵是研究进一步开展的重要环节。要探究外语专业本科新生的学术素养社会化过程，首先要明确什么是学术素养，什么是社会化及学术素养社会化。本节将对这些概念进行说明。

一 学术素养

根据《辞海》的解释，学术是指具有较为专门、有系统的学问，而素养是指经常修习的涵养。① 然而，对于"学术素养"目前尚没有

---

① 《辞海》，上海辞书出版社1979年版，第2576、2789页。

形成一个明确完整的定义。在应用语言学领域，关于学术素养的定义学界同样尚未达成共识。纵观国内外相关文献，早期的学术素养一般指读写能力（尤其指高等教育阶段），通常与学术读写教学相关，以培养学生的学术写作技能为主，是学术英语（English for Academic Purpose，EAP）及二语写作领域的主要研究内容之一。[①] 随着研究的深入，研究者基于交际能力、情境学习理论、实践共同体以及语言社会化理论等，将社会文化因素纳入学术素养研究的考察维度，学术素养的内涵因此得到了丰富与发展。表2.1总结了国内外代表学者对学术素养概念的理解。

表2.1　　　　国内外学者对学术素养的定义与解读

序号	表述	来源
1	保障学术成功的基础，是一套复杂技能	Hyland and Hamp-Lyons, 2002
2	研究技能、读写技能；互动关系；社会技能；语言及社会环境适应能力	Braine, 2002
3	学术素养发展是一种社会化过程，是习得大学文化的过程	Paltridge, 2004
4	高等教育阶段的学术读写能力	Lillis and Scott, 2007
5	语言技能、自主性及质疑他人观点的能力	Blue, 2010

[①] 可参见 Ruth Spack, "The Acquisition of Academic Literacy in a Second Language: A Longitudinal Case Study", *Written Communication*, Vol. 14, 1997, pp. 3–62. Roz Ivanic, *Writing and Identity: The Discoursal Construction of Identity in Academic Writing*, Amsterdam: John Benjamins, 1998. Mary R. Lea and Brain V. Street, "Student Writing in Higher Education: An Academic Literacies Approach", *Studies in Higher Education*, Vol. 23, No. 2, 1998, pp. 157–172. Sures Canagarajah, *A Geopolitics of Academic Writing*, Pittsburgh: University of Pittsburgh Press 2002. Lysya Seloni, "Academic Literacy Socialization of First Year Doctoral Students in US: A Micro-ethnographic Perspective", *Journal of English for Academic Purpose*, Vol. 11, No. 1. 2012, pp. 47–59. Brain Street, Mary R. Lea and Lillis Theresa, "Revisiting the Question of Transformation in Academic Literacies: The Ethnographic Imperative", in Theresa Lillis, K. Harrington, Mary R. Lea and S. Mitchell eds., *Working with Academic Literacies: Research, Theory, Design*, Fort Collins, CO: WAC Clearing house, 2015, pp. 383–390.

续表

序号	表述	来源
6	通过与社区成员互动，学习使用语言、意识形态和其他符号或符号资源等	Duff，2010
7	学术素养指处理学术语篇的能力	Patterson and Weideman，2013 a，b
8	学科认识论；对社会文化环境的理解；惯例与规范的掌握	Wingate，2015
9	学术素养，是素养的一种，是意义建构实践过程中形成的一种能力，具有多模态、多语言、多文化、开放性、发展性及复杂性等特点	Molle et al.，2015
10	学术素养是一种社会活动	Lillis and Tuck，2016

　　有学者认为学术素养不仅指读写能力，而是一套复杂技能，是学术成功的重要基础。① 也有学者认为学术素养发展是一个社会化过程，是学生通过实践习得大学文化（university culture）的过程。② 还有学者指出学术素养应包括较强的语言技能，一定程度的自主性以及质疑他人观点的能力，③ 是教育领域人员应具备的重要能力，具有学科特征，需要通过与其他成员互动，进而掌握相关惯例及规范。④ Wingate 认为学术素养包括：（1）对学科知识认识论的理解，即学科知识的产生与交流；（2）对社会文化环境的理解，即参与者与社会文化环境的互动；（3）对惯例与规范（conventions and norms）的掌握。⑤

---

① Ken Hyland and Liz Hamp-Lyons，"EAP：Issues and Directions"，*Journal of English for Academic Purposes*，Vol. 1，No. 1，2002，pp. 1 - 12.
② Brian Paltridge，"Academic Writing"，*Language Teaching*，Vol. 37，2004，p. 90.
③ George Blue，*Developing Academic Literacy*，New York：Peter Lang，2010.
④ Patricia Duff，"Language Socialization into Academic Discourse Communities"，*Annual Review of Applied Linguistics*，Vol. 30，2010，pp. 169 - 192.
⑤ Ursula Wingate，*Academic Literacy and Student Diversity*，Toronto：Multilingual Matters，2015，p. 7.

Duff 进一步指出学术素养是在学术实践过程中，运用多种中介工具，在与他人互动的过程中培养出的一种综合能力，具有多层次、多维度等特点。然而，这些学术素养的内涵虽有所扩展，但本质仍是以学术写作能力为核心的拓展理解，仍属于狭义的学术素养。[1] Molle 等人强调学术语言在意义建构中的作用，指出学术素养是学生进行意义建构的一种能力，是 21 世纪的一项重要能力。[2] 在一定意义上，Molle 等人关于学术素养的理解不再局限于写作领域，属于广义的学术素养。

国内学者大都将学术素养视为一种综合能力，并将其划分为不同的构成要素。例如，有学者运用扎根理论提炼了研究生创新人才的学术素养内涵包括科研知识、技能与方法，科学认知能力，自我调节与发展能力以及科研态度与品质 4 个维度、11 个要素[3]，还有学者认为学术素养由无畏的精神、独立的意识、批判的思维以及热爱的情感等要素构成[4]，包括基本品质与核心要素两方面内容，且两者相辅相成，即"学术素养植根于研究者对学术的求知欲、探索热情和独立研究的能力，又体现在研究者的知识、思维、技能水平上"[5]。另有学者从全人教育视角提出高校外语人才应具备的能力包括"人格""知识""能力""素养"四个向度的内涵。[6]

本书赞同以上学者对学术素养的理解，尤其是 Paltridge 及 Molle

---

[1] Patricia Duff, "Social Dimensions and Processes in Second Language Acquisition: Multilingual Socialization in Transnational Contexts", *The Modern Language Journal*, Vol. 103, Supplement 2019, pp. 6–22.

[2] Daniella Molle, Sato Edynn, Boals Timothy and Hedgspeth A. Carol, *Multilingual Learners and Academic Literacies*, New York: Routledge, 2015, pp. 3–4.

[3] 徐玲、母小勇：《研究生拔尖创新人才的学术素养：内涵、结构与作用机理——基于扎根理论的分析》，《研究生教育研究》2022 年第 2 期。

[4] 安静、王琳博：《文科研究生学术素养的内涵、要素及培养》，《重庆高教研究》2013 年第 1 期。

[5] 余继、石晓菲：《一流大学研究生学术素养的养成——以剑桥大学教育系博士研究生培养为例》，《重庆高教研究》2016 年第 1 期。

[6] 张文忠：《外语人才培养规格新议》，《山东外语教学》2021 年第 1 期。

等学者的观点,并结合《国标》①中的相关内容,将学术素养理解为在学术实践过程中形成的一种学术综合能力,其发展过程是一个社会化过程,也是意义建构的过程。

二 学术素养社会化

社会化(socialization)是社会学中的一个重要概念,通常指人们习得知识、技能与品性(disposition),从而发展成为合格社会成员的过程。② 也有学者认为社会化是"个人接受文化规范,以形成独特自我的过程"或"人类'接受'周围环境的文化或亚文化的价值观、习惯、观点的过程",是社会群体(组织),如家庭、社区、同伴、学校、工作单位等对其成员的塑造过程,具有终身性、复杂性及不确定性等特征,其核心是探讨人与社会的关系问题。③ 因此,社会化从本质来讲是一个互动过程,包括两方面的内容:一是个体改变自身,主动适应社会(社团群体),从而被认可、接纳,最终发展成为合格的社会成员;二是在这一发展改变过程中,个体也对社会群体(组织)产生影响,成为建构社会现实的积极贡献者。④ 换言之,社会化是社会群体(组织)对个体的塑造,同时个体对社会群体(组织)也会产生影响,是两者相互作用的过程。

学术素养社会化是指通过参与学术实践活动,获得一定学术素养,即高等教育阶段新手通过与其他共同体成员互动、学习、参与学

---

① 教育部高等学校教学指导委员会:《普通高等学校本科专业类教学质量国家标准》,高等教育出版社 2018 年版。

② Orville G. Brim Jr., "Socialization through the Life Cycle", in O. G. Brim, Jr. and Stanton Wheeler eds., *Socialization After Childhood: Two Essays*, New York: Wiley, 1966, p. 3.

③ 林清江:《从社会化历程论述各级教育的重点》,《台湾师范大学教育研究所集刊》1977 年第 19 辑,第 109 页。[瑞典]胡森:《国际教育百科全书》(第 8 卷),李维、丁延森主编,贵州教育出版社 1991 年版,第 311 页。郑杭生:《社会学概论新修》,中国人民大学出版社 2003 年版,第 132—133 页。谢维和:《教育活动的社会学分析:一种教育社会学的研究》,教育科学出版社 2007 年版。

④ Bambi B. Schieffelin and Elinor Ochs eds., *Language Socialization Across Cultures*, New York: Cambridge University Press1986a. Bambi B. Schieffelin and Elinor Ochs, "Language socialization", *Annual Review of Anthropology*, Vol. 15, 1986.

术实践活动①，习得一定的学术知识、技能、品性②与社会关系③，最终发展成为合格共同体成员④的过程。本书在对外语专业本科新生的学术素养实践活动进行考察的基础上，从学术知识、技能、品性及社会关系等方面对外语专业本科新生的学术素养社会化过程及其影响因素进行探究。

第二节　语言社会化理论及相关实证研究

语言社会化研究可追溯到20世纪60年代，最早由人类学研究者正式提出。⑤ 人类学家发现传统心理语言学在研究语言习得时忽视了社会环境的因素，而人类学在儿童社会化的研究过程中又存在

---

① Masaki Kobayashi, Sandra Zappa-Hollman and Patricia Duff, "Academic discourse socialization", in Patricia A. Duff and S. May eds., *Language Socializing*, *Encyclopedia of Language and Education*, pp. 230 – 254, New Zealand: Springer, 2017.

② Orville G. Brim Jr., "Socialization through the Life Cycle", in O. G. Brim, Jr. and Stanton Wheeler eds., *Socialization After Childhood: Two Essays*, New York: Wiley, 1966, p. 3.

③ Lysya Seloni, "Academic Literacy Socialization of First Year Doctoral Students in US: A Micro-ethnographic Perspective", *Journal of English for Academic Purpose*, Vol. 11, No. 1. 2012, pp. 47 – 59.

④ Jean Lave and Etienne Wenger, *Situated Learning: Legitimate Peripheral Participation*. Cambridge: Cambridge University Press, 1991.

⑤ 可参见：Shirley Brice Heath, *Ways With Words: Language, Life and Work in Communities and Classrooms*, Cambridge: Cambridge University Press, 1983. Elinor Ochs, "Variation and error: A Sociolinguistic Study of Language Acquisition in Samoa", in D. Slobin ed., *The Cross-Linguistic Study of Language Acquisition*, Vol. 1, pp. 783 – 838, Hillsdale: Lawrence Erlbaum Associates, 1985. Bambi B. Schieffelin, "The acquisition of Kaluli", in D. Slobin ed., *The Cross-Linguistic Study of Language Acquisition*, Vol. 1, pp. 525 – 593, Hillsdale: Lawrence Erlbaum Associates, 1985. Karen Watson-Gegeo and David Gegeo, 1986, "Calling-out and repeating routines in Kwara'ae children's language socialization", in Bambi Schieffelin and E. Ochs eds., *Language Socialization Across Cultures*, pp. 17 – 50, Cambridge: Cambridge University Press, 1986. Elinor Ochs and Bambi, "The Theory of Language Socialization" in A. Durante, E. Ochs and B. B. Schielffelin eds., *The Handbook of Language Socialization*, pp. 1 – 21, UK: Wiley-Blackwell, 2012. Elinor Ochs and Bambi Schieffelin, "Language Socialization: An Historical Overview", in Patricia Duff and S. May eds., *Language Socialization*, pp. 3 – 16, Switzerland: Springer, 2017.

对语言的重要作用认识不足等问题。① 在此情境下，语言社会化研究应运而生。语言社会化理论不仅重视社会文化环境，也关注语言在儿童及初学者社会化过程中的重要中介作用（mediation），强调两者的交互关系（interaction）。本部分将首先介绍语言社会化理论的核心理念及重要概念，再对语言社会化理论的相关实证研究进行综述。

一 语言社会化理论

综观文献，语言社会化理论的核心理念与特征可以概括为五点。②

第一，语言社会化理论强调语言学习与文化习得彼此相互建构③以及语言在儿童及新手社会化过程中的重要中介作用。语言社会化研究的一个中心目标是识别语言在习得、使用或创新社会秩序、文化知识、信仰、价值观、意识形态等过程中的作用。语言社会化研究认为"语言在社会生活中具有多种功能，书面语和口语不仅具有逻辑（真理功能），而且具有社会意义"④。学习者在语言学习过程中，习得并内化语言所承载的价值观、行为方式和习俗与规范⑤，即语言既是社会化的中介也是社会化的结果。

第二，语言社会化理论强调社会化过程的互动性及学习者能动性。语言社会化理论继承了维果斯基学派传统，强调个人发展与社

---

① Don Kulick and Bambi Schieffelin, "Language Socialization", in A. Duranti ed., *A Companion to Linguistic Anthropology*, pp. 349–368, Oxford: Blackwell, 2004.

② 苏芳、杨鲁新：《〈课堂环境下的语言社会化：文化、互动与语言发展〉评介》，《外语教育研究前沿》2021年第2期。苏芳、杨鲁新：《语言社会化理论视角下的外语课堂研究》，《外语教学》2021年第5期。

③ Karen Watson-Gegeo and Sara Nielsen, "Language socialization in SLA", in C. J. Doughty and H. L. Michael eds., *The Handbook of Second Language Acquisition*, pp. 155–177, Oxford: Blackwell, 2003.

④ Bambi B. Schieffelin and Elinor Ochs eds., *Language Socialization Across Cultures*, New York: Cambridge University Press, 1986a, pp. 170–171.

⑤ Deborah Poole, "Language Socialization in the Second Language Classroom", *Language Learning*, Vol. 42, 1992. Patricia Duff, "Language Socialization into Academic Discourse Communities", *Annual Review of Applied Linguistics*, Vol. 30, 2010.

历史文化的互动关系，认为所有的互动均是潜在的社会化情境①，即主体与社会环境中各要素在中介活动中的互动。语言社会化理论同时也强调在互动过程中个体的能动性，认为环境（他人）与个体是双向作用过程。② 换言之，儿童或新手在互动过程中实现社会化的同时，其他成员也受儿童或新手的影响，在某些方面也得到社会化，如获得新的身份、立场或行为等。由于儿童或新手具有能动性，他们并非简单地复制或内化语言及意识形态③，而是在环境的激发下，主动参与建构社会文化意义。因此，能动性是实现社会化的重要驱动力之一。

第三，实践共同体（community of practice）与接触区（Zone of Contact）是语言社会化的核心场域。学习者通过互动以建立社会关系，从而融入实践共同体④，成为合法成员（legitimate participants）。Zappa-Hollman 和 Duff 在实践共同体概念的基础上，进一步提出了"个人实践网络"（individual network of practice，INoP）这一概念，是

---

① Elinor Ochs, *Culture and Language Development: Language Acquisition and Language Socialization in a Samoan Village*, Cambridge: Cambridge University Press, 1988, p. 6. Bambi B. Schieffelin, *The Give and Take of Everyday Life: Language Socialization of Kaluli Children*, New York: Cambridge University Press, 1990, p. 19.

② Patricia Duff, "An Ethnography of Communication in Immersion Classrooms in Hungary", *TESOL Quarterly*, Vol. 29, 1995, pp. 505 – 537. Steven Talmy, "The Cultural Productions of ESL Student at Tradewinds High: Contingency, Multidirectionality, and Identity in L2 Socialization", *Applied Linguistics*, Vol. 29, No. 4, 2008, pp. 619 – 644. Elinor Ochs and Bambi, "The Theory of Language Socialization" in A. Durante, E. Ochs and B. B. Schielffelin eds., *The Handbook of Language Socialization*, UK: Wiley-Blackwell, 2012, pp. 1 – 21. Matthew J. Burdelski, "Embodiment, Ritual, and Ideology in a Japanese-as-a-Heritage-Language Preschool Classroom", in M. J. Burdelski and K. M. Howard eds., *Language Socialization in Classrooms: Culture, Interaction and Language Development*, Cambridge: Cambridge University Press, 2020, pp. 200 – 223.

③ Don Kulick and Bambi Schieffelin, "Language socialization", in A. Duranti ed., *A Companion to Linguistic Anthropology*, Oxford: Blackwell, 2004, pp. 349 – 368.

④ Ilona Leki, "A Narrow Thinking System: Nonnative-English-speaking Students in Group Projects across the Curriculum", *TESOL Quarterly*, Vol. 35, 2001, pp. 38 – 67. Suresh Canagarajah, "A Somewhat Legitimate and Very Peripheral Participation", in C. P. Casanave & S. Vandrick eds., *Writing for Scholarly Publication: Behind the Scenes in Language Education*, Mahwah, NJ: Lawrence Erlbaum, 2003, pp. 197 – 210. Naoko Morita, "Negotiating Participation and Identity in Second Language Academic Communities", *TESOL Quarterly*, Vol. 38, No. 4, 2004, pp. 573 – 603.

对实践共同体的有益补充。① INoP 将学习者置于社会化过程的中心,同时关注学习者在社会活动中与他人的互动。

学习者通常同时处于不同的实践共同体中,而这些实践共同体之间往往存在语言、文化意识、实践等诸多方面的差异。因此,学习者的语言文化生活也常常处于不同社会语言文化群体间的接触区。② 不论是学习者原有的实践共同体,还是新进入的实践共同体,抑或两者之间形成的接触区均处于动态变化之中。③ 因此,学习者从一个实践共同体进入另一个实践共同体时,接触区与原有实践共同体在社会、文化、语言及意识等方面的不同成为学习者建构新知识与能力的重要中介,也成为其社会化的重要驱动力。换言之,该接触区是由于新成员的加入而带来的具有异质性的意义系统,是学习者原有的实践共同体与其新进入的实践共同体之间的"差异、冲突与矛盾"。这些"差异、冲突与矛盾"成为学习者与其他成员进行意义协商进而进行意义建构的重要中介。

第四,语言社会化研究以民族志研究为主要研究方法。④ Kulick 和 Schieffelin 曾指出语言社会化研究必须满足的三个基本标准,其中第一条就是民族志的研究设计。⑤ 民族志研究是"对人以及人的文化进行详细的、动态的情境化描绘的一种方法,探究的是特定文化中人们的生活方式、价值观念和行为模式"⑥。语言社会化研究者通常通过深入研究场域,对研究参与者进行历时观察,并通过深描及解释,

---

① Sandra Zappa-Hollman and Patricia Duff, "Academic English Socialization through Individual Networks of Practice", *TESOL Quarterly*, Vol. 49, No. 2, 2015, pp. 333–368.

② Mary Louise Pratt, "Arts of the Contact Zone", *Profession*, Vol. 91, pp. 33–40.

③ Patricia Duff, "Language Socialization in Classrooms: Findings, Issues, and Possibilities", in M. Burdelski & K. M. Howard eds., *Language Socialization in Classrooms: Culture, Interaction and Language Development*, pp. 249–264, Cambridge: Cambridge University Press, 2020.

④ Don Kulick and Bambi Schieffelin, "Language socialization", in A. Duranti ed., *A Companion to Linguistic Anthropology*, Oxford: Blackwell, 2004, p. 350.

⑤ 另外两个标准是:一是长期历时研究;二是对特定语言、文化在不同情境下习得与否进行说明。此外,Garrett 也提出了类似的关于语言社会化研究的方法论特点,如历时研究设计,基于田野的数据收集,民族志研究设计及宏观与微观的数据分析。

⑥ 陈向明:《质的研究方法与社会科学研究》,教育教学出版社 2000 年版,第 25 页。

研究某一群体的行为、语言以及成员间的互动，以"局内人"的视角提供对行为及文化环境的整体理解。①

第五，语言社会化具有跨学科本质与超学科潜质。语言社会化研究吸收了社会学、文化心理学、人类语言学、功能语言学、社会语言学及其他领域的核心观点，具有跨学科的本质，也较好地体现了超学科②研究范式这一潜能，由于语言社会化理论涉及多层级分析、语言分析、文化知识、相关社会经验实例及发展取向等多方面内容，因此成为超学科研究的理想领域。③第二语言社会化研究将社会、文化和语言进行了超学科整合，为超学科研究提供了较好的范例。④

以上五点是对语言社会化理论的核心理念与特征进行的概括总结，掌握这些理念与特征可为本研究的开展提供重要的理论指导。语言社会化理论涉及中介、活动、共同体及个人实践网络（INoP）等重要概念。正确理解这些概念可以更好地理解该理论，为明确研究过程中需要关注的要点指明了方向，对本书中研究的开展有着重要的指导意义。下文将对这四个重要概念分别进行解读。

第一个重要概念是中介。它是"人类运用具体物品（artifacts）、概念（concept）及活动（activity）调节（mediate）世界与自我关系的一种社会心理活动过程"⑤。维果斯基认为人类的高级活动均是由工具

---

① John W. Creswell and Cheryl N. Poth, *Qualitative Inquiry and Research Design: Choosing Among Five Approaches*, Thousand Oaks, California: SAGE Publications, Inc, 2018.

② 超学科的思路最早由 Jantsch 提出。超学科发展是学科间融合的最高层次，是学科相互配合与协调的教育模式和研究方法。超学科理念是对各种复杂问题提供新视野和创造性的解决方案，最终目标是将不同的知识整合成一个比较完整的知识形态。

③ Patricia Duff, "Social Dimensions and Processes in Second Language Acquisition: Multilingual Socialization in Transnational Contexts", *The Modern Language Journal*, 103, Supplement, 2019.

④ Karen A. Watson-Gegeo and Matthew C. Bronson, "The Intersections of Language Socialization and Sociolinguistics", in R. Bayley, R. Cameron and C. Lucas eds., *The Oxford Handbook of Sociolinguistics*, pp. 126–152, Oxford University Press, 2003.

⑤ James Lantolf and Steven L. Thorne, *Sociocultural Theory and the Genesis of Second Language Development*, Shanghai: Shanghai Foreign Language Education Press, 2012, p. 79.

（tools）进行调节的。这些工具既包括具体物品（material artifact）（例如，锤子、棍子等），也包括抽象符号（symbolic artifact）（例如，语言、数字、图表等）。① 在这些工具中，语言是人类在建构意义过程中进行思维活动的最主要中介工具。人类通过与他人或与自己言说（languaging），或外化（externalize）或内化（internalize）所学内容，并在此过程中学会如何思考，如何安慰自己，甚至如何感受和表达这些感受。② 只有当个体使用工具去实现某种目标时，这些工具才称得上中介，进而为其发展提供给养（affordance）或产生限制（constraints）。Swain 等指出中介是将个体与社会辩证统一起来，连接个体与社会之间的桥梁，并通过塑造、计划、指导行为而产生作用。③ 本书中的研究运用中介概念探讨外语专业本科新生在学术素养社会化过程所使用到的中介有哪些，并发挥了哪些作用。

第二个重要概念是活动。活动是语言社会化研究的一个关键分析单位，也是重要的中介工具之一。④ 活动为研究者探究新手与"专家"在一定情境中如何互动提供了实证分析的原始材料，也为窥探新手所在社会群体（组织）及其文化取向提供了窗口。Leontiev 指出"活动不仅仅是去做事情，而是受生理需求（如饥饿）或文化需求（如识字）的驱动去做事情"⑤。当需求指向一个特定对象时，就变成了动机（motive）。动机可以"在特定的空间和时间条件下，通过适当的中介手段，在特定的目标导向和具体行动中得以

---

① Lev S. Voygotsky, *Mind in Society: The Development of Higher Psychological Processes*. Cambridge, MA: Harvard University Press, 1978.

② Paul Garrett and Patricia Baquedano-López, "Language Socialization: Reproduction and Continuity, Transformation and Change", *Annual Review of Anthropology*, Vol. 31, pp. 339 – 361, 2002.

③ Merill Swain, Penny Kinnear and Linda Steinman, *Sociocultural Theory in Second Language Education*, Toronto: Multilingual Matters, 2015, p. 1.

④ Yrjö Engeström, *Learning by Expanding: An Activity Theoretical Approach to Developmental Research*. Helsinki: Orienta-Konsultit, 1987. Seth Chaiklin and Jane Lave eds., *Understanding Practice: Perspectives on Activity and Context*, Cambridge, UK: Cambridge University Press, 1993.

⑤ 转引自 James Lantolf ed., *Sociocultural Theory and Second Language Learning*, New York: Oxford University Press, 2000, p. 8.

实现"①。以本书中的口头汇报活动为例，口头汇报是学术素养（文化需求）的一个特定对象，学生要实现掌握口头汇报技能这一需求时，可在特定的空间（如课堂），时间（如上课时间）条件及特定的目标导向（如完成老师的作业布置或学习如何进行口头汇报）下，通过亲自参与该活动，并运用适当的中介工具（如课件、多媒体、学习材料、教师指导等）得以实现。本书将通过观察学习者所参与的学术素养实践活动，分析他们如何通过中介工具在特定的时空条件下以特定的行动实现学术素养的社会化。

第三个重要概念是实践共同体。实践共同体最早由 Jean Lave 和 Etienne Wenger 提出，属于社会学习理论的观点，即人的社会关系会影响他们的社会化。② 实践共同体是一定的社群组织，具有三个基本特点：相互参与（mutual engagement）、共同事业（joint enterprise）以及共享知识库（shared repertoire）。③ 实践共同体强调通过相互参与、共同努力和分享经验实现意义的建构（meaning making）与社会关系的建立。实践共同体中的实践（practice）是实现情境意义建构的一种手段。实践同时也是一种活动。实践共同体是社会化发生的重要场域，它无所不在，是人们生活的一部分。本书将分析外语专业本科新生在共同体如高校、所选的课程等中的学术实践活动过程，以探究其在学术素养社会化过程中的影响作用。

第四个重要概念是个人实践网络。有研究者认为实践共同体对新成员的地位有所忽视，于是将实践共同体与社会网络相结合，提出了

---

① James Lantolf ed., *Sociocultural Theory and Second Language Learning*, New York: Oxford University Press, 2000, p. 8.
② Ilona Leki, "A Narrow Thinking System: Nonnative-English-speaking Students in Group Projects across the Curriculum", TESOL Quarterly, Vol. 35, pp. 38 – 67, 2001. Suresh Canagarajah, "A Somewhat Legitimate and Very Peripheral Participation", in C. P. Casanave & S. Vandrick eds., *Writing for Scholarly Publication: Behind the Scenes in Language Education*, Mahwah, NJ: Lawrence Erlbaum, 2003, pp. 197 – 210.
③ Étienne Wenger, *Communities of Practice: Learning, Meaning and Identity*, Cambridge, UK: Cambridge University Press, 1998, pp. 72 – 73.

实践网络的概念，扩展了实践共同体的群体范围。① 实践网络考察的是个人关系网络，与中国人讲的"人脉"类似。在此基础上，Zappa Hollman 和 Duff 进一步提出了个人实践网络（individual network of practice，INoP）的概念。INoP 将学习者置于社会化过程的中心，考察个人与他人的互动过程。作为一个社会网络，INoP 包含了个体所处的社会关系，使得研究者和个体都能够清晰了解个人的社会关系。个人实践网络由核心（core，INoP 的个人）、节点（node，他人）和集群（cluster，将同类节点分组的标签）等要素构成。② 这些要素可以通过图示展示，其中用线段代表个人与他人的连接，是从核心经过群组辐射到其他节点。③ 这种连接有强弱之分，个体对该连接的投入越多，与他人产生的连接则越强。个体对个人实践网络的投入进而会为其获得学术回报及情感回报。INoP 能有效揭示学习者社会化的过程。本书将通过绘制参与者的个人实践网络，进一步考察在学术素养社会化过程中，个体与环境中他人的互动，进而探究影响个体学术素养社会化的因素。

总之，中介、活动、实践共同体与个人实践网络这几个概念相互联系、彼此融合，是语言社会化理论中的重要概念。要探究学术素养社会化需要对以上概念有较好的把握，以便更好地对其复杂过程进行解读。

二 语言社会化相关研究综述

历时来看，语言社会化研究的发展大致经历了三个主要阶段：第一阶段是萌芽期（20 世纪 60 年代初期到 70 年代初）。这一时期，社会学家及人类学家开始更多地关注语言、社会文化与学习之

---

① John Seely Brown and Paul Dufuid, "Knowledge and Organization: A Social-Practice Perspective", *Organization Science*, Vol. 12, No. 2, 2001, pp. 198–213.

② Sandra Zappa-Hollman and Patricia Duff, "Academic English Socialization through Individual Networks of Practice", *TESOL Quarterly*, Vol. 49, No. 2, p. 339.

③ 具体参见第六章学术素养社会化影响因素部分对参与者个人实践网格的介绍。

间的关系，是最早探讨语言社会化的研究者，主要代表有 Gumperz，Hymes，Slobin 等，他们的研究为语言社会化理论的发展奠定了基础。第二阶段是初步发展期（20 世纪 70 年代初到 90 年代），语言社会化理论在这一时期初步成型。该时期的语言社会化研究以 Ochs，Schieffelin 及 Heath 等为主要代表人物，重点关注儿童早期母语社会化的文化因素及学校成就（school achievement）。第三阶段是蓬勃发展期（20 世纪 90 年代至今）。进入 20 世纪 90 年代以来，语言社会化研究进入蓬勃发展期，从其丰硕的研究成果可以看出这一发展态势。这一时期出版了大量的学术专著及论文，尤其是《语言社会化手册》（*The Handbook of Language Socialization*）及语言与教育百科全书系列——第八卷《语言社会化》（*The Encyclopedia of Language and Education Volume 8 Language socialization*）等专著的出版，是语言社会化蓬勃发展的重要标志。语言社会化理论在这一时期得到广泛应用，并趋于成熟。

从研究主题来看，语言社会化研究又可以根据"其潜在的哲学假设或是否遵守语言社会化研究的标准"进行分类[1]。依据该分类方法，语言社会化研究可以分为三类。

第一类是以语言社会化为研究主题（language socialization as topic），主要考察社会生活、语言使用和语言发展的交互等，因此涉及的内容也十分广泛。例如，Heath 是最早开展儿童语言社会化过程的研究者。她的研究揭示了儿童早期家庭及社区的语言社会化经历对其未来学习及职业的影响。她强调教师应重视自身及学习者的家庭语言社会化行为与模式，这有利于促进其专业发展[2]。而 Jacobs-Huey 的语言社会化研究则探究了美国南部一所非洲裔美容学院中新手学生如何

---

[1] Matthew Clay Bronson and Karen Ann Watson-Gegeo, "The Critical Moment: Language Socialization and the Revisioning of First and Second Language Learning", in P. Duff & N. Hornberger eds., *Encyclopedia of Language and Education*, Vol. 8: *Language Socialization*, Boston: Springer, 2008, p. 48.

[2] Shirley Brice Heath, *Ways with Words: Language, Life and Work in Communities and Classrooms*, Cambridge: Cambridge University Press, 1983.

学习理发过程中所需要的专业术语及交流。研究发现，参与者通过阅读教材、讨论、角色扮演等中介活动学会了如何与顾客交流，尤其是如何恰当回应顾客的不满。① 此外，Bayley 和 Schecter 的论文集均以语言社会化研究为主题，所集文章主要研究儿童、青少年和成人在双语和多语言环境中是如何通过语言社会化进入知识和文化实践的新领域，研究内容包括父母的语言选择模式对本土语言维持的影响，移民学生在中学学习主题话语的社会化，中国移民学生的言语和沉默的作用。该论文集还探讨了诸如英语—西班牙语双语身份，基于多媒体的美国移民学生身份解释，学习者（埃及）的性取向以及玻利维亚双语者（艾马拉语—西班牙语）语码混合等方面的内容，并讨论了语言在多语言环境中的作用。②

另一部以语言社会化为主题的是论文集《课堂环境下的语言社会化：文化、互动与语言发展》，主要聚焦课堂情境下的语言社会化相关议题。③ 该论文集以语言社会化理论为指导，运用民族志研究方法，详细描述了不同的课堂环境下的语言社会化主题，如价值观、倾向及立场社会化，身份社会化以及意识形态社会化等议题。④ 此处略举几例进一步说明：如，Moore 考察了美国一所东正教附属俄语继承语学校内教师如何通过编故事和使用评价性词汇以表达对东正教的积极情感立场，从而使学生接受该宗教文化，进而建立积极情感立场。作者强调内容学习与立场确立密不可分，并指出词汇、句法结构、表情、韵律及叙事等符号系统是实现立场社会化的

---

① Lanita Jacobs-Huey, "Ladies are Seen, not Heard: Language Socialization in a Southern, African American Cosmetology School", *Anthropology and Education Quarterly*, Vol. 34, pp. 277 - 299, 2003.

② Robert Bayley and Sandera R. Schecter eds. , *Language Socialization in Bilingual and Multilingual Societies*, Clevedon, UK: Multilingual Matters, 2003.

③ Matthew M. Burdelski and Kathryn M. Howard, *Language Socialization in Classrooms: Culture, Interaction and Language Development*, Cambridge: Cambridge University Press, 2020.

④ 苏芳、杨鲁新：《〈课堂环境下的语言社会化：文化、互动与语言发展〉评介》，《外语教育研究前沿》2021 年第 2 期。

主要手段。① 又如，Cekaite 探究了瑞士二语课堂中教师如何通过叙事及学生示例来讲解词汇，从而帮助新移民学生在学习词汇的同时习得与词汇相关的价值观、规范及情感立场，建构其在瑞士的新身份。② 再如，Burdelski 通过考察日语作为继承语的学前课堂，分析了教师如何通过言语示范指导学龄前儿童在毕业典礼活动中展现"公众自我"，从而使他们学会在正式场合正确使用肢体语言，强化了学生对日本社会所关注的公众形象的认知。③ 这些研究为课堂语言社会化提供了更加丰富的文献，极大地丰富了语言社会化的实证研究。

总之，以语言社会化为主题的这类研究涉及内容广泛、群体多元、情境多样，为理解不同情境下的语言文化的复杂性作出了重要贡献。然而，部分研究尚存在研究数据相对单薄，有的研究只基于访谈数据、缺乏对数据的深入分析等问题。因此，纵向、深入的民族志研究以及翔实地记录与解释的研究成为语言社会化研究努力的方向。

第二类是将语言社会化视为理论方法（language socialization as approach）的研究。这类研究探讨语言社会化本体论和认识论，比较重视理论视角的发展，同时也关注学习者的现实生活和社会条件。语言社会化理论融合了语言社会化过程的主观性及现象学，为窥探学习者的生活经历与挑战提供了一个新的视角。有研究探讨了系统功能视角下的语言社会化，通过对相关文献的梳理，作者聚焦儿童前语言阶段

---

① Ekaterina Moore, "Affective Stance and Socialization to Orthodox Christian Values in a Russian Heritage Language Classroom", pp. 71 – 90, in M. J. Burdelski and K. M. Howard eds., *Language Socialization in Classrooms: Culture, Interaction and Language Development*, Cambridge: Cambridge University Press, 2020.

② Asta Cekaite, "Teaching Words, Socializing Affect, and Social Identities: Negotiating a Common Ground in a Swedish as a Second Language Classroom", in M. J. Burdelski and K. M. Howard eds., *Language Socialization in Classrooms: Culture, Interaction and Language Development*, Cambridge: Cambridge University Press, 2020, pp. 112 – 131.

③ Matthew M. Burdelski, "Embodiment, Ritual, and Ideology in a Japanese-as-a-Heritage-Language Preschool Classroom", in M. J. Burdelski and K. M. Howard eds., *Language Socialization in Classrooms: Culture, Interaction and Language Development*, Cambridge: Cambridge University Press, 2020, pp. 200 – 223.

的意义建构与语言社会化过程中的意义建构间的关系。该研究进一步说明了系统功能语言学视角下的语言社会化研究的可行性。① 还有研究对不同情境下的语言社会化进行了研究，进一步丰富了语言社会化理论。例如，有学者考察了同一所学校中一语及二语项目中教师的学术写作教学态度及实践。通过大量翔实的数据分析，他们发现一语及二语教师的教学在对学生的写作期待及写作模式方面存在差异。一语写作教学强调修辞及成熟隐晦的表达，而二语写作教学则更强调推理及清晰简洁的表达。因此，他们认为一语学习者的语言社会化（写作学习）是以学习者对文化知识的了解为前提而开展，而这恰是二语学习者所缺失的。② Watson-Gegeo 对 Watson-Gegeo 和 Gegeo 之前的一项研究（九个家庭一语儿童语言社会化）进行了文本再分析，研究表明宏观因素如国家及地区机构等对教材、教学方法及父母教育经历的影响会进一步影响孩子的语言学习。③ Siegal 研究了一位白人女学生在日本学习日语的过程。该研究主要聚焦社会语言能力习得过程中的主体性，同时也关注了社会、文化及历史等因素。研究表明权力及地位对该学生及其男性日本语言教师之间的交流产生重要影响。④ 此外，还有研究将参与者视为全人参与者，是身份建构、语言使用的积极主体（active agent），并能为研究者对数据的解读提供反馈。例如，Bronson 的研究将其研究参与者视为研究合作伙伴，共同探究该参与者对英语冠词的使用困难，并发现该参与者在写作中

---

① Geoff William, "Language Socialization: A Systemic Functional Perspective", in P. A. Duff and N. H. Hornberger eds., *Encyclopedia of Language and Education*, 2nd Edition, Volum 8, *Language Socialization*, 2008, pp. 57 – 70.

② Dwight Atkinson, "Language Socialization and Dy-socialization in a South Indian College", in R. Bayley and S. Schecter eds., *Language Socialization in Bilingual and Multilingual Settings*, Clevedon: Multilingual Matters, 2003, pp. 147 – 162.

③ Karen A. Watson-Gegeo, "Thick Explanation in the Ethnographic Study of Child Socialization: A Longitudinal Study of the Problem of Schooling for Kwara'ae, Slomon Islands Children", in W. A. Corsaro and P. J. Miller eds., *Interpretive Approaches to Children's socialization*, *Special issue of New Directions for Child Development*, Vol. 58, 1992, pp. 51 – 66.

④ Meryl Siegal, "The Role of Learner Subjectivity in Second Language Sociolinguistic Competency: Western Women Learning Japanese", *Applied Linguistics*, Vol. 17, 1996, pp. 356 – 382.

对英语定冠词"the"的正确使用与其维持日本人身份的纠结有直接关系。①

第三类是将语言社会化作为研究方法（language socialization as method）的研究，主要探讨语言社会化理论本身所蕴含的方法论内涵。这类研究主要介绍了语言社会化理论所倡导的民族志研究及语篇分析等具体方法，将人类学、社会语言学和话语分析等方法结合，采用一定的数据收集程序，如通过音频、视频数据、现场观察与记录以及对参与者的深入人种学访谈进行系统记录，对数据进行深入描写与分析等。此外，这类研究还从微观和宏观两个层面分析相关的社会背景。对微观和宏观层面的分析以及对两者之间联系的关注使语言社会化研究人员能够对普遍性和特定文化性有全面了解。② 上文提到的Watson-Gegeo 的研究就是对数据深描及深度分析的典型例子，也有研究则主要通过收集对话录音及访谈材料，并对其进行文本分析。对一名 5 岁女童学习意大利语的跨语言发展进行的研究采用历时（为期一年）民族志研究方法。③ 同样，Aminy 也开展了一项历时两年半的民族志研究，通过对文本数据的详尽分析，报告了素养（背诵《古兰经》）社会化的过程。④ Yang 对加利福尼亚州奥克兰市一所城市高中学校改革过程的研究就对录像和录音转写文本以及相关文件进行了深入的文本分析。⑤ Friedman 在对 MA-TESOL 项目中一年级学生如何学习引用（citation）进行的探究中就使用了对数据文本的微观语篇分析

---

① Matthew Clay Bronson, *Writing Passage：Academic Literacy Socialization Among ESL Graduate Students：A Multiple Case Study*, Ph. D. dissertation, University of California, 2004.

② Paul Garrett, "Researching Language Socialization", in K. King et al. eds., *Research Methods in Language and Education*, pp. 283 – 295, *Encyclopedia of Language and Education*, Switzerland：Springer, 2017.

③ Gabriele Pallotti, "Towards an Ecology of Second Language Acquisition Process", in E. Kellerman, B. Weltens, and T. Bongaerts eds., *Euro SLA 6：A Selection of Papers*, Vol. 55, pp. 121 – 134, 1996.

④ Marina Aminy, *Constructing the Moral Identity：Literacy Practices and Language Socialization in a Muslim Community*, PhD dissertation, University of California, Berkeley, 2004.

⑤ Wayne Yang, *Taking Over：The Struggle to Transform an Urban School System*, PhD dissertation, University of California, Berkeley, 2004.

这一研究方法。①

　　以上对语言社会化研究的分类对进一步了解语言社会化研究提供了一定的便利，但是这种分类方法的标准界限并非清晰可辨，多数情况下，一个研究可以归属于不同的类别。例如，Watson-Gegeo 及 Siegal 的研究就同时可以分类到第一类和第三类。

　　综上，语言社会化研究历经半个多世纪的发展，取得了丰硕的成果，内容十分丰富，涉及不同的年龄段（如儿童、青年及成年），不同的共同体（如家庭、社区、学校、不同的地区及国家等），也涉及不同的研究对象群体（如一语学习者、二语学习者、多语学习者、继承语学习者等）。无论是哪种分类方法，国外语言社会化理论相关研究针对语言社会化理论的本质内涵、方法论取向及关注的核心内容进行了详细的解读，不仅为理解该理论提供了重要的参考，更为相关研究的开展提供了范例。

　　与国外研究相比，国内学者对语言社会化的研究则相对比较滞后，目前尚处于理论引进与初步应用阶段。在语言社会化理论引介方面主要针对语言社会化理论的概念、内涵进行解读或评述。例如，有的研究介绍了二语社会化理论的主要内容及不足，指出要构建跨文化语言社会化理论以加深对二语社会化的理解。② 在语言社会化理论的初步应用研究方面，主要集中在语言社会化的影响因素、文化适应性、语用能力发展、跨文化交际能力的培养等方面。③ 例如，尹洪山运用个案研究分析了多元文化背景下的第二语言社会化及其特点，发现学习者在语言习得、文化适应和心理认同方面存在个性差异。他们

---

① Debra A. Friedman, "Citation as a Social Practice in a TESOL Graduate Program: A Language Socialization Approach", *Journal of Second Language Writing*, Vol. 44, 2019, pp. 23 – 36.
② 史兴松：《超学科视角下的二语社会化理论》，《现代外语》2016 年第 1 期。
③ 尹洪山：《跨文化语境中的第二语言社会化》，《广东外语外贸大学学报》2017 年第 2 期。史兴松：《超学科视角下的二语社会化理论》，《现代外语》2016 年第 1 期。应洁琼：《基于语言社会化理论的留学生汉语语用能力发展研究》，《语言教学与研究》2018 年第 5 期。史兴松、冯悦：《留学生汉语课堂跨文化适应情况质性研究》，《外语教育研究》2018 年第 1 期。李玉琪、崔巍：《语言社会化进程中来华留学生跨文化交际能力培养——以南亚留学生为例》，《语言与翻译》2017 年第 2 期。

的语言社会化受其学习经历和母语文化的影响。同样,应洁琼采用个案研究方法,从请求言语行为角度调查了六位在华留学生语用能力发展情况。研究结果显示,人际互动、教与学和观察模仿等社会活动直接或间接地促进了其语用语言能力和社会语用的发展。此外,史兴松和冯悦从跨文化及语言社会化视角探讨来华留学生对我国汉语课堂教学模式的适应情况,发现欧美学生与亚洲学生相比在跨文化适应过程中面临更大的挑战。还有李玉琪和崔巍运用语言社会化理论对新疆南亚留学生跨文化交际进行了案例研究,发现该群体对中国文化在多个方面表现出不理解与不适应。他们认为应该重视本土外语学习者在外语课堂环境下如何实现对所学外语文化的适应性问题,并指出应该关注学习者在习得外语文化的同时如何讲好中国故事。综合来看,这些研究主要针对来华留学生的文化适应性及语用能力的发展进行的探索,尚未按语言社会化理论的研究方法取向即民族志研究进行设计。此外,国内针对学术素养社会化的直接研究尚比较缺乏[1],大都是从宏观层面谈论学术能力培养,从教育者、管理者的视角对外语专业本科生的培养进行研究,而且关注对象主要为英语专业本科生与研究生的培养[2]。因此,国内针对学术素养社会化的实证研究亟待加强,在研究对象、内容、主题等多方面均有待扩展,尚有较大发展空间。

三 学术素养社会化相关研究述评

学术素养社会化是语言社会化研究的重要领域之一,主要以语言社会化理论作为理论框架,对学术素养社会化进行探索。本部分将首先介绍素养(literacy)研究的发展历程[3],接着对学术素养社会化相关研究进行综述。

---

[1] 国内二语写作研究比较成熟,但本研究聚焦广义学术素养,在此不对其进行赘述。

[2] 可参见第一章。

[3] 通过文献分析,本研究发现学术素养的研究源于素养研究,学术素养是素养研究在学校教育,尤其是高等教育领域的一种体现。

（一）学术素养社会化研究概述

早期的素养研究主要关注读写能力，是社会学家及人类学家关注的重要领域之一。素养研究取向可分为两种：一是将其视为一种技术（technology）；二是将其视为一种社会现象（social phenomenon）。[①] 早期的素养研究主要从认知及心理学视角出发，认为素养是一种技术，并通过实证研究证明读写教学的功能与效果。他们认为读写教育会对接受者的心理、认知技能、经济地位及文明程度等多方面产生重要影响，被称为"自主模型"（autonomous model）。[②] 然而，批评者指出该模型忽视了社会文化因素，遂从社会、文化、机构及历史情境等方面探究读写能力的发展，综合考察社会文化、政治及经济等因素对读写能力的影响，并将读写视为一定情境下的社会实践（social practice），这一派观点被称为"意识形态模型"[③]。至此，素养研究从认知、心理视角转向了社会文化视角。[④]

学术素养研究同样经历了由认知、心理学视角向社会文化视角的转变，早期也主要关注学生读写能力的发展。在应用语言学领域内，其研究主要关注学习者的语言能力，尤其是读写能力，且更为强调写作能力。研究内容包括学术语篇分析及学习者写作技能的培养等，尤其针对英语作为外语学习者的学术知识及技能的培养，如需求分析、学习者困难及体裁研究等。随着研究的深入，学术素养研究的关注点从探究学习者所需的知识与技能转向了学习者如何实现社会化以及社会化过程中权力、身份等相关问题。近些年，学术素养研究开始关注

[①] Niko Besnier and Brain Street, "Aspects of Literacy", in T. Ingold ed., *Companion Encyclopedia of Anthropology*, London: Routledge, 1994, pp. 527 – 562.

[②] Brain Street, *Literacy in Theory and Practice*, New York: Cambridge University Press, 1984.

[③] Brain Street, *Literacy in Theory and Practice*, New York: Cambridge University Press, 1984.

[④] 关于素养研究的理论视角，不同学者有不同的划分。除本书所提到的这种两分法外，还有如 Cumming 和 Geva（2012）提出的认知（cognitive）、社会文化（sociocultural）及宏观社会（Macrosocietal）三分法视角。根据他们对宏观社会视角的解释，本书认为宏观社会视角可以归入社会文化视角，遂采用两分法的观点。

学习者口头学术话语的社会化过程。

学术素养社会化研究已取得了丰硕研究成果，出版了大量相关主题的学术文章、学位论文以及专著等。研究者针对不同主题对学术素养社会化进行了深入探究，包括学术素养与社会文化环境、学习者能动性、身份建构、现代技术、多语言与多模态（multilingualism/ multimodality）等相关主题。这些研究为人们从不同视角深入了解学术素养社会化的过程提供了宝贵经验。根据本研究的目的，下文将主要从学术素养社会化与社会文化环境、学习者能动性以及多语言与多模态这三个方面对已有相关研究进行综述。

（二）学术素养社会化与社会文化环境相关研究

如前文所述，学术素养社会化主要探究社会文化环境下新手如何通过与其他共同体成员互动（学习、参与学术实践活动），发展成为合格的共同体成员的过程。因此，学术素养社会化是在一定的社会文化环境下发生，社会文化环境对学术素养实践产生重要影响。例如，Spack 曾对一名留美日本大学生的学术素养进行历时跟踪研究，研究表明学习者需要熟悉学术语言、学术知识和社会文化知识。学习者对学术素养实践环境的理解是其学业成功的重要保障。[1] Canajarajah 的研究同样发现学习者了解学术领域的文本、社会和政治等规则是其学术成功的重要条件。[2] 此外，Altınmakas 和 Bayyurt 的研究发现大学生的写作受到一系列教育环境因素的影响，包括母语与外语写作学习经验，对学术写作及特定学术文本的认识，是否长期参与学术讨论以及教师期望等。[3]

鉴于社会文化环境在学术素养社会化过程中的重要作用，研究者

---

[1] Ruth Spack, "The Acquisition of Academic Literacy in a Second Language: A Longitudinal Case Study", *Written Communication*, Vol. 14, 1997, pp. 3–62.

[2] Suresh Canagarajah, *A Geopolitics of Academic Writing*, Pittsburgh: University of Pittsburgh Press, 2002.

[3] Derya Altınmakas and Yasemin Bayyurt, "An Exploratory Study on Factors Influencing Undergraduate Students' Academic Writing Practices in Turkey", *Journal of English for Academic Purposes*, Vol. 37, 2019, pp. 88–103.

还开展了不同情境下的学术素养社会化研究。概括而言，从大的社会环境来看有目标语环境下的外语或二语学习，包括留学生国外留学期间的学术素养社会化，移民学生的学术素养社会化等方面；从具体的社会文化环境来看，有课堂环境下的学术素养社会化以及实践共同体的研究等具体情境的探究。例如，Zappa-Hollman 和 Duff 提出个人实践网络概念，并通过对三位留学加拿大的大学生历时一年的跟踪研究，发现个人实践网络能深入揭示其学术素养社会化的复杂过程。[①] Soltani 提出学术社会空间（academic social space）[②] 的概念，通过对一名新西兰留学生所在的学术社会空间进行了为期三个学期的观察，以探究其学术语言社会化过程。该研究发现个人对学术空间的实践和规范投入越多，个人的社会化程度越高，因此该学术社会空间也越有活力。同样 Patrick 的研究揭示了加拿大一个多语社区语言学习与使用的复杂性，并认为系统观察微观的个人社会网络互动模式可以有效帮助我们理解学习者社会化的过程。[③] 新的概念如个人实践网络以及学术社会空间的提出为探究学术素养社会化的社会文化环境提供了新的视角。

这些研究表明学术素养社会化具有情境性，为理解不同社会文化环境下的学术素养社会化提供了重要参考，也说明开展不同情境下的学术素养社会化的必要性。Duff 的一项对匈牙利双语教育改革的民族志研究，在数据分析时，明确将宏观的社会文化背景（20 世纪 80 年代末的社会政治变革、对苏联政策的否定和威权主义）与微观具体情境（英语浸入式双语课程）相结合，全面考察了社会文

---

① Sandra Zappa-Hollman and Patricia Duff, "Academic English Socialization through Individual Networks of Practice", *TESOL Quarterly*, Vol. 49, No. 2, 2015, pp. 333 – 368.

② 学术空间概念是 Soltani 在实践共同体以及空间生产（production of space）概念基础上提出的，主要指物理空间和心理空间围绕社会—学术关系发生的互动。这一互动过程是学习者在进入新的学术空间（perceived space），通过协商掌握新的学术空间的规范、意识形态和期望的过程。

③ Donna Patrick, "Language Socialization and Second Language Acquisition in a Multilingual Arctic Quebec Community", in R. Baylay and S. R. Scheter eds., *Language Socialization in Bilingual and Multilingual Societies*, Sydney: Multilingual Matters, 2003, pp. 165 – 181.

化、语言及学术话语结构对学习者学术素养社会化的影响。① 该研究为本研究的开展提供了重要启示。然而，学术素养社会化的情境性大多是在综观文献基础上得出的结论。这些研究虽然说明了学术素养社会化的情境性，但尚未有研究就学术素养社会化的情境性内涵进行解读。

（三）学术素养社会化与学习者能动性

学习者的学术素养社会化与其能动性是一个互动过程，初学者并非只是社会文化知识的被动接受者，还是意义的产生与协商的积极贡献者与参与者。在该互动过程中，学习者学术素养的形成和发展是其与他人及环境积极互动的动态结果，他人及环境为学习者在社会化过程中提供重要给养，是其实现社会化的重要中介。能动性指在以社会文化为中介的活动中采取行动的能力。② "能动作用不仅仅指人们在做事情时所具有的意图，而是首先指他们做这些事情的能力"，尤其是指行动者能"换种方式行事"或"做出另外选择"的能力。③ 学习者能动性是学术素养社会化的关键因素④，是语言社会化研究的一个关注点，"为更好地理解语言学习的过程和可能的结果，有必要对能动性进行更深入的分析"⑤。

---

① Patricia Duff, "An Ethnography of Communication in Immersion Classrooms in Hungary", *TESOL Quarterly*, Vol. 29, 1995, pp. 505 – 537.

② Laura M. Ahearn, "Language and Agency", *Annual Review of Anthropology*, Vol. 30, 2001, pp. 109 – 137.

③ ［英］吉登斯：《社会的构成——结构化理论纲要》，李康、李猛译，中国人民大学出版社2016年版，第6页。

④ Luxin Yang, "Doing a Group Presentation: Negotiations and Challenges Experienced by Five Chinese ESL Students of Commerce at a Canadian University", *Language Teaching Research*, Vol. 14, No. 2, 2010, pp. 141 – 160. Fogle, Lyn Wright Fogle, *Second Language Socialization and Learner Agency: Adoptive Family Talk*, Bristol: Multilingual Matters, 2012. Patricia Duff and Liam Doherty, "Examining Agency in Second Language Socialization Research", in P. Deter, A. Gao, E. R. Miller & G. Vitanova eds, *Theorizing and Analyzing Agency in Second Language Learning*, UK: Multilingual Matters, 2015, pp. 54 – 72.

⑤ Patricia Duff and Liam Doherty, "Examining Agency in Second Language Socialization Research", in P. Deter, A. Gao, E. R. Miller & G. Vitanova eds., *Theorizing and Analyzing Agency in Second Language Learning*, UK: Multilingual Matters, 2015, p. 55.

有关语言社会化与能动性的研究，包括诸能动性的形式（form of agency）、积极行为和立场（agentive action and stance）、语言选择（language choice）等方面的内容。这些研究揭示了语言社会化与能动性之间的相互作用，说明两者具有双向性、反复性及社会情境性。Duff 和 Doherty 提出了语言社会化与能动性互动模型以便进一步阐释两者之间的动态关系（参见图2.1）。在该模型中，能动性出现两次："一次是第二语言社会化的结果，一次是学习者语言社会化的促成因素"。而环境中的给养/资源"将学习者的能动性和社会化经验联系在一起"。双向箭头表明"（1）语言社会化是通过学习者的能动性实现；（2）第二语言社会化促发学习者能动性"①。

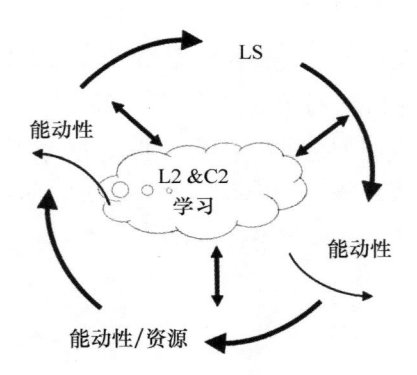

图 2.1　能动性与语言社会化互动模型

此外，Kobayashi 在其博士论文中也对学生能动性进行了讨论。她发现学生为了更好地完成汇报任务，主动寻找并运用多种工具及资源，如母语/二语口头材料和二语书面材料（如课程大纲、专业期刊、教科书）、电子双语词典、PowerPoint 软件、同伴的知识等。学习者还会向在场的研究者求助，也会在课上或课下小组活动中更多地使用母语（日语）而不是目标语（英语）来更好地理解意义并

---

① 其中 L2 代表 second language；C2 代表 second culture；LS 代表 language socialization。

维持关系。① 该研究结果说明了学习者在中介工具及语言选择方面采取了积极的行动,即学习者较好地发挥了能动性。类似的还有Zhou、Oxford 和 Wei 的研究,该研究参与者 Zeta 在其英语作为第二语言的学术素养社会化过程中发挥了较大的能动性,认为唯有刻苦努力才能赶超。② Zeta 所发挥的能动性是其成功实现社会化的主要动力源。

以上研究对学习者在具体活动中所采取的行动进行了详细的描述,为更好地理解能动性的发挥提供了鲜活的实例。然而,Duff 和 Doherty 进一步指出,未来研究应更多关注学习者能动性的个体差异,能动性是否具有迁移性以及教师如何更好地激发学习者的能动性等问题。③ 本书试图对这些问题给出一定的解释与建议。④

（四）学术素养社会化与多语言及多模态

第二语言社会化（second language socialization）⑤,尤其是学术素养社会化过程是动态的,通常也是多语言、多模态的⑥。在相关研究中,研究者关注学习者的多语背景对其学术素养社会化的影响,如母语、学习经历以及家庭环境等因素。母语在第二语言学术素养社会化过程中的作用受到越来越多的重视,相关研究不断深入。有学者提出双语读写能力（biliteracy）,并对此进行了深入研究,认为双语读写

---

① Masaki Kobayashi, *A Sociocultural Study of Second Language Tasks: Activity, Agency, and Language Socialization*, Unpublished Doctoral Dissertation, University of British Columbia, Vancouver BC, Canada, 2004.

② Yalun Zhou, Rebecca L. Oxford and Michael Wei, "A Chinese Student's Early Education in U. S. K – 12 Schools: A Multilevel Perspective", in W. Ma, and G. Li eds., *Chinese-Heritage Students in North American Schools: Understanding Hearts and Minds Beyond Test Scores*, New York: Routledge, 2016, pp. 25 – 40.

③ Patricia Duff and Liam Doherty, "Examining Agency in Second Language Socialization Research", in P. Deter, A. Gao, E. R. Miller & G. Vitanova, eds. pp. 54 – 72, *Theorizing and Analyzing Agency in Second Language Learning*, UK: Multilingual Matters, 2015.

④ 具体内容请详见第七章讨论部分。

⑤ Duff 指出第二语言社会化中的第二语言是指除了学习者的母语之外的其他语言,可以是第二语言、外语,也可以是双语及多语。

⑥ Patricia Duff, "Second Language Socialization", in A. Duranti, E. Ochs and B. Schieffelin eds., *The Handbook of Language Socialization*, pp. 564 – 586, UK, Wiley-Blackwell, 2012.

能力是一个连续体,强调母语与目标语在多语环境中各自的作用。[1]同样,在一项针对口语模态在学术素养社会化过程中的作用的研究中,参与者在小组口头汇报准备过程中借用其母语——日语进行交流,既方便了小组成员间的交流,也使得活动顺利进行。该研究结果表明母语在学术素养社会化过程中的重要中介作用,是学术素养社会化过程中实现意义建构的重要语言资源。[2]

也有研究表明学习经验对学术素养社会化具有一定的影响。有研究表明关注多语学习者的日常实践不仅可以促进其学术素养的发展,还可以使其日常实践成为重要的学习经验。[3] 研究者 Lamarre 对移居魁北克[4]的多语学习者进行观察,发现移民前的语言经历让学习者提前意识到了语言的地位问题。Meena 是该研究的一位参与者,她的第一语言是旁遮普语(Punjabi)(主要在与家人、亲戚和村子里人交流时使用),而学校使用的是印地语(Hindi)(主要在学校及正式场合或与陌生人交流时使用)。Meena 很早就开始学习英语,因为英语在印度的地位更高。Meena 的这种三语学习经历,使其在移居到魁北克时,能意识到法语在该地区的重要地位,进而开始学习法语。该研究同时发现多语言既是一种选择(multilingualism as choice),也是一种结果(multilingualism as consequence);既是一种语言资本(language capital),也是一种身份。该研究结果显示多语言学习者将魁北克这

---

[1] Nancy Hornberger, "Biliteracy, Transnationalism, Multimodality, and Identity: Trajectories Across Time and Space", *Linguistics and Education*, Vol. 18, 2007, pp. 325 – 334. Nancy Hornberger and Holly Link, "Translanguaging and Transnational Literacies in Multilingual Classrooms: A Biliteracy Lens", *International Journal of Bilingual Education and Bilingualism*, Vol. 15, No. 3, 2012, pp. 261 – 278.

[2] Masaki Kobayashi, *A Sociocultural Study of Second Language Tasks: Activity, Agency, and Language Socialization*, Unpublished Doctoral Dissertation, University of British Columbia, Vancouver BC, Canada, 2004.

[3] Alison Bailey and Faulstich M. Orellana, "Adolescent Development and Everyday Language Practice: Implications for the Academic Literacy of Multilingual Learners", in D. Molle, E. Sato, T. Boals and C. A. Hedgspeth eds., *Multilingual Learners and Academic Literacies: Sociocultural Contexts of Literacy Development in Adolescents*, London: Routledge, 2015, pp. 53 – 74.

[4] 加拿大的魁北克地区以英语、法语两种语言为官方语言。

一特殊环境视为重要的社会资本（social capital），将英语或法语视为重要的语言资本，将其多语经历视为一种财富，并为拥有这样的财富感到幸运。[1]

此外，已有相关研究表明家庭环境对学术素养社会化具有一定的影响，主要集中在学龄前儿童或小学生（尤其是移民家庭的孩子）。例如，Pease-Alvarez通过对移民多语家庭的访谈发现家长语言使用的变化随着他们的生活及所处社会环境的变化而变化。这些变化直接影响孩子的双语学习，尤其对他们习得在什么时候、对谁、使用什么语言进行交流有较明显的影响。[2] 同样，Li的研究分析了四组加拿大中国移民家庭，并从家庭物质资本（family physical capital）、人际资本（human capital）、社会资本（social capital）及家庭投入等方面考察这些因素对儿童第二语言学习的影响。研究发现家长的受教育程度与背景、职业选择与机会以及对加拿大社会的适应程度与融入程度等都对儿童的第二语言学习产生重要影响。[3] 此外，Zhou、Oxford和Wei探讨了移居美国的中国移民家庭投入对儿童第二语言学术素养[4]的影响。他们以家庭素养模型为理论框架[5]通过对移民家庭日常素养实践历时

---

[1] Patricia Lamarre, "Growing up Trilingual in Montreal: Perceptions of College Students", in R. Bayley and S. Schecter eds., *Language Socialization in Bilingual and Multilingual Societies*, pp. 62–82, England: Multilingual Matters, 2003.

[2] Lucinda Pease-Alvarez, "Transforming Perspectives on Bilingual Language Socialization", in R. Bayley and S. Schecter eds., *Language Socialization in Bilingual and Multilingual Societies*, pp. 9–24, England: Multilingual Matters, 2003.

[3] Guofang Li, "Home Environment and Second-language Acquisition: The Importance of Family Capital", *British Journal of Sociology of Education*, Vol. 28, No. 3, 2007, pp. 285–299.

[4] 这里的学术素养主要指小学阶段的读写能力。

[5] 家庭素养模型（family literacy model），主要考察家长在孩子素养培养方面的投入，包括基于意义的睡前故事及识字练习。详见 Monique Sénéchal, "Testing the Home Literacy Model: Parent Involvement in Kindergarten is Differentially Related to Grade 4 Reading Comprehension, Fluency, Spelling, and Reading for Pleasure", *Scientific Studies of Reading*, Vol. 10, No. 1, pp. 59–87, 2006. Monique Sénéchal and Jo-Anne LeFervre, "Storybook Reading and Parent Teaching: Links to Language and Literacy Development", in P. R. Britto and J. Brooks-Gunn eds., *The Role of Family Literacy Environments in Promoting Young Children's Emerging Literacy Skills*, San Francisco, CA: Jossey-Bass, 2001, pp. 39–52.

四年的跟踪观察，发现多种学术素养实践（如单词记忆、日记写作、早期阅读等活动），家长素养水平（如受教育程度）以及家长对教育的认识与投入等对儿童学术素养发展产生重要影响。[1] 上文提到的 Lamarre 的研究从大学生的视角说明了家庭环境对大学生语言使用的影响，指出个人的语言选译受其所在环境的影响。

总之，学术素养社会化与多语言的研究视角多元，尤其探讨了学习者的母语、学习经历及家庭环境对学术素养的影响。这些研究揭示了多语环境下学术素养社会化的复杂性与动态性。然而，目前研究大多关注欧美语言及文化情境下移民学习者，对其他语言文化情境下的其他语言学习者的研究尚有不足[2]，尤其缺乏对外语环境下高等教育阶段的多语学习者的学术素养社会化问题的探讨。

除学术素养社会化与多语言外，相关研究还探讨了学术素养社会化与多模态。模态是"意义建构的社会与文化资源"，包括图片、写作、口语、动画、行为等。[3] 而多模态被视为是"最广义的交际，包括手势的、口头的、艺术的、语言的、数字的、电子的、图表的以及人造的"等多种形式。[4] 综观文献，学术素养社会化的多语言与多模态研究多有交叉。例如，Harklau 探讨了美国移民高中生课堂交际的多模态与多语学习者交际环境的复杂性。[5] 2020 年，*Journal of Second*

---

[1] Yalun Zhou, Rebecca L. Oxford and Michael Wei, "A Chinese Student's Early Education in U. S. K – 12 Schools: A Multilevel Perspective", in W. Ma, and G. Li eds., *Chinese-Heritage Students in North American Schools: Understanding Hearts and Minds Beyond Test Scores*, New York: Routledge, 2016, pp. 25 – 40.

[2] Leslie Moore, "Language Socialization and Second/Foreign Language and Multilingual Education in Non-western Settings", in P. A. Duff and N. H. Nancy eds., *Encyclopedia of Language and Education*, 2nd edition), Vol. 8, *Language Socialization*, Boston: Springer, 2008, pp. 175 – 187.

[3] Jeff Bezemer and Gunther Kress, *Multimodality, Learning and Communication: A Social Semiotic Frame*, London: Routledge, 2016, p. 6.

[4] Kate Pahl and Jennifer Rowsell, "Introduction", in K. Pahl and J. Rowsell eds., *Travel Notes from the New Literacy Studies: Instances of Practice*, Clevedon: Multilingual Matters, 2006, p. 6.

[5] Linda Harklau, "Representational Practices in Multi-modal Communication in U. S. High Schools: Implications for Adolescent Immigrants", in R. Bayley and S. Schecter eds., *Language Socialization in Bilingual and Multilingual Societies*, pp. 83 – 97, England: Multilingual Matters, 2003.

Language Writing 出版专刊探讨了多语环境下的多模态写作教学。多模态为更全面地分析与描述意义建构的资源提供了可能,① 它主要关注不同模态如何在意义建构中发挥作用。例如,Bezemer 和 Kress 探讨了图片(image),Bezemer 和 Abdullahi 探讨了手势(gesture)在意义建构过程中的重要作用。② 相比较而言,多模态与学术素养社会化的关系备受关注。然而,学术素养社会化研究早期主要集中在写作这一模态方面,主要探究文本的多模态以及多模态如何实现意义的建构。③ 这类研究为写作研究提供了多模态分析的新视角,探究学生使用其他模态进行学习是未来研究的基础。④ 然而,直到进入 21 世纪,学术素养社会化才开始关注口语这一模态。例如,Kobayashi 通过对加拿大的日本留学生进行观察,探究在完成小组口头汇报过程中学生如何通过小组合作等一系列具体活动实现学术素养的社会化。⑤ 也有研究探讨了不同学科(如应用语言学、神经科学、历史学和工程学)

---

① Carey Jewitt, "Different Approaches to Multimodality", in C. Jewitt ed., *The Routledge Handbook of Multimodal Analysis*, 2nd edition, New York: Routledge, 2014, pp. 31 – 43.

② Jeff Bezemer and Gunther Kress, *Multimodality, Learning and Communication: A Social Semiotic Frame*, London: Routledge, 2016. Jeff Bezemer and Sahra Abdullahi, "Multimodality", in K. Tusting ed., *The Routledge Handbook of Linguistic Ethnography*, New York: Routledge, 2019, pp. 125 – 137.

③ Christine Casanave, "Local Interactions: Constructing Contexts for Composing in a Graduate Sociology Program", in D. Belcher and G. Braine eds., *Academic Writing in a Second Language: Essays on Research and Pedagogy*, Ables, NJ: Norwood, 1995, pp. 83 – 110. Kate Pahl, "Ephemera, Mess and Miscellaneous Piles: Texts and Practices in Families", *Journal of Early Childhood Literacy*, Vol. 2, No. 2, 2002, pp. 145 – 165. Henry Janks and Barbara Comber, "Critical Literacy Across Continents", in K. Pahl and J. Rowsell eds., *Travel Notes from the New Literacy Studies: Instances of Practice*, Clevedon: Multilingual Matters, 2006, pp. 95 – 117. Pippa Stein and Lynne Slonimsky, "An Eye on the Text and an Eye on the Future: Multimodal Literacy in Three Johannesburg Families", in K. Pahl and J. Rowsell eds., *Travel Notes from the New Literacy Studies: Instances of Practice*, Clevedon: Multilingual Matters, 2006, pp. 118 – 146.

④ Chtherine Compton-Lilly, "Academic Literacy Development: A Ten-year Case Study of an Aspiring Writer", in D. Molle et al. eds., *Multilingual Learners and Academic Literacies*, New York: Routledg, 2015, pp. 166 – 182.

⑤ Masaki Kobayashi, A Sociocultural Study of Second Language Tasks: Activity, Agency, and Language Socialization, Unpublished Doctoral Dissertation, University of British Columbia, Vancouver BC, Canada, 2004.

口头汇报的不同规范和特点，并发现每一次口头汇报都是先前经验与当下努力共同作用的结果。① 以 Yang 的研究为例，她通过多种数据来源对五位留学加拿大学生在商务课上的小组学术口头汇报活动进行探究，发现由于这些留学生英语会话能力不强，对加拿大课堂上的参与式交流模式的不熟悉以及小组合作经验有限等原因，学术口头汇报，尤其是公开讨论环节对中国留学生来说具有较大的挑战性。②

近年来，也有研究运用多模态分析研究手势及表情在写作指导互动过程中的作用。例如 Gámem-Gutiérrez 和 Gilmore 运用微观多模态分析了教师指导学生写作的互动过程，并发现手势及表情可以有效帮助师生交流，是学生学习的有效中介工具。作者还指出运用多模态分析可以更好地窥探学生的学习发展过程。③ 然而，在学术素养社会化与多模态④相关研究方面，模态探究相对单一，或是写作，或是口头语，或是手势，这种单一模态的研究很难真正反映多模态如何在学术素养社会化过程的建构意义，并最大化地使用中介工具，从而有效实现社会化这一过程中所发挥的作用。此外，即便在单一模态如写作或口头语活动系统中的具体实践如口头汇报（oral presentation），运用多模态分析探究该实践活动的研究也比较缺乏。

---

① Sandra Zappa-Hollman, "Academic Presentations across Post-secondary Contexts: The Discourse Socialization of Non-native English Speakers", *Canadian Modern Language Review*, Vol. 63, No. 4, 2007, pp. 455 – 485. Naoko Morita, "Discourse Socialization through Oral Classroom Activities in a TESL Graduate Program", *TESOL Quarterly*, Vol. 34, No. 2, 2000, pp. 279 – 310.

② Luxin Yang, "Doing a Group Presentation: Negotiations and Challenges Experienced by Five Chinese ESL Students of Commerce at a Canadian University", *Language Teaching Research*, Vol. 14, No. 2, 2010, pp. 141 – 160.

③ Gabriela Gámem-Gutiérrez and Alex Gilmore, "Expert-novice Interaction as the Basis for L2 Developmental Activity: A SCT Perspective", *Language and Sociocultural Theory*, Vol. 5, No. 1, 2018, pp. 21 – 45.

④ 一般情况下，多模态探究的是一个具体意义建构活动，如写作中老师对学生一对一指导这一具体活动中多模态的分析。但在学术素养社会化研究中，研究者将大的活动系统，如写作与口语也视为学术素养的不同模态。因此，本研究中将多模态做了广义与狭义的解读，将大的学术素养实践活动系统视为广义的，活动系统中的具体实践视为狭义的多模态。

以上分析可以看出，研究者们从不同的视角对学术素养社会化进行了研究，但针对学术素养社会化的系统研究尚比较缺乏，各影响因素如何作用于学术素养的社会化尚不明确。只有为数不多的研究聚焦学术素养社会化的过程及影响因素。例如，苏芳和杨鲁新探讨了外语专业本科新生的学术素养社会化所经历的不同阶段并从不同层面将影响因素进行综合考量，为学术素养社会化研究提供了重要参考。[1]

综上所述，本节介绍了语言社会化理论的核心要义，并对该理论指导下的相关研究进行了梳理。通过梳理，结合本书的研究目的，研究者认为语言社会化理论为本研究提供了重要的理论基础，其核心理念及研究方法为本研究的开展提供了重要指导。语言社会化理论有其独特的方法论取向，对于研究设计及数据收集有较好的指导作用。但该理论尚存在一些不足。例如，该理论尚未形成明确的分析框架，对数据分析的指导有所不足。此外，语言社会化理论主要关注语言在社会化过程中的作用，对于机构与个人因素在语言社会化中的作用关注略显不足。因此，本书的研究还借鉴社会学领域的大学生社会化模型作为理论基础的补充，从而更好地指导本研究的数据收集与分析，并为本书的研究将宏观的社会文化因素、中观的机构因素与微观的个人因素进行系统探究提供一定的参考。

第三节　大学生社会化模型

最早系统开展大学生社会化研究的主要代表人物是 John C. Weidman 及其同事。早在 20 世纪 70 年代，Weidman 就开始研究本科生社会化问题。在前人研究的基础上，他从结构—功能理论视角[2]，通过历时实证研究，考察了高等教育机构对本科生社会化的影响，并

---

[1] 苏芳、杨鲁新：《外语专业本科新生学术素养社会化研究》，《外语界》2022 年第 2 期。

[2] 结构功能理论视角下的社会化认为高等教育对学生的规范和期望有一个普遍的共识。这一共识是由教师的期望所驱动，并且独立于学生的个人取向。

首次提出了本科生社会化模型[①]（见附录一中的模型一）。该模型指出本科生的社会化过程由于处于相对固定的高校机构环境下，呈线性发展态势。到 20 世纪 80 年代末，Weidman 等对其本科生社会化模型进行两次优化改进（见附录一中的模型二和模型三），拓展了大学生社会化的影响因素，将大学机构外的个人团体纳入考察范围，并修正了大学生社会化是线性固定模式的观点，认为大学生社会化是一个反复的（iterative）过程，是非线性的。[②] 进入 21 世纪，他们将研究重心放在了研究生的社会化上，同样也提出了研究生的社会化模型，并对其进行不断修正（见附录一中的模型四和模型五）。

历经半个多世纪的发展，大学生社会化模型不断得到改进，内容更加完善，相关研究层出不穷。2020 年初 Weidman 和 DeAngelo 出版的论文集 Socialization in Higher Education and the Early Career 是典型成果代表。该论文集是大学生社会化研究的最新成果，详细介绍了大学生社会化模型的发展历程以及该模型指导下的高等教育领域中的学生社会化研究进展。这些研究强调高等教育阶段社会化过程对学生理解学术项目进而为培养未来学者作准备的重要作用。该论文集研究的学习者阶段跨度大，涉及大学阶段、研究生阶段及初入职场阶段学习者的社会化，将大学生社会化模型的应用范围扩展到包括少数族裔大学生社会化，专业领域社会化以及其他国际情境下博士研究生社会化等领域。例如，Garcia，Ramirez 和 Patrón 探讨了 Weidman 的社会化模型对理解拉丁裔学生在高等教育阶段社会化的作用。三位作者从拉丁批评理论（Latino Critical Theory）和社会文化财富（Community Culture Wealth）视角，指出 Weidman 的社会化模型的不足，即缺少对少数族裔大学生给机构所带来的影响的考虑。他们指出拉丁裔学生的背景、

[①] John C. Weidman, Weidman, *The Effects of Academic Departments on Changes in Undergraduates' Occupational Values.* Unpublished PhD. Dissertation, university of Chicago, 1974. https://files.eric.ed.gov/fulltext/ED087364.pdf.

[②] John C. Weidman, Darla Twale and Elizabeth Stein, "Socialization of Graduate and Professional Students in Higher Education: A Perilous Passage?" *ASHE-ERIC Higher Education Report*, Vol. 28, No. 3, San Francisco: Jossey-Bass, 2001.

倾向及与他人的关系在其社会化过程中是一笔重要财富,应受到关注,并对 Weidman 的大学生社会化模型进行了修正,将社会文化财富作为机构因素的重要组成部分。① 然而,该研究只是通过文献的综述以思辨的方式对 Weidman 的大学生社会化模型进行了修正,虽有一定的道理,但缺乏实证说服力。

此外,Weintraub 运用 Weidman 的社会化模型,通过探索性因子分析探析了性别、种族及阶级与亲子交流模式对大学生社会化的影响,并进一步分析了父母在新生大学适应阶段的重要作用。Weintraub 指出在大学适应期间(新生阶段),大学生与父母的交流对其适应、融入大学生活有着重要的影响,并发现非共时交流模式更受大学生们的青睐。此外,该研究还发现随着时间的推移,同伴及老师对学生大学适应性的影响增大。② 然而,该研究主要以量化研究说明了社会化的结果及影响因素,对于学习者的社会化过程涉及较少。因此,对学习者社会化的过程需要有进一步的探究。该论文集中第三部分到第五部分主要关注专业领域及其他国际情境下博士研究生的社会化过程。综合而言,这些研究创造性地运用了 Weidman 提出的大学生社会化模型,在各自领域与专题中对相关内容进行了深入分析,在扩展大学生社会化模型应用范围的同时,也促进了该模型的进一步完善。

在该论文集最后一章,Weidman 和 DeAngelo 提出了面向 21 世纪的大学生社会化模型③(如图 2.2 所示)。与以往基于结构—功能理论视角不同,新的模型主要受吉登斯的结构理论(theory of structuration)影响,将学生能动性纳入考察维度,并强调能动性在大学生社

---

① Gina A. Garcia, Jenesis J. Ramirez and Oscar E. Patrón, "Rethinking Weidman's Models of Socialization for Latinxs along the Postsecondary Educational Pipeline", in J. C. Weidman and L. DeAngelo eds., *Socialization in Higher Education and the Early Career*, Switzerland: Springer, 2020, pp. 55 – 72.

② Dayna Staci Weintraub, "Tied together wirelessly: How Maintaining Communication with Parents Affects College Adjustment and Integration", in J. C. Weidman and L. DeAngelo eds., *Socialization in Higher Education and the Early Career*, Switzerland: Springer, 2020, pp. 31 – 54.

③ 该模型的原图请详见附录一中的模型六,图 2.2 是该模型的汉语版。

会化过程中的重要中介作用。① 此外，新的模型还增加了资源这一维度，以进一步考察高校机构对学生的影响。下文着重介绍该模型。

如图 2.3 所示，社会化过程通过横轴与纵轴两个维度呈现。横轴维度是输入—环境—结果结构（I-E-O structure）②。输入（I）具体指学生的背景，包括一系列内容，如倾向、能力、社会经济地位（SES）、民族/种族、性别认同、国籍等。环境（E）代表的是高校的组织机构与规范环境，是通过互动（interaction）、融合（integration）与学习等社会化过程对大学生产生影响。结果（O）是因以上输入与环境的影响而产生的变化，包括知识、志趣、技能、身份等的变化，涉及认知、情感、心智等方面内容。横轴维度表明了社会化过程具有一定的顺序性及互动性。

纵轴维度指社会化发生的主要环境，包括高等教育机构在内的学科或专业共同体，及个人共同体，如家人、朋友、雇主或同事等。大学生通过正式或非正式的互动，促发环境对其社会化的影响。其中，高等教育机构是大学生社会化的核心情境，具体包括机构的历史与文化以及社会化过程两个要素。机构的历史与文化主要包括机构的学术领域、教职工、学生的规模与类型等内容。其中，高等教育机构的历史是新模型中新加入的内容。受相关应用研究的启示，Weidman 和 DeAngelo 在原有的文化基础上将高等教育机构的历史纳入其中，认可高等教育机构的历史及学生与职工的类型、规模等多样性在学生社会化过程中的影响作用。机构的历史与文化还包括国情因素。该论文集中就有研究说明了中国与德国博士生社会化受各自特殊国情的影响。③

---

① John C. Weidman and Linda DeAngelo, *Socialization in Higher Education and the Early Career-Theory, Research and Application*, Switzerland: Springer.

② I-E-O: input, environment and outcomes.

③ 具体可参见: Fei Guo, Huafeng Zhang and Xi Hong, "Understanding graduate students socialization in China: A theoretical framework", in J. C. Weidman and L. DeAngelo eds., *Socialization in Higher Education and the Early Career*, Switzerland: Springer, 2020, pp. 175–196. Hanna Hottenrott and Matthias Menter, "The socialization of doctoral students in the emergence of structured doctoral education in Germany", in J. C. Weidman and L. DeAngelo eds., *Socialization in Higher Education and the Early Career*, Switzerland: Springer, 2020, pp. 197–219.

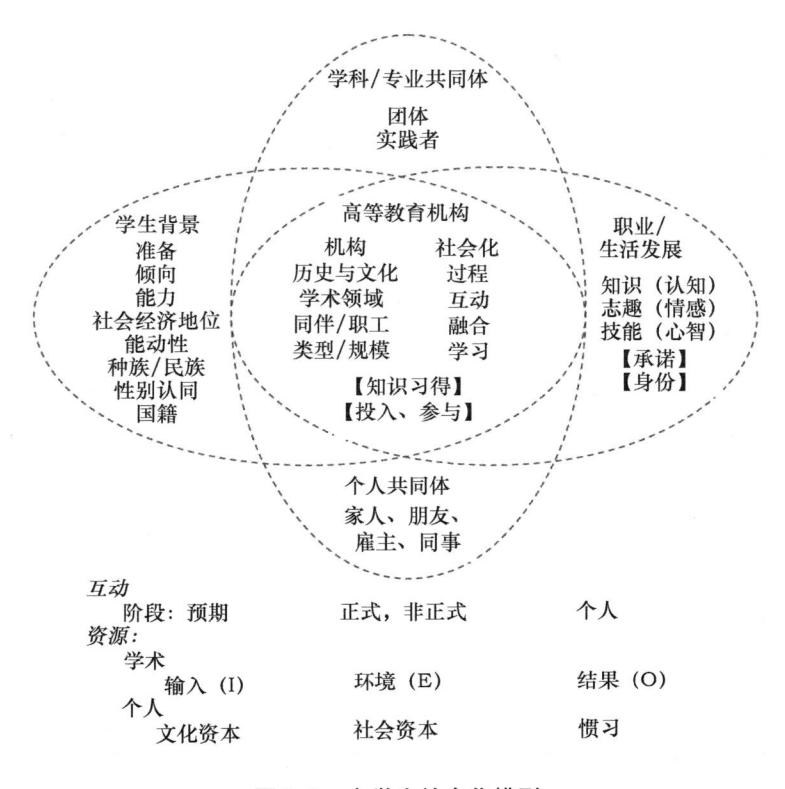

```
                    学科/专业共同体
                         团体
                        实践者

    学生背景          高等教育机构          职业/
     准备          机构      社会化        生活发展
     倾向         历史与文化    过程        知识（认知）
     能力         学术领域     互动         志趣（情感）
   社会经济地位     同伴/职工    融合         技能（心智）
     能动性        类型/规模    学习         【承诺】
    种族/民族       【知识习得】            【身份】
    性别认同       【投入、参与】
     国籍

                    个人共同体
                   家人、朋友、
                   雇主、同事

互动
   阶段：预期         正式，非正式        个人
   资源：
      学术
        输入（I）       环境（E）         结果（O）
      个人
       文化资本         社会资本          惯习
```

图 2.2 大学生社会化模型

注：Weidman and DeAngelo, 2020: 314。

此外，机构中的教职工是学生实现社会化的重要资源与中介工具。

另一要素是社会化过程，主要包括互动、融合与学习三个方面。根据 Weidman 的研究，互动与融合均涉及两个层次的参与：一般参与（involvement）与深度参与（engagement）。融合发生在大学生对高等教育机构内外人员与环境产生依赖之时。融入社会、学术领域以及个人对社会、学术领域的投入均会带来个体一系列的变化，表现为社会化的结果。

Weidman 和 DeAngelo 提出的面向 21 世纪的大学生社会化模型放眼国际，综合考虑各构成要素及其相互关系，使得该理论模型更具开放性与包容性，对本书研究的开展具有较强的指导性。

第四节　研究问题的提出

　　基于以上对理论框架的介绍及文献的梳理，可以发现目前大多数关于语言社会化的研究主要集中在北美国家留学生所处的环境，即目标语社会文化环境下的学术素养社会化，如美国、加拿大等国家的留学生在其留学期间的学术素养社会化过程。在具体的社会文化环境方面，主要集中在高校课堂的某一具体活动，如写作或口头汇报等。鲜有研究探究母语社会文化环境下外语学习者，尤其是小语种学习者[①]的学术素养社会化。

　　学术素养社会化研究通过运用质性研究方法，尤其是民族志研究方法，从参与者视角深入分析其社会化过程，并关注社会文化环境、能动性和多语言与多模态等相关问题，取得了丰硕成果，但仍存在一些不足。综合来看，已有学术素养社会化研究的理论视角相对单一，主要以语言社会化理论为理论框架，对学术素养社会化的影响因素进行说明，但尚无研究针对影响因素之间的关系进行探讨。此外，已有研究虽然指出学术素养社会化具有情境性，但对其内涵解读不足。鉴于以上研究空缺，本书将大学生社会化模型作为语言社会化理论的重要补充，聚焦外语专业本科新生的学术素养社会化的过程、结果及其影响因素，并试图对学术素养社会化的情境性进行系统详细解读，进而建构外语专业本科新生学术素养社会化模型。为此，本研究拟回答以下两个研究问题：

　　（1）外语专业本科新生学术素养社会化的过程是什么？

　　（2）外语专业本科新生学术素养社会化的影响因素是什么？

第五节　本章小结

　　本章主要对本书的理论框架及相关文献进行了介绍与述评。在解

[①] 这里的小语种指中国情境下除英语以外的其他语种。

读了学术素养、社会化及学术素养社会化的基本概念后，本章分别介绍了两大理论框架——语言社会化理论及大学生社会化模型，并对相关研究进行了综述。在语言社会化理论部分，首先，概括了语言社会化理论的五大核心理念与特点，并介绍了中介、活动、共同体以及个人实践网络这四个重要概念；其次，对语言社会化研究进行了总体概述，在此基础上对语言社会化理论的相关研究进行了述评；最后，聚焦学术素养社会化的相关研究，对与本书相关的学术素养社会化研究进行了综述，主要包括学术素养社会化与社会文化环境、能动性以及多语言与多模态三个方面。在介绍了语言社会化理论后，本章接着介绍了大学生社会化模型。一方面，对该模型的历史发展进行了介绍，并重点对最新提出的面向21世纪的大学生社会化模型进行了解读。另一方面，对该模型的相关实证研究进行了述评。在此基础上，进一步说明了研究空缺，并重申了本书的研究问题。下一章将主要介绍本书所采用的研究方法。

第三章
研究方法的考量

本研究旨在探索外语专业大学新生的学术素养社会化过程，其研究目的与性质决定了具有描述性、解释性以及自然情境下的民族志特征。因此，本研究采用质性研究方法[①]中的民族志研究[②]范式，并按照民族志式个案研究进行设计。本章首先介绍民族志式个案研究，接着介绍本书的研究场域、研究参与者、研究者的角色、数据收集过程、数据分析过程、研究伦理及研究可信度。

第一节　民族志式个案研究

质性研究是人文社会科学领域的主导研究范式，其研究目的是在自然情境中探究人类行为，对研究参与者的个人经验和意义建构作出解释性理解。[③] 民族志研究是质性研究中最主要的研究方法之一，是"对人以及人的文化进行详细的、动态的情境化描绘的一种

[①] 关于 qualitative research，国内有不同的翻译。有的译成"定性研究"，有的译成"质的研究"，也有使用"质性研究"的。关于"质的研究"与"定性研究"的区别，陈向明在其《质的研究方法与社会科学研究》一书中有详细介绍。本书采用目前应用语言学界常用的"质性研究"这一说法。

[②] "Ethnography"一词在国内被译为"民族志""人种志"或"人群志"。在人文社会科学领域较常用的是"民族志"。本书亦使用"民族志"这一译名。

[③] John W. Creswell and Cheryln, Poth, *Qualitative Inquiry and Research Design*: *Choosing Among Five Approaches*, Thousand Oaks, CA: SAGE Publications, Inc, 2018, p.35. 陈向明：《质的研究方法与社会科学研究》，教育教学出版社2000年版，第7页。

方法，探究的是特定文化中人们的生活方式、价值观念和行为模式"①。民族志研究有三个基本原则：（1）关注人们在群体中的行为及该行为所蕴含的文化模式；（2）描述和解释与整体系统相关的行为；（3）数据收集始于理论框架，以指导研究者开展研究。② 由于具有以上原则与特点，民族志研究在语言社会化研究中深受偏爱，该方法通过深描及解释，研究某一群体的行为、语言以及成员间的互动，以"局内人"的视角提供对行为及文化环境的整体理解。③

案例研究是对研究对象发展变化的过程进行深度描述与分析，具有特定性、描述性、整体性和启示性，强调通过自然情境收集多种来源数据，对特定群体的行为进行深描（thick description）从而揭示发展过程与模式，以达到对个体与其所处社会文化环境之间互动关系的理解。案例研究能提供更丰富、生动、细腻且复杂的描述，客观地体现了社会情境的真实性，因此需要研究者高度融入研究情境，以便获取更丰富的资料，进而为读者提供进一步诠释的可能。④

本书将民族志研究与案例研究方法相结合，采用民族志式个案研究方法，即主要关注特定群体如外语专业本科新生日常生活某一特定方面，如学术素养实践（文化实践），并通过研究者追溯分析文本（如访谈）以进一步分析该群体在文化实践过程中使用的中介和表现出的文化样态（学术素养社会化样态）。民族志式个案研究方法可以

---

① 转引自陈向明《质的研究方法与社会科学研究》，教育教学出版社 2000 年版，第 25 页。

② Karen A. Watson-Gegeo, "Ethnography in ESL: Defining the essentials", *TESOL Quarterly*, Vol. 22, No. 4, 1988, pp. 577–578.

③ Clifford Geertz, "Thick Description: Toward an Interpretive Theory of Culture", in C. Geertz ed., *The Interpretation of Cultures: Selected Essays*, New York: Basic Books, 1973, pp. 3–30. John W. Creswell and Cheryl N. Poth, *Qualitative Inquiry and Research Design: Choosing Among Five Approaches*, Thousand Oaks, California: SAGE Publications, Inc, 2018, p. 35.

④ Robert K. Yin, *Case Study Research and Applications: Design and Methods*, California: Sage Publications, Inc, 2018.

有效地回答本书提出的研究问题，即：

（1）外语专业本科新生学术素养社会化的过程是什么？

（2）外语专业本科新生学术素养社会化的影响因素是什么？

此外，民族志式个案研究方法与本书要探究的外语专业本科新生学术素养发展变化的目的与性质相吻合。由于学术素养发展具有个体性、动态性与复杂性，通过民族志式案例研究能获得比较深入、多元的解释性理解，最终达到外语专业本科新生学术素养社会化模型构建的目的。本书希望通过民族志式个案研究透视外语专业本科新生的学术素养在特定情境中——F 大学的学习生活场域中所呈现的样态，通过深入学生真实校园生活及课堂，通过问卷、课堂观察、访谈、叙事等多种方式收集数据。在对数据不断分析与归纳中理解分析外语专业本科新生学术素养社会化的过程与影响因素，进而构建外语专业本科新生学术素养社会化模型。

第二节　研究场域

研究场域是开展民族志研究的重要因素，是促进研究进行的重要情境。落实研究场域是质性研究设计的一个关键。研究场域，即研究的具体情境要能回答所研究的问题。① 因此，本书选取 F 大学的一门新生研讨课为主要的研究分析单位，并结合考察参与者的专业课及社团活动，从而为本书提供可资"深描""解释"的数据。

一　F 大学及新生研讨课

本书在一所由教育部主管的外语类高等院校 F 大学开展。自创建以来，F 大学形成了以外国语言文学学科为主体，文、法、经、

---

① ［美］Amos J. Hatch：《如何做质的研究》，朱光明等译，中国轻工业出版社 2007 年版，第 44 页。

管等多学科协调发展的格局。学校注重创新人才管理机制，全面提升师资队伍水平，现有在职、在编教职工1200余人，另有来自60个国家和地区的外籍教师近200人。学校坚持高端引领、整体推进的国际化办学思路，与91个国家和地区的313所高校和学术机构开展交流与合作。① 就读于F大学的学生来自世界各地，以语言专业学习者为主体。该校的国内生源外语水平较高（英语高考平均分数在130分以上，满分150分）。F大学在提供专业主修课程的同时，还提供通选课模块，共计六大模块，包括514门课程，如表3.1所示。

表3.1　　　　　　　　　　　　**课程模块**

2016版通选课模块	包含课程（门）
科学技术与社会发展	27
历史、哲学与比较文明	82
身心健康与自我发展	22
社会科学与区域研究	142
文学、艺术与文化研究	108
语言、翻译与跨文化传播	133
合计	514

新生研讨课是模块中专门为大一新生开设的小班专题讨论系列课程，其目的是"帮助甫入校门的大一新生形成正确的人生观、价值观以及高等教育理念，提高思辨能力、塑造理想人格，顺利完成从中学到大学的适应性转换以及从应试教育到自我学习的学术性转换"②。新生研讨课自2016年秋季学期开始课程建设，首批立项建设30门课

---

① 数据统计截至2019年9月。
② 有关新生研讨课的信息选自F大学"本科新生研讨课管理办法"、教务处网站相关通知及参与者洳灏及浚源所提供的其教务系统中的选课信息。

程，至2020年初已经开设课程达60多门。课程建设贯彻"通识教育与个性化培养融通的理念，旨在帮助新生提升学术志趣、学会发现、学会质疑、学会研究、学会表达、经历认知"。新生研讨课采取小班授课的方式，每班选课人数为15—25人。

二 S课程

课堂不仅是师生开展教与学的一个复杂、动态的场所，也是学生习得知识与文化惯习[1]，实现学术素养社会化的重要场域。[2] 本书选择一门以语言学习及语文能力发展为主题的新生研讨课（简称S[3]）作为进一步详细了解学生学术素养社会化过程的具体研究场域。该研讨课是F大学提供的"语言、翻译与跨文化传播模块"中的一门新生研讨课，目标是帮助学生认识并了解语言学习的过程及影响因素，以培养学生的自我反思能力、学术阅读能力、问题解决能力、口语表达能力及学术写作能力。如表3.2所示，S课程每周2学时，共14周，合计28学时，选课学生来自13个不同的专业，共计25人。此外，每次课上还有访学教师及其他学生旁听，整个教室座无虚席[4]。S课程采用双语教学、电子档案袋评估方式（E-portfolio assessment），话题包括一语习得、二语习得、语言学习理论、语言学习影响因素等。为更好地调动学生课堂参与的积极性，本课程允许学生在完成口头报告及学期论文时使用汉语。课程材料通过课程公共邮箱分享，相关补充材料也陆续通过课程微信群进行分享。

---

[1] 根据Bourdieu，惯习指在特定历史条件下，在个人意识中内化了的社会行为的影响的总结果，特别是特定社会中的教育制度在个人意识中的内在化和象征性结构化的结果。

[2] Matthew M. Burdelski and Kathryn M. Howard, *Language Socialization in Classrooms: Culture, Interaction and Language Development*, Cambridge: Cambridge University Press, 2020.

[3] 即Symposium的首字母。

[4] F大学的课堂大都为开放课堂。

表 3.2　　　　　　　　　　研讨课信息

课程名称：S	
上课时间：1—14 周，周二 19：30—21：20	
课时：28 学时	学分：2 学分
选课人数：25 人	授课语言：英、汉
研讨主题：一语习得；二语习得；语言学习理论；语言学习影响因素等	
评价方式：电子档案袋式评估（Eportfolio assessment）	
学生来源：阿拉伯语、德语、俄语、法学、外交学、金融学、朝鲜语、法语、汉语国际教育、汉语言文学、罗马尼亚语、日语、西班牙语及英语	

S 课程包含多种形式的课堂实践活动，如学术阅读、学术口头汇报、学术写作及小组活动等。学术阅读以课下自主阅读为主，课上教师引读为辅。学术口头汇报是以小组合作方式开展的一项集体活动。全班 25 位同学按最大差异进行分组，即不同学院、不同专业及性别的同学自愿组合成五个小组。从第三周开始，每个小组进行口头报告，平均每组汇报五次。其中，前两次为五个小组全部就同一主题进行汇报。从第五周开始，辛老师[①]对口头汇报活动进行了调整，每次让两个小组进行汇报。这样做一方面是为了更好地了解学生，进而指导教师的教学；另一方面是为了让学生有更好的学习体验。辛老师在访谈中提道：

> 第一次让学生全都做，是要看看他们的水平，摸个底。后来发现如果全让学生讲，他们可能会感觉不好。因此，就调整为让两组学生先汇报，另外组进行点评。这样的话老师心里就有数了，是有意而为之。

（访谈—辛老师—20190110）

小组口头报告要求时间控制在 30 分钟以内，恰当地使用肢体语

[①] 化名，S 课程的任课教师。

言（手势、眼神等），与听众互动，语言流利，内容要简单明了以及小组成员之间保持合作等。点评同伴的口头汇报，是学术口头汇报的一项附加活动，也是 S 课程的一个亮点。在前五周，主要由辛老师对学生的口头报告进行点评。从第六周开始，辛老师让学生也参与到点评环节中，并指导学生从汇报内容、技巧及效果等方面进行点评。她认为点评可以帮助学生更加专心投入，为学生提供更好的学习机会。辛老师在访谈中说：

> 点评加入的目的是让学生去认真听同伴的汇报。点评是一种非常好的学习方式。……点评很有挑战性，要求不能重复，因此比汇报更加有亮点。因为在听的过程中，学生会思考同伴能说这个，我为什么说不出这个？这对学生是一个非常好的学习的机会。
>
> （访谈—辛老师—20190110）

每周有三组同学点评，其中两组是一对一点评，即只点评一个组的汇报，剩余一组要对两个组的汇报进行综合点评。例如，如果第一组和第二组做口头汇报，那么第三、第四、第五组同学就要对第一、第二组同学的口头汇报进行点评。其中，如果第三组同学点评第一组同学的汇报，第四组同学点评第二组同学的汇报，第五组同学则对第一、第二组的汇报进行综合点评。点评也是小组活动，但给学生小组讨论的时间有限，会有部分同学因相对被动而发言机会较少。有时辛老师会点名让这部分同学参与点评。

S 课程采用电子档案袋评价方式。学生在学期末需要提交电子档案袋，内容包括口头汇报课件（Power Point，PPT）、课堂参与记录、五次作业、学期论文及分数申请。课程成绩由四部分构成：

口头报告占 10%；

课堂参与占 10%；

五次作业占 50%；

学期论文占 30%；

总计 100%。

其中，五次作业和学期论文分别占总成绩的 50% 和 30%。五次作业与小组的汇报相结合，内容上要求结合自己的经历，对所学主题进行探究，在此基础上进行小组汇报，经同伴点评后，进一步反思，并完成文字作业，字数不限。该作业旨在培养学生的反思能力和对所学内容的理解与运用。辛老师希望学生在 S 课上不仅了解语言学习的理论，更要学会体验如何学习，以便更好地指导今后的专业学习。她在访谈中提道：

> 这门课的一个主要目标是培养学生的反思能力。老师希望学生最后不只记住一些语言学习理论，更重要的是要体验、感受语言是如何学习的。通过反思自己已有的经验，可以更好地帮助他们学习新的语言。
>
> （访谈—辛老师—20190110）

最后一项考评内容为学期论文。学期论文要求学生基于口头报告及作业，写一篇学术论文（学期论文可以是小组合作完成，字数不少于 3000 字，也可以单独完成，字数则不少于 2000 字；语言不作限制，可以是英语或汉语）。论文要符合学术论文的格式与规范。学期论文主要从内容、语言及格式方面进行考察。辛老师认为学期论文是检验学生是否掌握所学内容，是否熟悉学术写作规范的一种方式。该课程的另一个亮点是成绩申请，即学生根据课程成绩构成、结合自己在课程中的表现、收获及存在问题等撰写一份申请，说明可能获得的课程分数及理由。教师根据学生的申请、课堂表现及学期论文，综合给出课程成绩。采用这种方式主要是为了调动学生的积极性，培养学生的反思能力与自我推销能力，让学生更加关注学习过程，学会争取。在访谈中辛老师说：

为调动学生的积极性，也有一个反思的目的……要他们学会去 argue for the score you deserve。这个过程当中希望学生能够反思他们这一学期学了什么，知道自己努力的价值。同样，在这个过程当中想训练学生学会争取，为他们未来的工作和学习做一点训练。……然后，让他们通过 portfolio 的形式知道上课做的所有的东西都是有意义的，从而更加关注学习过程。

（访谈—辛老师—20190110）

总体而言，S 课程的教学设计使其成为研究学生学术素养社会化的理想场所。清晰的课程目标、多样的课堂活动及独特的评价方式为新生学术素养社会化提供了理想中介。要深入了解学生如何在此环境下实现从新生身份到合法成员的转变，从而实现学术素养的社会化，S 课程无疑是一个比较理想的研究场域。因此，本书将 S 课堂作为主要的研究情境，但是，本书并非只关注 S 课程，还考察了参与者的专业课程学习及社团活动，并且认为专业课程对其学术素养社会化同样具有一定的重要性。但由于参与者均为所学专业的初学者，对于研究来说，S 课更能有效反映出他们学术素养社会化的过程，因此本书以 S 课程为主要抓手来探究他们学术素养社会化的过程。

第三节　研究参与者

本书通过"目的性抽样"进行选取，即能够为研究问题提供最大信息量的参与者。① 研究参与者的确定是一个"偶遇式"的过程。② 在我进入研究现场两周后，通过问卷③得知有五位同学愿意加入本研究。之后，在持续的观察及课间交流过程中，不仅"偶遇"了新的

---

① Michael Q. Patton, *Qualitative Research and Evaluation Methods*: *Integrating Theory and Practice*, Thousand Oaks, CA: Sage Publications, Inc, 2014, p.402.
② 陈向明：《质的研究方法与社会科学研究》，教育教学出版社 2000 年版，第 112 页。
③ 问卷于第二周发放，主要用来了解学生的学习背景。

研究参与者，也对已加入的参与者有了更多了解。最终自愿加入研究的参与者共有八位。① 依据目的性及方便抽样原则，在综合考虑了参与者的专业、性别及外语水平等因素后，笔者最终决定选取其中五位作为核心参与者，对他们的学术素养社会化过程进行汇报。除核心参与者外，非核心参与者作为共同体中的一员，对核心参与者的学术素养发展同样起着重要的作用，因此也是重要的数据来源。本部分将对核心参与者进行概述，并介绍本书研究的非核心参与者。

一 核心参与者概述

民族志研究需要对核心参与者进行深描，考虑到章节篇幅，本部分将只提供对核心参与者的总体介绍，深描部分将在下一章进行介绍。研究确定的核心参与者共有五位。为了保护隐私，尊重每一位提供数据的参与者，五位核心参与者分别为自己取了匿名（如表3.3所示）。核心参与者中有三位男同学，两位女同学，他们的平均年龄为17.8岁，大都来自我国经济文化发达的省会城市或发达地区。其中，浚源和知渊是保送生，其他同学的英语高考成绩②平均水平达到130分以上。他们均接受过十年以上的学校正式语言教育，且都参加过一些以应试为目的的课外语言辅导班。这五位核心参与者来自F大学的不同语言专业，包括日语、阿拉伯语、西班牙语以及德语，且均为所学语种的初学者。

表3.3　　　　　　　　　　核心参与者基本信息

姓名	性别	年龄	生源地	高考英语成绩/总分	学习英语时间（年）	专业
浊灏	男	18	江苏常熟	96/120	12	日语
锦添	男	17	陕西西安	139/150	12	阿拉伯语

---

① 其中一位研究参与者中途退出，因此到后期只有七位参与者。
② 我国目前高考实行地方卷与全国卷，分值设置不同。研究的参与者中，浊灏来自江苏，江苏卷英语满分为120分，这里换算成满分150分。

续表

姓名	性别	年龄	生源地	高考英语成绩/总分	学习英语时间（年）	专业
浚源	男	18	河南郑州	保送	10	西班牙语
知渊	女	18	福建厦门	保送	10	德语
展颜	女	18	浙江绍兴	135/150	10	阿拉伯语

二 非核心参与者

研究的非核心参与者主要指那些对核心参与者的学术素养发展有直接影响的人。这里主要介绍 S 课的授课教师辛老师及小组成员。

（一）授课教师辛老师

辛老师是 F 大学的教授、博导，于国外著名高校获得应用语言学硕士及博士学位，具有先进的教学理念及扎实的外语教育理论及研究功底。辛老师有二十多年的教学经历，教学经验丰富。基于学校对教授需给本科生授课的要求以及对语言学习理论的重要性的认识，辛老师决定为本科生开设一门以语言学习理论与实践为主要内容，探讨语言学习与语文能力发展的新生研讨课（即 S 课程）。辛老师作为课程的设计者与实践者，对于学生的学术素养发展起着重要他者的作用，是学术共同体中的重要成员。辛老师具有严谨的教学态度、先进的教学理念、扎实的理论功底和轻松的教学风格，是学生喜爱的"最有魅力的大咖专家"。

（二）小组成员

小组活动不仅为同学们提供了相互了解的机会，也为同学们进一步相互理解、信任、合作提供了平台。在与小组成员交流合作的过程中，成员的态度、认识均会受到其他成员不同程度的影响，这也是核心参与者学术素养发展的重要影响因素。因此，关注小组成员可以帮助我更好地理解核心参与者的学术素养社会化过程。本书主要关注成员间的互动及相互影响，数据来源主要包括非正式访谈[①]及

[①] 这里主要指课间与小组成员的聊天。

课堂观察。

第四节 研究者角色

作为一名在读博士生及大学英语教师，我抱着向辛老师①学习的目的与态度，走进S课堂。我对F大学本科生的优秀早有耳闻，也曾亲眼见识②，但对F大学的大一新生还相对比较陌生。因此，我很想知道辛老师在面对这样一群"别人家的孩子"时，是如何教学的。第一堂课我就被学生们的精彩表现所吸引，勾起了我的回忆与思考。这些学生与我所熟悉的课堂与学生是如此不同，让我看到了"别人的学校、别人的课堂以及别人的学生"的同时，也激发了我对这群学生进一步探索的兴趣。虽然一开始我对于研究的焦点尚不明确，但我还是决定先认真观察，"静观"师生在S课上的精彩表现，"静待"研究问题与焦点的涌现。

作为一名学生，我从本科开始就经历过充满困惑、纠结与挣扎的学术素养发展历程。这一相似的经历拉近了我与参与者之间的距离，使我可以更好地理解参与者在发展过程中遇到的问题与困惑，这也使我在一定程度上成为"局内人"，为与研究参与者建立融洽、互信关系提供了条件。作为一名大学英语教师，我了解参与者的英语教育大背景，能够从学生的角度更好地理解他们，并对他们所关切的事情保持敏感。我的学习与工作经验可以更好地帮助我理解参与者在刚迈入大学校门后的学术素养发展过程，了解他们如何从边缘参与者（periphery participants）发展成为合法参与者（legitimate participants）③。

在课堂观察过程中，我并没有直接参与学生的学术实践（如小组

---

① 我与辛老师在一次教师专业发展会议上结识，得知其为学生开设这门课程，遂联系听课。在此过程中得到了辛老师的大力支持。

② 研究者在博士一年级的时候，经导师介绍跟踪了一个学期F大学英语学院大二的写作课程。

③ Étienne Wenger, *Communities of Practice: Learning, Meaning and Identity*, Cambridge, UK: Cambridge University Press, 1998, pp. 72–73.

讨论），因此我也是一个"局外人"。在课堂上，我尽量做到不打扰学生的正常学习。在征得辛老师和学生的同意后，我坐在教室最后一排的角落进行观察，并录音（全程）、录像（针对学生的口头汇报及点评）、做课堂观察笔记，尽量减少对S课师生的影响。作为一个"局外人"，我可以客观地观察学生在S课内的行为表现。

然而，我并没有刻意回避作为半参与式观察者的身份以及"亦师亦友"的不同角色。因为对参与者友好并给予帮助是研究顺利进行的一个基本因素。① 我坦然接受自己在研究中"局内人"与"局外人"的双重身份以及所扮演的不同角色。多重角色在整个研究过程中有效地调节了我与参与者的交互过程。我努力"在作为一个'局内人'和'局外人'之间，在参与和观察之间保持平衡"②。此外，在访谈过程中，我也没有刻意回避对参与者的"干预"③，而把这种"干预"当作参与者学术素养社会化过程中的一种中介工具。例如，在访谈过程中有参与者提到不知如何查找相关语言学习资料及文献，我及时与参与者分享了查找文献的经验。在教育领域，尤其是在探究学生的学术素养社会化过程中，如果研究者能够有幸成为研究参与者学术素养社会化过程中的一种中介，为其提供"帮助"，如此一箭双雕，我认为应该抓住此机会。

第五节　数据收集

依据本书研究的目的、研究问题及民族志研究的方法论要求④，研究采用多种方式收集数据，以弥补每种方法的不足，进而为三角验证提

---

① Marilyn S. Sternglass, *Time to Know Them: A Longitudinal Study of Writing and Learning at the College Level*, Mahwah, NJ: Lawrence Erlbaum Associates, 1997.

② James P. Spradley, *Participant Observation*, New York: Harcourt Brace Jovanovich College Publishers, 1980, p. 60.

③ 干预性是民族志研究的伦理问题之一。

④ Margaret Eisenhart, "Educational Ethnography: Past, Present and Future: Ideas to Think With", *Educational Researcher*, Vol. 30, 2001, pp. 16–27.

供便利。多种数据来源为保证数据的可信度提供了可能。研究历时 18 个月（2018 年 9 月—2020 年 4 月），数据收集的具体过程如表 3.4 所示。

表 3.4　　　　　　　　　　数据收集过程

准备阶段（2018.7—2018.9） 　　◇研究主题的确定 　　◇与导师讨论研究主题与研究场域	
研究参与者确定阶段（2018.9—2018.10） 　　◇开始接触 　　◇发放问卷，确定参与者	
实地观察阶段（2018.9—2020.4）	
第一阶段：S 课程初期（2018.9—2018.11）	◇发放知情同意书，签字；学生第一次访谈 ◇课堂观察 ◇学生第二次访谈
第二阶段：S 课中后期（2018.11—2019.1）	◇课堂观察 ◇实物收集 ◇学生第三/第四次访谈 ◇授课教师访谈
第三阶段：S 课结束后（2019.1—2020.4）	◇学生叙事材料（关于课程，关于疫情防控期间学习与生活等） ◇学生第四次访谈 ◇实物资料收集

数据收集过程中，我根据研究场域、与研究参与者的互动情况、研究问题及已有数据的情况对数据收集及时调整，最终使用到的数据收集方法包括问卷调查、正式访谈与非正式访谈、课堂观察、课堂录音/录像、叙事、课堂观察笔记、研究日志以及实物资料（如课程大纲、学生写作、阅读列表、微信聊天记录、照片等）。在数据收集过程中，我对数据及时整理、归档并进行数据报告的撰写。数据报告的撰写有助于研究者进一步熟悉数据，也为接下来的数据收集（如后续访谈、实物资料的收集）提供了参考。表 3.5 总结了研究的数据收集方法及数据描述。本节将对这些数据收集方法进行详细介绍。

一　问卷调查

为了解学生的基本情况，我在第二周通过 S 课程微信群发放调查问卷（见附录三）。问卷包括三部分内容，第一部分为学生的基本情况，包括性别、生源地、语言学习时间、语文及英语高考成绩；第二部分为开放式问题，要求学生对专业选择缘由及相关教育背景进行简要介绍；第三部分为研究参与者招募信息，即有意愿参与本研究的同学填写相关联系方式。全班25位同学中有15位同学将调查问卷通过电子邮件发送给研究者。问卷调查的结果不仅有助于研究者进一步了解学生的基本信息，同时也为下一步招募研究参与者及后续访谈提纲的设计提供了重要信息。

二 课堂观察

观察是质性研究数据收集的主要方法之一，按照不同的分类标准可以分为参与式与非参与式，开放式与聚焦式等。[1] 课堂是学生学术素养社会化的主要阵地[2]，了解学生学术素养社会化过程，离不开对相关课堂进行观察。在研究中，我主要采用的是半参与式观察，即介于参与式观察与非参与式观察之间。在研究的课堂观察中，我坐在教室最后一排的角落对课堂进行观察。我虽没有直接参与到学生的课堂活动中，但与选课学生一起出席了全部课程，与他们一起听课。

因此，我并非完全置身于他们的世界之外，我所进行的观察属于半参与式观察。研究还将开放式观察与聚焦式观察相结合，例如在课堂观察初期，我以开放心态对"研究现场进行全方位的、整体的、感受性的观察"[3]。而到研究中后期，随着研究问题越来越清晰，观察有所聚焦。

从S课程的第一周开始，我全程跟踪观察了S课程，共计14周，

---

[1] 杨鲁新、王素娥、常海潮、盛静：《应用语言学中的质性研究与分析》，外语教学与研究出版社2012年版，第68—71页。

[2] Karen A. Watson-Gegeo and Sarah Nielsen, "Language Socialization in SLA", in C. J. Doughty and H. L. Michael eds., *The Handbook of Second Language Acquisition*, Oxford: Blackwell, 2003, pp. 155–177.

[3] 陈向明：《质的研究方法与社会科学研究》，教育教学出版社2000年版，第239页，

第三章　研究方法的考量

表 3.5　**数据收集情况（2018 年 9 月—2020 年 4 月）**

数据主要收集方法	研究参与者						总计
	迦颢	锦添	浚源	知渊	展颜	辛老师	
访谈（录音）	4 轮（3.5 小时）59252 字	4 轮（4 小时）62500 字	4 轮（5.1 小时）71296 字	4 轮（3.4 小时）45003 字	4 轮（3.4 小时）53433 字	1 次（0.5 小时）8857 字	20 次（19.9 小时）301344 字
课堂观察（口头汇报）	4 次（50 分）2 次录音 2 次录像	6 次（68 分）2 次录音 4 次录像	4 次（38 分）2 次录音 2 次录像	4 次（33 分）1 次录音 3 次录像	2 次（10 分）1 次录音 1 次录像	—	20 次（3.3 小时）录音（8 个，1.5 小时）15304 字 录像（12 个，1.8 小时）41559 字
课堂观察（课内参与录音）	24 个片断（14 次课）	13 个片断（14 次课）	20 个片断（14 次课）	12 个片断（14 次课）	5 个片断（14 次课）	—	74 个片断
叙事/反思	3 篇（10738 字）	2 篇（5420 字）	2 篇（3826 字）	1 篇（840 字）	1 篇（766 字）	—	9 篇（合计 21590 字）
课堂观察	全程半参与式观察课堂，共 14 周						28 小时 343625 字

续表

数据 收集 方法	主要 方法	研究参与者				总计
		伽颢	镕添	知渊	展颜	辛老师
实物材料		教学材料（课程大纲、阅读材料、学生名单、学生电子档案袋；学生其他作业；与研究参与者进行的非正式谈话 （如日常聊天及通过社交网络微信、电子邮件的交流等）				
问卷调查		在第二周通过课程微信群发放，回收15份，主要用于了解学生基本情况及招募研究参与者				
研究者材料		课堂观察笔记14篇，约38351字 研究日志45篇，共计20563字				

28 节课。在征得辛老师同意后，对课堂进行全程录音。录音总计时长约 24 小时，转写①后数据 343625 字。为更好地了解参与者的课堂参与情况，在整理数据时，我从课堂录音中进一步提取了研究参与者直接参与课堂活动的部分，并按参与者进行分类整理。其中，节选出：（1）参与者的口头汇报录音内容，共 8 次，总时长约为 1.5 小时，转写后数据 15304 字。（2）课堂互动共 74 个片段。在课堂观察中、后期，随着研究问题的逐渐明晰，在征得辛老师及参与者同意后，我对口头汇报及点评活动进行了录像。最终整理出参与者的口头汇报与点评录像片段共计 12 个，总时长约 1.8 小时，全部转写数据达 41559 字（见表 3.5）。此外，我在每次观察课的时候，认真做好课堂观察笔记（见附录四），共计 14 篇，合计 38351 字。观察笔记可以使我注意到重复出现的模式，为后来的数据分析提供重要资料基础，是一个有价值的、重要的资料来源。在记录时，我尽量将观察到的事情都记录下来，力图做到全面、具体、清楚、实在、准确，以保证记录的完整性、丰富性及真实性。研究者自己的思考、感悟等以纪要形式随时附在客观记录之后。

总之，课堂观察作为本研究的主要数据来源之一，为我深入了解学生课堂学术素养社会化的过程提供了最真实的场景，使我对所研究现象有比较"直观的感性认识，可以看到行为或事件发生、发展、变化过程"②。课堂观察不仅为研究的进一步开展提供了丰富的重要数据，还有助于我与研究参与者建立融洽关系，为我获得"局内人"观点提供了条件。

三　访谈

访谈是质性研究中重要的资料获取方式之一，按不同的分类方法可以分为：正式访谈与非正式访谈、结构式访谈与半结构式访

---

① 本书中的课堂录音转写与访谈录音转写均借助讯飞听见平台的机器转写进行了最初的文字转写，我在机器转写的基础上进行整理，极大地提高了转写效率。

② 陈向明：《质的研究方法与社会科学研究》，教育教学出版社 2000 年版，第 232 页。

谈、个人访谈与集体访谈等。① 本书采取的是正式访谈与非正式访谈相结合的方式以及多次深入的个人半结构式访谈。② 半结构式访谈一般在简要访谈提纲的指导下进行。访谈提纲既可以使访谈有所聚焦,还可以为研究者提供随机应变的空间,从而为获得更多、更深入的信息提供了保障。深度访谈为研究者进入研究参与者的内心世界,成为"局内人",并了解其内心世界及背后的意义提供了可能。本研究按照 Atkinson 以及 Yin 所建议的访谈程序开展③,在每一次访谈前均制定了简要的访谈提纲(见附录五)。此外,在第一次访谈开始前,我向参与者详细介绍了研究的基本情况及他们的权利与义务。随后,我向他发放了知情同意书④(见附录六),经签字后由参与者自己保存。

  研究对五位核心研究参与者和授课教师辛老师进行了深度访谈,其中核心研究参与者每人四次,辛老师一次。访谈总时长约 19.9 小时(见表 3.5)。访谈时间与地点均根据研究参与者的方便,与其协商后确定。对核心研究参与者的访谈均在 F 大学的图书馆进行,对辛老师的访谈在她的办公室进行。经研究参与者同意,我对访谈进行全程录音。访谈结束后,我对访谈录音及时进行转写,转写数据达 301344 字。此外,我还及时对转写数据进行校对、整理、撰写数据报告(见附录七),并针对访谈相关内容撰写研究日志。

  核心研究参与者的第一轮访谈在 S 课程开课初期进行,平均时长约 46 分钟,主要针对核心研究者参与者的基本信息及其在大学前的语言学习经验进行了解,并为后续访谈提供基础。第二轮访谈在 S 课

---

[1] 杨鲁新、王素娥、常海潮、盛静:《应用语言学中的质性研究与分析》,外语教学与研究出版社 2012 年版,第 43—45 页。

[2] Paul Atkinson, *Ethnography*: *Principles in Practice*, London: Routledge, 2007. Robert K. Yin, *Case Study Research and Applications*: *Design and Methods*, California: Sage Publications, Inc, 2018.

[3] Paul Atkinson, *Ethnography*: *Principles in Practice*, London: Routledge, 2007. Robert K. Yin, *Case Study Research and Applications*: *Design and Methods*, 6th ed., California: Sage Publications, Inc, 2018.

[4] 因初期我计划使用英文作为写作语言,所以知情同意书也使用了英文。

程结束前进行，而第三轮访谈在 S 课程结束后的一学期进行。这两次访谈的目的是为了解核心研究参与者在大学第一年的学术实践经历，尤其是在 S 课程内的学术素养实践情况以及课程的效果。此外，两次访谈还涉及研究参与者对语言学习的理解、对课堂参与的看法、收获、困难和对课程的期望等多方面信息。第二轮访谈时长平均约 51 分钟，第三轮约平均为 45 分钟。第四轮访谈也在 S 课程结束后的一学期进行，目的是了解研究参与者学术素养实践方面的个人实践网络具体情况，了解研究参与者与重要他者在学术素养方面的互动情况。第四轮访谈旨在进一步了解研究参与者在 S 课外的学术素养社会化过程及影响因素。因涉及内容较多，第四轮访谈平均时长达 90 多分钟。我根据访谈结果绘制了研究参与者在学年初及学年末的个人学术素养实践网络图。①

辛老师作为 S 课程的设计者与实践者，对核心研究参与者在该课程中的学术素养社会化起着重要他者的作用。因此，对辛老师的访谈也至关重要。首先，在访谈前，我设计了简单的访谈提纲（见附录五）。接着，我通过与辛老师协商确定了访谈的具体时间与地点。访谈在辛老师办公室进行，时长约 40 分钟。经辛老师同意，访谈全程录音，访谈结束后，我及时对访谈录音进行转写（转写数据 8857 字），并撰写了数据报告。除这次正式访谈外，我还在每次下课后陪辛老师去地铁站的路上与辛老师进行日常聊天。聊天涉及辛老师对语言学习和教学的看法，对学生表现、潜力、特点等的理解以及下周可能做出的调整等方面的内容。这些非正式的谈话是对研究数据的有效补充，对进一步了解学生的学术素养社会化有一定的参考价值。

四 叙事

"叙事是社会化的基本工具"②，是与他人共同对特定情境及自我

---

① 具体请参见第六章。

② Paul Garrett and Patricia Baquedano-López, "Language Socialization: Reproduction and Continuity, Transformation and Change", *Annual Review of Anthropology*, Vol. 31, 2002, p. 353.

定位的反思的一种重要手段①。为进一步了解核心研究参与者在学术素养社会化过程中如何与他人互动，了解影响其学术素养社会化过程的影响因素，研究参与者还通过叙事向研究者提供了相关内容（见附录八）。此外，由于疫情的影响，研究参与者通过叙事的方式将疫情防控期间②的近况进行叙述，并通过微信发给研究者。截至2020年4月底，共收到研究参与者写的叙事9篇，约21590字。叙事为本研究提供了不同的数据来源，是其他数据的有效补充，可用来对数据进行三角验证。

五　研究日志

研究日志的撰写可以帮助研究者更好地理解参与者、研究现象以及研究者本人的研究工作，并指导下一步的研究工作。③研究日志是研究者表达个人在研究过程中感悟的有效方式，不仅可以有效帮助研究者表达在研究工作中遇到的困惑、沮丧等不同情绪，更有助于研究者"重新构建或回顾当时的研究现场（如场地、活动、印象等），理清大量数据或多种数据之间的关系，为数据分析和研究论文的撰写做好铺垫"④。在开展研究过程中，我共撰写研究日志45篇（见附录九），合计20563字⑤，记录了我在研究路上的跌跌撞撞与喜怒哀乐以及我与研究的"爱恨情仇"。这些研究日志也是本研究的重要数据来源之一。

六　实物资料

实物资料是在研究过程中收集的一些文本资料、现场的记录

---

①　Elinor Ochs and Lisa Capps, *Living Narrative*: *Creating Lives in Everyday Storytelling*, Cambridge, MA: Harvard University Press, 2001, p. 2.

②　主要指2020年1月—2020年4月这段时间。

③　Valerie J. Janesick, "A Journal about Journal Writing as a Qualitative Research Technique: History, Issues, Reflections", *Qualitative Inquiry*, Vol. 5, 1999, pp. 505–524.

④　杨鲁新、王素娥、常海潮、盛静：《应用语言学中的质性研究与分析》，外语教学与研究出版社2012年版，第106、107页。

⑤　数据截止日期为2020年12月1日。

或图片等，是质性研究数据的重要来源。① 本研究收集的相关实物材料包括课程材料、学生的电子档案袋、微信交流记录和电子邮件等。其中，课程材料包括课程大纲、阅读材料包、学生口头汇报幻灯片、评估要求。课程大纲提供了教师的基本信息（电子邮件、办公时间和地址）、课程目标、必读与推荐文献、每周的教学计划、作业要求等。阅读资料包括辛老师提供的每个主题的必读及推荐的具体的文献资料。此外，在教学过程中，每当辛老师发现学生在某些话题上需要更多输入时，还通过微信群提供额外的阅读材料。学生的电子档案袋包括课堂作业、口头汇报幻灯片、期末论文和成绩申请。有两位参与者（泇灏和知渊）还通过电子邮件提供了他的专业课写作文本。此外，研究参与者还通过微信截图形式提供了选课情况、第一学年的阅读书单以及其他与研究相关的内容截图。我与研究参与者通过微信的非正式交流，也作为实物数据进行了收集。微信不仅为我与研究参与者之间的轻松交流提供了有效平台，还为我在课程中了解学生任务进展情况及存在问题提供了方便。

总之，质性研究需要通过多种方法收集数据。研究历时18个月，通过问卷调查、正式访谈与非正式访谈、课堂观察、课堂录音与录像、叙事、课堂观察笔记、研究日志以及实物资料收集对数据进行收集。多元的数据来源为获取多元的视角提供了保证，为更好地理解研究现象提供了基础，也为研究的可信度提供了保障。

第六节　数据分析

在质性研究中，数据的收集、整理与分析是一个交错的过程，是

---

① 陈向明：《质的研究方法与社会科学研究》，教育教学出版社2000年版，第257页。杨鲁新、王素娥、常海潮、盛静：《应用语言学中的质性研究与分析》，外语教学与研究出版社2012年版，第116页。

"相互交叉、重叠发生、同步进行的过程"[①]，为最终实现"意义阐释"而准备。通过对数据的整理与分析，研究者可以获得对所收集数据的"意义"的顿悟。本研究的数据分析经历了两个阶段，即数据的整理与归档和数据的深入分析。本节对数据分析的两个阶段进行详述。

一　数据的整理与归档

第一阶段的数据分析从数据收集之时就已开始，与数据收集过程关系十分紧密，是对所收集数据的初步、非正式整理与分析。首先，数据的转写、整理与归档。在研究中，我将数据按类型进行了归档，主要包括访谈、课程材料、课堂观察笔记、课堂观察录音或录像、问卷、叙事以及研究日志等类别。为了更清晰地了解每个研究参与者的数据，我同时还按研究参与者对数据进行了归档。我按类型将收集的数据存放在电脑的不同文件夹。该阶段对于后面的数据分析至关重要，有助于我对数据的初步感知，并对后续的数据收集，尤其是对后续访谈数据的收集与分析起到指导作用。

其次，数据转写与数据报告撰写。数据转写及数据报告撰写过程与数据收集往往交错进行。在对数据整理、归档的同时，我还在每一次访谈及课堂观察结束后，尽可能及时地对访谈录音及课堂录音进行转写。在转写过程中，我首先借助讯飞听见官网提供的机器转写对录音进行初步的逐字转写，之后进行逐字校对，并以话轮进行标注。标注话轮有利于论文写作阶段对数据的追踪与引用。此外，为了更好地记录重点，访谈中的一些口头禅，如重复的"嗯，嗯"，"哦，哦"，我在校对过程中，将重复的部分进行了删除。对课堂录音的转写、校对只针对与研究问题关系紧密的部分内容。校对好转写稿后，我对数据进行了编号，如"访谈—迦灏—Ⅰ—20181026""课堂观察笔记—1—20180918""课堂录音—1—20180918""叙事—锦

[①] 陈向明：《质的研究方法与社会科学研究》，教育教学出版社2000年版，第271页。

添—2""研究日志—20181213"等,并仍按上一步的数据归档方法对数据进行归档,以方便对数据进行管理与引用。在此基础上,我对所有访谈及课堂录音均撰写了数据报告。数据报告基本按照语篇分析,对数据中出现的主题进行初步的归纳,目的是对所收集的数据有一个整体的、最直观的理解。此外,数据整理与归档后期,我还将全部原始记录中的真名进行了替换,这样既可以保证参与者隐私的保护,又方便了论文写作阶段对数据的引用。

二 数据深入分析

对数据进行整理归档后,进入数据分析过程的另一个阶段,即数据的深入分析,这是数据分析的关键阶段,需要研究者深入思考数据,找出数据之间的关系、形成意义并进行三角验证。在上一阶段中,我通过撰写数据报告对数据已经有一个整体的初步理解。在此基础上,我通过反复阅读原始数据与数据报告,对数据进行深入分析。这一阶段,我主要采用情境分析与比较归纳分析相结合的方法。情境分析法指在自然情境中,按照故事发生的时间顺序对相关事件、人物进行描述性分析,强调对事物作整体、动态呈现,并寻找能将资料连成叙事结构的关键线索。[①] 研究主要采用情境分析法有以下两方面考虑:一是由于研究的主要目的是探究本科新生学术素养社会化的过程,该过程具有过程性、动态性,适合用情境分析法进行分析;二是由于民族志研究方法本身强调在分析数据时使用情境分析法。此外,本研究在情境分析的基础上,还通过比较归纳法,按一定的主题展开叙述。将两种数据分析方法结合起来,将"历时与共时""点与线"有效结合,尽可能地完整呈现本科新生学术素养发展的样貌。具体来讲,研究对数据的深入分析过程为三个步骤。

[①] 陈向明:《质的研究方法与社会科学研究》,教育教学出版社2000年版,第292页。

第一，我对数据逐一进行反复、逐字阅读，并结合数据报告，仔细琢磨数据的意义，对数据进行语块标注，形成开放式编码，即一级编码（见表3.6）。在此阶段，我持开放心态，在分析数据时尽量不受预设、假定和猜测的干扰，力图发现数据中的事件发展线索及主要内容。第二，在开放式编码的基础上，我努力寻找数据中相关要素之间的内在联系，进而对情境结构中的不同部分或要素进行综合标示，形成二级编码（见表3.7）。我将参与者的学术素养发展过程按时空顺序对参与者的学术素养实践活动，如阅读、口头汇报、写作、小组活动等事件进行标注，试图发现大一新生学术素养社会化发展的过程、结果及其影响因素。第三，对数据进行整合归类，呈现出完整的结构。该阶段是对数据的一个综合分析，我按不同数据类型所呈现的意义。在二级编码的基础上，通过不断比较、归纳对数据进行进一步的主题提炼，形成三级编码（见表3.8）。我对已有的编码从内在联系出发进行多维分析和整合。从时空、意义及结构方面挖掘内在联系。例如，在时空维度，研究者将参与者的学术素养社会化过程分为大学前（学校/家庭）、F大学S课程期间（F大学/S课堂）、S课程之后（F大学/具体活动场所）三个阶段，并从宏观（教育环境）—中观（课堂）—微观（个人因素）三个层面进行分析。我以S课程为基点，将研究参与者的过往经历、S课程内、外学术素养实践进行整合，以揭示学术素养社会化的发展过程、结果及其影响因素。

总之，数据的整理与分析，尤其是数据的分析过程是一个反复的、螺旋式的过程。就本书而言，数据收集虽有明确的阶段，但实际上贯穿整个研究过程。因此，数据的分析与整理也是伴随整个研究过程。图3.1展示了本书的数据分析过程。虚线表示数据收集贯穿研究始终，没有明确的边界。螺旋表示数据分析的进展态势。实际上，整个过程要远比图要复杂得多，是一个交错、重叠、不断提炼、修改、再提炼的过程。

第三章 研究方法的考量

表3.6 数据一级编码示例（节选）

一级	原始数据
遇到《我与地坛》感觉特别好 后期再遇感触极深	对我影响最深的阅读是在小学，我看到了《我与地坛》，那个时候还不知道他（史铁生），我觉得这篇文章写得特别好。然后到初中的时候有要求阅读书目，我就买了史铁生的《我与地坛》文集，看到这篇文章我一下子想起来我小时候看过这篇文章，然后感触特别深。（访谈-迦颢-Ⅰ-20181026）
寻找其他相关材料阅读模仿	再后来，我就找他（史铁生）的各种小说，反正把他所有的东西都看了一遍，包括书信集什么的都看了。看了以后，就突然就有一种表达欲望，就很想写一点东西，有的时候写的文字，模仿是去模仿，或者模仿他看事物的一种方式，是做一种反思吧。（访谈-迦颢-Ⅰ-20181026）
英文阅读量少 "看着累" 缺少意识	英文很少，就是首先没有这个意识，然后可能就是看着累。我妈是那种一直想要让我看，但是我不想看，也懒得看。到后来，就已经快要高考得很没看完。（访谈-迦颢-Ⅰ-20181026）
英文阅读量少 "不满意" "不喜欢" 性格 "好动、坐不住"	英文的话真是没有读什么，这个也是我对自己不满意的一点，就是自己阅读量太少。不管中文，还是英文方面，就阅读量太少了。唉！一个是小时候也没怎么注意，小时候太好动，静不下来，坐不住。但是，后来懂事之后，又挤不出来高中的时候，又挤不出来时间去看。所以说基本上英文的课外阅读是真没有多少。（访谈-波源-Ⅰ-20181025）
"提供范例和榜样" "培养改变思维习惯" "影响写作风格"	阅读的作用首先体现在提供范例和榜样上。……便能够对这种写作技巧进行模仿，升。写作内容的充实都起着十分重要的作用。……阅读对于写作是最重要的影响在于它培养和改变人的思维习惯。……影响了我对生活的看法，并进而影响了我写作风格的变化。（作业-Ⅰ-迦颢）
学校藏书多 组织阅读活动与比赛	校园图书馆中有当时本地小学的图书馆中最多的藏书……学校开设读书校本课程，定期组织学生到校图书馆读书读报，指导学生利用电子阅览、自助借书机等配套设施。学校每学年也组织阅读相关的比赛……（作业-Ⅲ-知渊）

表 3.7　数据二级编码示例（节选）

二级	一级	原始数据
阅读体验	遇到《我与地坛》感觉特别好 后期再遇感触颇深	对我影响最深的阅读是在小学，我看到了史铁生的《我与地坛》，……我觉得这篇文章写得特别好。然后到了初中的时候……看完这篇文章我一下子想起来……然后感触特别深。（访谈一-迦灏-Ⅰ-20181026）
	英文阅读少 "看着累" 缺少意识	英文很少，就是首先是没有这个意识，然后可能就是看着累，然后就是不想看。我妈是一直想要让我看，但是我不想看，也懒得看。到后来，到后来快要高考要快看到初中到高中觉得很重要，然后自己买了社论方面的书。但是，看了两页，就已经没有看完。就是到现在还没看完。（访谈一-迦灏-Ⅰ-20181026）
	英文阅读少 "不满意" "不喜欢" 性格"好动、坐不住"	英语的话真真没有读什么，这个也是对自己不满意的一点，就是自己阅读量太少。不管是中文，还是英文阅读量太少了。唉！一个是小时候也没怎么注意，小时候也不喜欢读书，还有就是太好动，静不下来，坐不住。但是，后来懂事之后就喜欢看，又挤不出来时间去看。所以说基本上英语的课外阅读真没有多少。（访谈一-迦灏-Ⅰ-20181025）
	"提供范例和榜样" "培养改变思维习惯" "影响写作风格"	阅读的作用首先体现在提供范例和榜样上。……这对我人文素养的提升，写作内容的充实都起着十分重要的作用。……能够对这种写作技巧进行模仿，在于它培养和改变人的思维习惯。……阅读对于写作最重要的影响变化。（作业一-Ⅲ-迦灏）
学校资源	学校藏书多 组织阅读活动与比赛	校园图书馆中看当时本地小学的图书馆学生到校图书馆读书报。……学校每年也组织阅读相关的比赛。……定期组织学生到校图书馆读书据，……学校每学年也组织阅读相关的比赛。（作业一-Ⅲ-知渊）

第三章 研究方法的考量

表3.8 数据三级编码示例（节选）

三级	二级	一级	原始数据示例
学术素养社会化过程与结果（节选）	入学前阅读体验	英文阅读少"看"少意识	英文很少……就是首先没有这个意识，我妈是一直想要让我看，但是我不想看，也懒得看，然后可能就是看看也累，就已经快要高考毕业了，到时候才觉得很重要，然后自己买了一两页，就是到论文方面的书。但是，就是到现在在看那时候还没看完。（访谈—泌灏—I—20181026）
		"提供范例和榜样""培养改变思维习惯""影响写作风格"	阅读的作用首先体现在提供范例和榜样上。……这对我人文素养的提升，写作内容的充实都起着十分重要的作用。……阅读对于写作最重要的影响在于它培养了我人的思维习惯，……阅读对于我生活中的看法，并进而影响了我写作风格的变化。（作业—III—灏灏）
	初体验（节选）	学术阅读："挫败感"	有些材料确实难，看不懂，嗯而且还很以，专业的用语听不懂，你还得又查一遍，然后还有一种挫败感。（访谈—泌灏—II—20181225）我觉得可能就是专业的用语的问题。我觉得那种分析的时候就要摩下来去查。（访谈—灏灏—I—20181026）
		学术写作没有概念	最大的困难写作也不知道怎么写。（访谈—灏灏—I—20181026）
	深度参与（节选）	学术阅读："有规律可寻"	这些文章写的有类似的结构，因此阅读起来我觉其实还有一定的规律的。（访谈—灏灏—II—20181224）
		学术写作：原来如此	至少形式上知道学术文献那种，还有参考文献那种，……（访谈—III—灏灏—20190301）
	知识维度（节选）	学术知识写规范：零的突破	之前完全不知道什么是学术写作，然后现在是对它格式有一个比较清晰的认识。像要有摘要，标题之类的，各种规范吧，语言要求，逻辑性强。（访谈—灏灏—II—20181214）

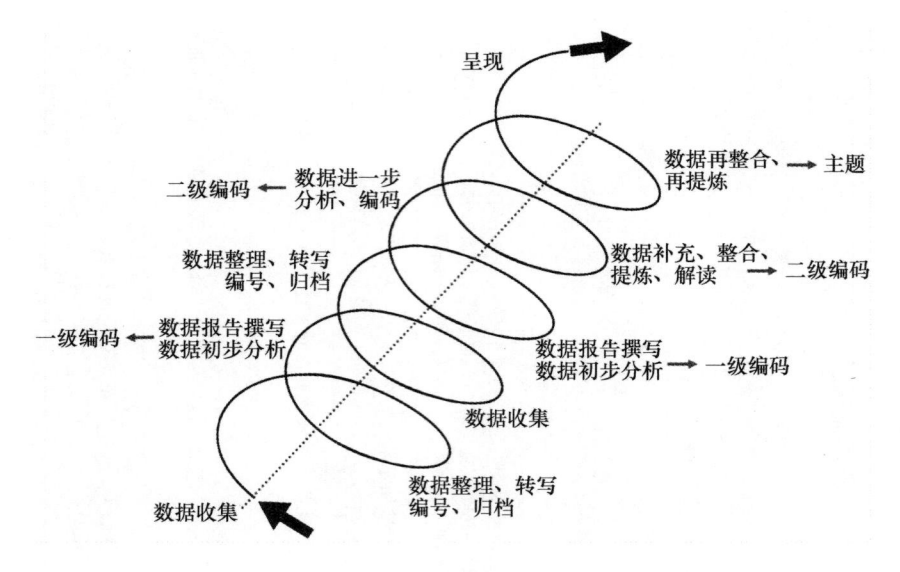

图 3.1　数据分析过程

第七节　研究的伦理道德及可信度

质性研究中的伦理道德与效度是不可回避的重要问题[①]，是研究顺利开展的重要影响因素，也是研究质量的重要衡量指标。本节主要讨论在本研究中伦理道德问题的处理及研究的效度问题。

一　伦理道德问题

伦理问题是质性研究中的一个重要方面，一个成功的质性研究者应该对伦理问题非常敏感。[②] 质性研究中伦理道德的原则与策略在文献中已有比较全面的介绍。[③] 本研究主要遵循的伦理原则有：自愿公

---

① 陈向明：《质的研究方法与社会科学研究》，教育教学出版社 2000 年版，第 426 页。
② Catherine Marshall and Gretchen Rossman, *Designing Qualitative Research*, Thousand Oaks, CA: Sage, 1999.
③ 可参见：Matthew Miles, Michael Huberman and Johnny Saldaña, *Qualitative Data Analysis: A Methods Sourcebook*, London: Sage Publications, Inc, 2014. 陈向明：《质的研究方法与社会科学研究》，教育教学出版社 2000 年版。

开、隐私保密以及公平回报。

自愿公开

在初次与参与者接触时,研究者就如实告知他们本研究的研究目的是考察大一新生的学术素养社会化过程。在确定研究参与者后,即在第一次访谈开始前,我与他们签订《知情同意书》(见附录六)进一步告知他们的权利与义务。明确了参与者有选择不参加或不合作的自由,我应无条件尊重参与者的选择。研究过程中就曾有一位参与者在后期出于多种原因,没有继续参与研究。我对此虽深感遗憾[①],但更尊重参与者的选择。在整个研究过程中,我始终遵循自愿公开原则,确保我与参与者之间彼此信任的友好关系。

隐私保密

为保护参与者的隐私,我在研究开始前主动向参与者许诺保密,告知他们任何情况下都不会公开他们的姓名、身份及其他私密信息。本研究中,我在每一次与参与者进行交流后,都会承诺对他们提供的所有信息绝对保密,使参与者放心。研究中,我让参与者为自己取了匿名,其所在学校也使用了F大学这一虚构名称,以便尽可能地避免参与者隐私的泄露。此外,在数据报告撰写及论文初稿写作时,我还通过让参与者阅读相关内容进行核实,以确保没有泄露他的隐私。然而,在研究中也有参与者表示并不介意其姓名、身份等信息的公开,认为"如果有人认识我,还可以是个现身说法,可能对他的影响更直接,这样也挺好的。没关系,我不介意使用真名"。但不论参与者有何态度,我始终秉承"参与者第一、研究第二、研究者第三"的理念[②],始

[①] 该研究者来自东北一所高校,自认为东北的外语教育"很水"。她的父母信奉"读万卷书,行万里路",带她体验了很多,因此,她有着丰富的语言学习经历。在F大学,她的专业是罗马尼亚语。她特别活跃,专业课也学得特别好。她认为英语对她的专业有很大的影响。她选S课是听学长推荐,觉得S课"高大上"而且感觉"捡到宝了"。研究者的直觉是她可为研究提供很丰富的数据。但在参与了一次访谈后,她总以有事推脱进一步的访谈;需要她提供额外材料时,也总是推脱。研究者意识到了她的"不合作",尊重她的"不合作",适时结束了研究关系,并感谢她之前的合作与付出的努力。

[②] Andrea Fontana and James Frey, "Interviewing: The Art of Science", in N. K. Denzin & Y. S. Lincoln eds., *Handbook of Qualitative Research*, Thousand Oaks: Sage, 1994, p. 373.

终把参与者放在首位。这样做不仅符合质性研究的伦理要求,也为与参与者建立友好关系奠定了基础。

公平回报

在研究过程中,参与者花费了大量的时间和精力,为研究提供了大量丰富、珍贵的信息。有的研究参与者还会帮助研究者为访谈预约图书馆的研读间。但我在研究过程中并非一味"索取",而是抱着公平回报的感激心态与研究参与者进行交流,希望在研究过程中他们也能有所"得"。为此,在每次访谈前,我都会准备一些小礼物带给他们,并在2019年的元旦,专门为他们准备新年礼物。虽然参与者并不在意这些"小礼物",但我相信这些礼物能让参与者们感受到我对他们的感激之情。除这些微不足道的物质上的回报外,我也努力让参与者在精神知识层面有所"获"。因此,我并不避讳对他们在学习方面的"干预",而是尽可能地提供帮助。例如,我会在访谈结束后,多花些时间与他们聊聊其他方面的情况。碰到相关学习资源时,我也会及时与他分享。研究参与者不止一次提道"要不是您这么问我,我可能轻易就让这些过去了。不会深入思考,也不会有更多的收获""就是您问了我之后,我才意识到""我回去就试一下用这些方法积累文献,太感谢您了""是的,我也发现了,还是得听您上次说的,需要多阅读"……

总之,在整个研究过程中,我努力成为一个好的倾听者,在保护参与者隐私的基础上,鼓励参与者分享他们的问题,并及时给予帮助。我始终怀着一颗感恩的心,在研究者参与者任何需要帮助的时候,都会努力回报他们。

二 研究的可信度

质性研究中的效度问题是质性研究领域广泛讨论的一个问题,目前仍有不同的意见,对效度有不同的分类[①],甚至有学者认为质性研

---

① Norman K. Denzin and Yvonna S. Lincoln eds., 2018, *The Sage Handbook of Qualitative Research*, LA: Sage Publications, Inc, 2018. Harry F. Wolcott, *The Art of Fieldwork*, Walnut Creek, CA: Alta Mira, 2005.

究中不应该用效度一词,而用"可信度"(trustworthiness),并从真实性、可信性、可靠性、确实性、一致性或准确性等角度进行说明。[①] 但不论用什么词,保证质性研究能准确地反映所研究内容的真实情况的根本目的是一致的,与民族志研究对研究信效度的方法论本身的要求是一致的。为此,研究通过长期观察、详细描述、三角验证以及成员检测来保证研究的可信度。

具体来讲,我在进入研究地点后,花了大量时间与参与者一起学习,坚持与他们一起上完了整个课程,并在很短的时间内与他们建立了良好的关系。在课程结束后,我也保持与参与者的联系,或在节日之时发送问候,或在分析数据时请求他们进一步阐释,或询问他们的近况。总之,我或在校园或在食堂与参与者相遇也会有短暂的驻足聊天,或静静远观其与同学朋友的交流……换言之,我抓住每一个可以观察的机会,长期与参与者保持联系,以便对他们有更深入的了解。

此外,我还通过详细描述来保证研究的可信度。通过对研究背景的详细描述可帮助读者架起书面案例和实际情况之间的桥梁。[②] 例如,我对研究场域、研究的核心参与者、数据收集过程与分析过程均进行了十分细致的描述。我还在课堂观察笔记(见附录三)中尽量客观、真实地记录现实情况。在呈现研究结果时,我引用大量原始数据,以支撑数据分析结果。这些策略都有助于读者对结论做出自己的判断。

质性研究可信度检验的手段还有三角验证,目的是通过多种来源的数据或人员对结论进行检验,以获得研究结论的最大真实度。[③] 本研究通过收集多种来源的数据,如问卷、访谈、课堂观察、叙事、实物资料等不同数据进行相互印证。例如,针对 S 课程的收获,本研究

---

① Yvonna S. Lincoln and Egon G. Guba, *Naturalistic Inquiry*, Newbury Park, CA: Sage, 1985. Sharan Merriam, *Qualitative Research and Case Study Applications in Education*, San Francisco: Jossey-Bass, 1988.

② William Firestone, "Alternative Arguments for Generalizing from Data as Applied to Qualitative Research", *Educational Researcher*, Vol. 22, 1993, p. 18.

③ 陈向明:《质的研究方法与社会科学研究》,教育教学出版社 2000 年版,第 403 页。

从学生提交的电子档案得出结论，但在不同时间的访谈中多次谈及该问题。研究者努力从不同的角度、在不同的语境下获得对同一问题的认识，然后对结果进行比对；同时关注参与者的言语行为与非言语行为，进而判断其所提供数据的一致性。其次，在整个研究过程中，我还与多位博士生进行讨论，分享研究过程以及对数据的理解，对编码进行多次讨论、修改。在此基础上，形成了本研究的最终编码。在数据分析过程中我与研究参与者进行及时沟通，尤其针对访谈当时没有注意到的点，在分析过程中有疑问、不理解的部分，我会通过微信请求参与者进一步说明。通过这种互动交流，我能更准确地理解参与者言行背后的意义。

为保证研究的可信度，研究者还邀请参与者进行了成员检测。在质性研究中，成员检测是保证数据分析真实可靠的重要手段。[1] 为此，我邀请研究参与者对所分析的内容进行核查，尤其针对访谈内容的引用及相关分析结果进行核对。[2] 本研究对数据的解读最后都以参与者的解读为准。

---

[1] John W. Creswell, *Research Design Qualitative and Quantitative Approaches*, CA：USA：Sage，1994，p. 158.

[2] 在完成研究参与者介绍部分后，研究者分别发给参与者各自的部分进行核查，并进行了修改，并于2020年6月完成了核对任务。在发现章节完稿后，研究者分别与参与者协商时间（主要集中在2020年的12月5日、6日两天），当面进行了核对。

第四章　研究参与者白描

本章旨在为读者提供一个关于核心参与者的深描，使其能直观了解他们的经历。同时也为后续章节的研究分析与发现进行铺垫，提供关于参与者的背景知识。本章主要从个人基本信息、语言学习经历、家庭支持、高考情况、专业选择及 S 课程选择缘由、阅读经历以及在 F 大学第一年的基本情况等多个方面进行客观、细致描述。在此基础上进一步从家庭环境以及学校环境对其所经历的学术素养实践进行介绍，并从知识、技能和品性三个维度说明这些参与者在进入 F 大学之前已经具备的学术素养基础。

第一节　经历多彩的核心参与者

泇灏

男，18 岁，来自江苏常熟，日语专业初学者，英语学习长达 12 年。早在小学一年级开始接触英语，以学校英语课为主。初中时，除学校英语课程外，泇灏参加了国际英语培训机构。他比较喜欢培训机构老师的教学风格和学习氛围。在那里学习一年多，泇灏在英语听说方面有较大提升，打下了坚实的基础。高中时，由于学业紧张、培训机构培训费用高昂，泇灏决定停止课外培训班学习，仅以学校英语课程为主。高一时，学校邀请校友交流学习经验，泇灏被告知英语学习主要靠背单词。考虑到所在地区对英语的要求，泇灏接受了校友的建议，利用假期时间，到高二时背完了四级词汇。他认为背单词的效果不错，也使得他有条件达到了 F 大学的自招要求。正如他在访谈中说的：

> 校友指出英语背单词就可以……高中四级就够了，也可以看六级。因为江苏考试对词汇要求挺大，我就开始背单词…………我在高一的寒假和暑假就把四级背完了……这也使得我的英语很好，达到了 F 大学自招的一个条件。
>
> （访谈—洇灏—Ⅰ—20181026）

然而，洇灏高中对英语的认识只局限于单词记忆。他记忆单词的方法主要是机械记忆，即背单词书，脱离语境地只记单词的拼写及汉语意思，而且他喜欢背大词、难词。这为他后期的学习带来了负面影响，尤其是写作方面，"写作文的时候有一段时间特别特别拗口，因为全是那种不常用的单词"（访谈—洇灏—Ⅰ—20181026）。在英语老师的建议下，洇灏开始多注意搭配、选择恰当表达并关注句子结构，他的写作在一定程度上有所提高。高三时，洇灏完全跟着老师的节奏进行学习，以备考"刷题为主"。他还学会了使用字典来扩充了解词汇的意义，但字典的使用频率较低，因为"虽然很有用，但却很费时"（访谈—洇灏—Ⅰ—20181026）。

由于高考时紧张，洇灏英语发挥失常，使他无法选择最喜欢的经济学专业。但事情总有两面性，由于英语成绩平时比较好，达到了 F 大学的自招条件，加之对日本文化的了解与喜爱，他顺利进入 F 大学的日语专业。洇灏对日语有着无法言说的喜爱。洇灏酷爱日本动漫和日本文学，在高中时自学了五十音图，大量阅读了日本文学及动漫书籍，还常与高中同学交流相关内容。

在 F 大学的第一学年（2018—2019 年），洇灏选修了包括专业课程及女性诗歌文学、中国历史、S 课程和经济数学等选修课共计 17门。但洇灏选择 S 课程是因为掉选了英语诗歌，退而求其次的选择。因此，选课前洇灏对 S 课程没有任何了解。但上了三周后，他发现 S

课程特别值得一选。① 泇灏在 S 课上与其他四位同学自愿组成一组②，共同完成口头汇报和学期论文。他同时也是小组长，负责小组活动的组织。泇灏在 S 课上非常活跃，共参加了五次小组口头汇报中的四次。此外，泇灏还是 S 课程班长，平时协助辛老师开展课堂活动、收集作业等。

泇灏从小阅读广泛，养成了良好的阅读习惯。这与家庭环境及家长的支持分不开。小学时，泇灏在放学后常去学校附近的图书馆阅读。妈妈尽可能满足泇灏的阅读需求，赋予他选择阅读书籍的自由权。他认为"阅读是获取知识的最直接、有效的方式之一"，因此，在 F 大学的第一学年，泇灏仍保持大量阅读课外中文书籍的习惯，涉足的领域非常广泛（如表 4.1 所示），涵盖了文学、经济、文化、哲学、历史等诸多领域的内容。泇灏的阅读习惯极大地影响了他的写作，到高中时，他通过模仿最喜欢的作家开始了独立写作，且作品多次在报纸上发表，到 F 大学也时常会写写东西，也会尝试投稿。泇灏对应试性的写作比较反感，觉得评分标准对写作的限制较多，但同时也认为应试写作有其存在的合理性。在英语阅读方面，泇灏的阅读经历很匮乏。他认为一是没有英语阅读意识，二是可能由于词汇不足而导致理解困难，三是没有时间。

表 4.1　泇灏大学第一学年（2018—2019 年）阅读书单③

2018 年书目	2019 年书目
《存在主义简论》	《红玫瑰与白玫瑰》
《通往奴役之路》	《瞧，这个人 尼采》
《文学理论》	《悲剧的诞生》
《中国哲学简史》	《鼠疫》

---

① 具体原因将在第五章及第六章进行介绍。
② 他/她们之所以组成一组是因为"当时坐一起，且恰巧来自不同的专业"。
③ 研究者询问泇灏是否方便分享一下他的阅读书单时，他即刻从手机中的记事本里调出了他的记录。记录的时间、书目都非常清晰。

续表

2018 年书目	2019 年书目
《慢、好笑的爱》	《墙》
《权力意志与永恒轮回》	《我的职业是小说家》
《爱情与其他魔鬼》	《青色时代》
《心是孤独的猎手》	《情人 渡边淳一》
《乌合之众》	《这不是一只烟斗》
《刺杀骑士团长》	《什么是批判/自我的文化》
《过于喧嚣的孤独》	《疯癫与文明》
《下流社会》	《天朝的崩溃》
《低欲望社会》	《房思琪的初恋乐园》
《假如真有时光机》	《战后日本经济史》
《中国国民性演变》	《秒速五厘米》
《饥饿的盛世》	《存在主义是一种人道主义》
《大明王朝的七张面孔》	《胡适散文集》
	《浮生六记》

由于高考失利，不能如愿学习自己的理想专业，洳灏在大学更加努力①，"想证明自己并不差"，他把精力几乎都投入到了学习中。也由于个性原因，洳灏并不热衷于社团活动，他只参加了体育部和足球队，一是为了锻炼身体，二是该社团活动较少而且不会影响到他的专业学习。如果有冲突，洳灏表示将以学业为重。

锦添

男，17 岁，来自陕西西安，是一位英俊、谦逊的阿拉伯语专业初学者。从幼儿园接触英语开始，锦添有 12 年的英语学习经历。除学校英语课外，锦添还参加了课外英语培训班，主要学习《剑桥英语》（1—3 册）及《新概念英语》。此外，锦添还积极参加学校的英语角活动，并创造机会与交换生聊天。因此，锦添的口语水平较高，

---

① 洳灏指的失利是与自己高考预期有落差，因此他不是很开心，想"证明自己并不差"。

并"对留学生的文化和思想有更多了解,使我意识到东西方之间的差异"(访谈—锦添—Ⅰ—20181107)。锦添因不喜欢记忆语法规则使得语法成为其英语学习中最大的困难。锦添做语法题主要依靠自己的语感,而语感的培养除课外培训班的影响外,家庭环境起到了关键作用。

  锦添的家庭环境对其英语学习影响较大。父亲在他4岁的时候就为他买了《猫和老鼠》英文原版材料,为他学习英语奠定了基础。此外,他的舅舅、姨妈都是语言专业学习者,对锦添的语言学习有极大的影响。姨妈定居新西兰,从初三开始,锦添每年暑假都去探望姨妈,这为他提供了体验当地文化的机会。其间,他体验了寄宿家庭和当地正规的学校学习。在当地学校学习之初,锦添因为英语听力较差,加之不同的学习环境,尤其是较高的课堂参与要求,让他深感痛苦。但经过一段时间的适应,锦添收获颇丰,尤其是学生们批判地、自由地讨论分享观点对他启发较大。国外学习经历让锦添体验到中西方教育的差异。相比而言,锦添更喜欢新西兰的教学方式,因为"新西兰的学习环境更宽松、考试少、内容丰富、不以教材为主、上课时间更长、更注重批判性思维和积极参与"(访谈—锦添—Ⅰ—20181107)。除国外学习经历外,锦添还在高二的寒假到尼泊尔加德满都支教两周。这段经历使他对教与学以及经济发展对教育的影响有了更好的理解,更让他明白了"不急于求成,而要学会先自我成长与发展,等待时机慢慢长成,放长线去钓大鱼,不要急于付出或是为了蝇头小利,而错失未来更远大的机会"(叙事—锦添—2—20191013),让他真正体会到了什么是使命感和爱心,增强了他的爱国情怀。

  国外学习及支教的过程中,锦添常用英语记录当时的学习与生活感想。在尼泊尔支教结束时,锦添用英语写了工作汇报。这些经历加上课内外的英语写作训练,使锦添的英语写作有内容、有思想,并得到了老师的认可。由于高考的压力,锦添在高三时放弃了用英语记录的习惯,把时间全部投入高考备战。

锦添的高考分数限制了他的专业选择。考虑到专业的发展及就业前景，锦添选择了阿拉伯语专业。然而，在 F 大学学习近两个月后，锦添有些后悔当初选择阿拉伯语作为专业，因为"阿拉伯语与我所知道的语言有很大的不同！这对我来说太难了！如果可能的话，我绝对不会选择阿拉伯语作为我的专业"（访谈—锦添—Ⅰ—20181107）。他曾试图转到法语专业，但没有成功。然而他能坦然接受这样的结果，"既然阿拉选择了我，我应该下定决心学好阿拉伯语"（访谈—锦添—Ⅰ—20181107）。第一学年除专业必修课外，锦添选了包括 S 课在内的三门选修课。锦添选择 S 课程是因为他认为这门课与语言学习相关，会"教学生一些学习技能"（访谈—锦添—Ⅰ—20181107）。然而，他后来发现 S 课程实际是"关于语言学习是什么的，更理论和更抽象"（访谈—锦添—Ⅱ—20181213）。S 课上，锦添积极参与课堂讨论与小组展示，作为小组长，锦添热情组织小组成员准备口头汇报，并参与了小组的所有六次口头汇报，被称为"汇报冠军"。在肯定锦添的努力及积极性前提下，"辛老师打趣道：'How old are you！——怎么老是你啊（老师、同学们大笑）。Trust other members. 我们小组其他同学也要多上来展示、锻炼一下自己。'辛老师希望同学们学会抓住机会、珍惜机会"（课堂观察笔记—8—20181113）。

锦添在上大学之前有较丰富的阅读经历，但上了大学之后，因为阿拉伯语专业学习的压力及较多的社团活动①，他的阅读量大幅下降。锦添在第一学年只阅读了四本书：《麦田里的守望者》《杀死一只知更鸟》《摆渡人》和《大国的兴衰》。对此，他表示"虽有客观因素，但还是要去改变"（访谈—锦添—Ⅰ—20181107）。

浚源

男，18 岁，来自河南郑州，是西班牙语专业初学者，有十多年的英语学习经历。浚源的外语学习主要受父亲影响比较大。父亲的英

---

① 锦添参加了阿拉伯语学院的网球队、国际交流协会、讲演队和主持人协会四个社团。锦添拥有较好的外表及极具磁性的嗓音，经常在学校的各项大型活动中担任主持人。

语水平较高，有在尼日利亚工作的经历，对他的期望与要求也因此较高。一年级时，父亲在家具上贴满单词，让浚源学习。通过这种方式，浚源虽记住了一些单词，但并没有让他对英语学习产生较大兴趣，反倒有种"恐惧感"。初中时，仍是被父亲"牵着走"，没有自主学习的意识，还有些叛逆。但父亲给他找的一位英语辅导老师对浚源的语言学习产生了重要影响。这位老师独特的教学方式，即听书诵书让浚源的英语成绩一直名列前茅，也培养了他较强的语言学习自信心。然而，由于中考成绩不理想①，父亲有些失望，决定给他更多的自主权，让他学会自己管理与探索。

高中时，浚源被选拔到外国语学校就读。因为班内都是尖子生，自己的优势变得微不足道，成为"垫底"学生，感觉"那时候我真的学得很失落、很痛苦、很难受"（访谈—浚源—Ⅰ—20181025）。正是由于这样的痛苦经历，浚源"被敲醒了"，开始认识到父母的不易。从此，他不断摸索，并找到了属于自己的学习方法。这期间，浚源养成了背诵的习惯。他主动背诵、模仿原声材料，并发给老师指正。这不仅提高了他的语言能力，也进一步增强了他语言学习的自信心。浚源通过刻苦学习，最终获得了保送到F大学学习的资格。也因此高中毕业时的假期相对较长，浚源在假期提前学习了一些西班牙语的基础语音、词汇及语法知识，了解了西班牙语学习的难点（动词变位），并对此做好了心理准备。此外，浚源在大学开学前还申请参加了F大学组织的"歆苗计划"，该计划是以培养综合素质高、组织领导能力强、实践能力强、思维与视野开阔的高层次复合型人才为目标，以课堂学习和工作实践为主要内容的综合培养计划。"歆苗计划"涉及小组合作、专题讲座、成果汇报等多种形式，参与该计划对浚源产生了较大的影响，尤其在职业规划方面，这也促使他在大学第一年始终思考着自己的职业规划。

---

① 此时，浚源其实已经确定被选拔到外国语学校就读高中。参加中考只为有一次中考的经历。

浚源在综合考虑了自身语言学习体验、专业前景及个人兴趣等因素后决定在 F 大学期间学习西班牙语。在访谈中，浚源详细说明了其选择西班牙语的缘由：

> 我觉得学语言比较轻松也比较有意思。但是刚开始的时候没有具体想特别喜欢哪个国家的语言，但是反正不想再学英语，也觉得好像再去研究英语没什么意思，想尝试一个新的语种，觉得这样比较有挑战性。然后，学西班牙语功利性地说，是因为就业比较好。其次，这个语言听着比较优美，就说起来朗朗上口。我还比较喜欢它的文化。
>
> （访谈—浚源—Ⅰ—20181025）

浚源在第一学年选修了 21 门课程，包括专业主修课程、其他必修课以及当代西方国际关系及 S 课程两门选修课。选课时，浚源看到 S 课程的名称觉得对语言学习会有帮助，于是选修了该课程。在 S 课上，浚源积极参与课堂活动，与其他四位同学一起完成小组口头汇报五次，并直接参与课堂展示四次。在口头汇报过程中，浚源常娓娓道来，极具幽默感，而且，在点评同学们的口头汇报时，浚源总有自己独特的视角，辛老师评价：“浚源同学特别有教授范儿。”（课堂观察—6—20181030 & 课堂观察—14—20181225）

然而，浚源在初、高中的阅读经历相当匮乏。由于小时候没有养成阅读的习惯，到初、高中由于学业任务的加重，浚源几乎没有课外阅读经历。这一现象的直接后果使得写作成为浚源的"软肋"，他认为主要原因是"阅读量很少，就没有积累，没有有意识地去积累一些句子啊单词啊之类的"（访谈—浚源—Ⅰ—20181025）。此外，浚源不喜欢初、高中"模板式"的写作，但出于应试目的，他又不得不按要求写作。

> 写一篇文章，我知道是要有主干。但是我不希望每个人都长得是标准体型，会让我感觉很难受，我想有自己的一些想法在里

边。……但是，考试的时候我又没办法，怕我一写就是分又得不到，慢慢索性就那样写了

（访谈—浚源—Ⅰ—20181025）

基于对自己阅读及写作的短板的认识，浚源决定在大学期间增加阅读量。在第一学年浚源阅读了包括哲学、历史、文学、科幻小说、游记、健康等多领域的书籍17本，如表4.2所示。此外，为了弥补"现在回想起来高中好像除了学习什么都没有"（访谈—浚源—Ⅰ—20181025）的遗憾，浚源决定在大学里多参与、多体验，他参加了校学生会办公室、讲演队、文艺部等多个社团，因为"我觉得这是必不可少的经历。如果只知道学习的话，将来走上社会，尤其是学语言的学生，如果不懂得如何跟人打交道，不懂得怎么样表现自己的话，是真的很难做出一番事业的"。但当两者有冲突的时候，"还是要保证学习的，学习是首要任务"（访谈—浚源—Ⅰ—20181025）。

S课上，浚源每次都坐在中间第二排正对着讲台，他积极主动参与课堂活动，共参与了小组五次口头汇报中的四次。作为小组长，浚源在组织小组准备口头汇报的过程中，认为有时交流不畅，"做出来的东西不如个人去完成的好"，但是他认为小组活动确实促进了组员之前的交流，也让人更有"参与感"，提供了"向同学们学习的机会"。

表4.2　　浚源大学第一学年（2018—2019年）阅读书单

阅读书目	
《哲学是什么》	《阿弥陀佛么么哒》
《西班牙旅行笔记》	《斯坦福高效睡眠法》
《人间失格》	《你不是记性差，只是没找对方法》
《时间移民》	《霍乱时期的爱情》
《三体》	《你的降落伞是什么颜色的》
《心理罪》	《人性的弱点》
《天朝的崩溃》	

知渊

女，18岁，来自福建厦门，德语专业初学者。同浚源一样，知渊也是一名来自外国语学校的保送生。但与浚源相对"枯燥"的学校生活不同，知渊的学校生活丰富多彩。她积极参加外语节、模拟联合国大会（以下简称模联）、英语角、英文戏剧表演等各项活动。通过参与这些活动，知渊的语言水平有了极大提升，而且对其他国家，尤其是英语国家的文化有较深入的理解。值得一提的是，知渊参加模联的经验为她提供了阅读和撰写学术文献的机会。知渊在高中共参加了六次模联的英文会议，每一次至少写三份材料。此外，知渊还主持了一次以"健康"为主题的模联大会，准备背景材料时写了近万字的材料。这些经历极大地帮助她"学会了如何搜索信息，如何选择材料，如何阅读学术文件"（访谈—知渊—Ⅰ—20181029）。

知渊的阅读经历相当丰富，这得益于家庭对阅读的重视，父母尤其注重知渊的读写能力发展。知渊认字很早，父母通过认字卡片及睡前故事帮助知渊识字。到五六岁时知渊就已经养成了爱读书的好习惯，开始慢慢自己读一些童话故事及古诗词。父母常带知渊去书店，有时父母逛超市，知渊则选择在旁边的书店阅读。此外，知渊所就读小学的阅览室为其提高阅读能力提供了很好的资源。初中时，知渊阅读了学校规定的英语分级读物。这一经历使知渊能够从朗读中英文对照读物过渡到全英文阅读，并能理解较长篇幅的英文文章。高中时期，虽没有类似的硬性阅读要求，但知渊也进行了大量且相对专业的英文材料的阅读。因为参加模联，"写相关文件必须读相关的研究论文以及联合国曾经出过的文件材料"（访谈—知渊—Ⅰ—20181029）。此后，知渊坚持阅读，即使在繁忙的高中阶段，她也将读书视为学习生活的一部分。她尝试阅读英文版长篇小说《百年孤独》，但"主要还是新闻，有时候也读 Economics 这种偏专业，有一点研究性质的文章"（访谈—知渊—Ⅰ—20181029）。

知渊有明确的学习目标，并为实现这些目标而刻苦努力。知渊高一时了解到保送，并为此开始努力。通过背四级词汇，在高一结束时，知渊已经达到了高中阶段要求的词汇量。高二确定保送后，知渊选择 F 大学为目标学校之一，并根据 F 大学的要求进行准备。知渊认为词汇在英语学习中非常重要，但与迦灏的机械背诵不同，她通过语境记忆英语专业四级词汇和英语六级词汇。到高三，知渊开始接触专业八级词汇，并继续巩固专业四级词汇。此外，知渊广泛阅读英语原版材料（如新闻报道、经济学和文学）以及英语专业四级的阅读材料来提高阅读能力。因为 F 大学的保送考试有口试，在高三第一学期，知渊与其他同学开始了定期的口语练习①，加上晨读，她的口语水平提升很快。高三的寒假②，知渊通过了 F 大学的保送考试，提前半年获得 F 大学的入场券。在这半年中，知渊先在新东方实习一个月③，然后参加了学校组织的保送考试材料汇编工作④。接着，知渊受初中英语老师之邀，辅导一些基础差的学生。她发现这些学生的问题主要是缺乏兴趣。因此，通过"英汉对比以及自身说法"，知渊帮他们"唤醒了"英语学习的兴趣、"重拾了"对英语学习的信心。这些经历使知渊对语言学习和教学有了更深入的了解，积累了资料汇编等学术工作经验。

　　知渊成功拿到了 F 大学入场券后，填报的第一志愿为西班牙语专业，第二志愿为德语专业，最终被 F 大学德语专业录取。知渊比较喜欢德国的历史、文化与文学，认为学习德语会有"很多启示"。在 F 大学的第一学年，她修了专业课程及与语言学习、哲学和历史相关的选修课程共 20 门，其中包括 S 课程。S 课上，知渊常坐第一排，在课堂互动环节，尤其是点评环节，她常能抓住核心，点评到位。知渊是所有核心参与者中最具学术能力的一位，辛老师评价她"特别有学术范儿，特别专业"（课堂观察笔记—9—20181120）。

---

① 主要针对当时的时事话题进行讨论或通过阅读互相提问。
② 即 2018 年 1 月份。
③ 在新东方知渊主要参与了一些行政工作。当初本想报助教，但当时新东方不缺助教。
④ 由于一些大学的保送考试资料不外传，学校组织所有保送生回忆各自参加的考试的试题，进行分类汇总，以方便以后学生复习使用。这项工作持续到五六月份。

在 F 大学，知渊仍保持广泛阅读。由于从小养成了"不管环境如何，只要我想读，就能读下去"的习惯，在宿舍当别人卧谈、闲聊时，知渊常捧一本书阅读。知渊第一学年的阅读内容涉及文学、历史、研究报告、语言学、哲学等，如表 4.3 所示。知渊是本研究参与者中唯一一位在初学一门语言几个月后，就开始用所学语言进行专著阅读的学生。"我之所以敢读专著是因为《老妇还乡》我读过汉语好多遍，非常熟悉内容"（访谈—知渊—Ⅱ—20181214）。知渊也是本研究中唯一一位坚持英文阅读的参与者，她阅读的内容主要包括网络新闻热点及与模联相关的一些研究报告等。

表 4.3　　知渊第一学年（2018—2019 年）部分阅读书单[①]

语言	书目
中文	《科里尼案件》《守望灯塔》《佩德罗·巴拉莫》《在通向语言的途中》《文化遗产报告》《南南合作和中国的对外援助》《中国南南合作发展报告》
德文	《老妇还乡》（*Der Besuch der alten Dame*）
英文	*The Gallic War*（《高卢战记》）（英文/拉丁文对照） 联合国教科文组织/儿童基金会网站上的部分英文报告

展颜

女，18 岁，是一位来自浙江的阿拉伯语初学者，英语学习十年之久。与前几位研究参与者不同，展颜有着独特的语言学习方式与经历。她很少去刻意背单词"不会刻意去翻绿宝书、红宝书"，而是受母亲影响，通过听英文歌、看美剧及电影来扩大词汇量。展颜不仅喜欢听、唱英文歌曲，还更加关注歌词本身及其背后的意义。这很好地培养了她的语感、提高了词汇学习的效率。

高中时期，展颜与其他三位同学一起"玩语言"的体验进一步

[①] 知渊当时给研究者只发了部分书单。她说："我给您发了部分阅读书单，还有一部分现在记不起来了。"

培养了她对语言的热爱。她们组建了一个"3P"（People Protect Peace）组织，并创造了自己的3P语言①。正是在那个时候，展颜开始接触一些语言学的专业知识，如音韵、语音、语系等。这一经历使她开始对语言现象比较敏感。她们注意到了以前所轻易忽视的语言现象，如前鼻音与后鼻音问题、"谁"的发音②等，她们会思考导致这一现象的原因。值得注意的是，她们不仅仅停留在观察与思考阶段，而是深入进行探究、讨论。虽没有得出最终结论，但"讨论的过程就是一种学习"。

展颜阅读广泛，尤其"喜欢文学中的语言美，能感受到这种美"（访谈—展颜—Ⅰ—20181021）。她善于用语言表达自己，这也使得她的写作与众不同。展颜高考语文写作是满分，这得益于她平时的广泛阅读以及练习。展颜平时喜欢写作，还开设了自己的公众号。

展颜的语文及英语高考成绩较高③，因在专业面试中表现不佳，没能选上自己喜欢的法语专业或西班牙语专业，而是被调剂到了阿拉伯语专业。尽管阿拉伯文化中的性别歧视让她感觉很糟糕，但展颜对"被学习阿拉伯语"也能坦然接受。由于专业调剂，在来F大学之前，她对阿拉伯语及其文化没有太多了解。

在F大学的第一年，作为一名阿拉伯语初学者，展颜经历了困惑、不确定和担忧。她第一次意识到必须独自处理一切事情，不得不参加一些社团活动，她"被这么多不同的角色和任务所扭曲，感到非常不安"（访谈—展颜—Ⅰ—20181021）。她也不知道自己作为一名阿拉伯语专业的学生未来会如何，也曾考虑过转专业。但经过一段时间的调整，加之对阿拉伯国家现状及文化的了解，展颜的心态有所好转。她意识到"这些（困惑、担忧及不安等）是我成长的必修课"（访谈—展颜—Ⅲ—20190301），并找到了如何在学习和其他工作之间

---

① 访谈时展颜已经完全记不起来3P语言具体是什么样子的，具体如何创造出来，只记得有自己的一套符号，类似英语的字母用来编3P语。
② 有的地方会发成"shui"，有的地方发成"shei"。
③ 展颜的语文成绩为139分，英语成绩为135分。

取得平衡，如何通过听咖啡滴落的声音或阅读与阿拉伯语无关的书籍来放松心身，她"感觉好多了"（访谈—展颜—Ⅲ—20190301）。尤其在与一位学姐①访谈②后，展颜对阿拉伯语专业有了更新的认识，对专业基础的重要性有了直观的感受，对自己学习阿拉伯语的信心有了较大提升。

在F大学的第一学年，除专业课等17门必修课程外，展颜还选修了语言哲学和S课程2门选修课。选择S课"只是因为不想落下几个学分而随便选到的"（成绩申请—展颜—20190112）。但在S课上，展颜总是与知渊坐在靠窗的第一排。从一开始的"应付了事"到后来的"主动参与课堂活动"，再到"每当周二体育课下课，就会格外期待接下来这节课大家的展示和讨论"（成绩申请—展颜—20190112），展颜的学习态度发生了较大变化。而且，在繁重的阿拉伯语学习下，展颜仍能保持广泛阅读的习惯。在第一学年，她阅读了艺术、历史、小说、诗集等方面的内容，如表4.4所示。

表4.4　　展颜第一学年（2018—2019年）阅读书单

时间	书目
大一上	*Vision*（《设计艺术》）、*Times*（《时代周刊》）、《环球银幕》《巴黎评论》《少数派报告》《纳博科夫短篇小说》《漫威公司历史》《穆夏画册》《达利画册》《王尔德》
大一寒假	《那不勒斯四部曲》
大一下	《阿拉伯通史》《阿多尼斯诗集》《我们一无所有》《幻影书》《小径分岔的花园》《阿西莫夫作品》、*Vision*、《环球银幕》《二十首情诗和一首绝望的歌》《王尔德》《魔山》《爱伦·坡小说》《4321》（保罗奥斯特作品）

---

① 学姐为F大学2002级校友。现为中国国际电视台（CGTN）阿拉伯语频道制片人，曾担任中央电视台阿拉伯语大赛编导。

② 根据展颜提供的访谈整理稿，访谈涉及国际传播相关问题、工作经历与体会，及对学弟、学妹的建议等方面。

第二节　多彩中的共性：参与者学术素养基础

综合来看，参与者都拥有支持型的（supportive）家庭环境。家庭环境是影响学生发展和教育获得（educational achievement）的重要因素，是导致教育和社会不平等的再生根源，甚至可能比学校的影响作用更大。[①] 家庭环境的影响主要体现在家庭对孩子教育的投入以及父母参与教育程度两个方面。[②] 本研究中参与者家庭对其教育投入均较为可观，包括文化资本投入[③]和影子教育[④]投入。在文化资本投入主要是为孩子购买书籍。例如，锦添说："在2003年的时候，当时就是经济条件不那么好，我爸就愿意掏几百块钱来给我买像《猫和老鼠》，就是那个原版书籍……"（访谈—锦添—Ⅰ—20181107）。其他参与者都表示，从小到大父母为他们购买了各阶段所需要的多种书籍，也允许他们自主选择书籍。例如，知渊在五六岁的时候父母就

---

① James S. Coleman, "Social Capital in the Creation of Human Capital", *American Journal of Sociology*, Vol. 94, 1988, pp. 95 – 120.

② 可参见：Arleen Leibowitz, "Parental Inputs and Children's Achievement", *The Journal of Human Resources*, Vol. 12, No. 2, 1977, pp. 242 – 251. 何瑞珠：《家长参与子女的教育：文化资本与社会资本的阐释》，《教育学报（香港）》1999年第1期。刘保中、张月云和李建新：《家庭社会经济地位与青少年教育期望：父母参与的中介作用》，《北京大学教育评论》2015年第3期。李忠路、邱泽奇：《家庭背景如何影响儿童学业成就？——义务教育阶段家庭社会经济地位影响差异分析》，《社会学研究》2016年第4期。李佳丽、何瑞珠：《家庭教育时间投入、经济投入和青少年发展：社会资本、文化资本和影子教育阐释》，《中国青年教育》2019年第8期。李波：《父母参与对子女发展的影响——基于学业成绩和非认知能力的视角》，《教育与经济》2018年第3期。

③ 文化资本最早由布迪厄提出，也有学者称为文化资源（cultural resources），既包括文化作品，也包括父母的阅读习惯和阅读活动、营造的家庭氛围、学生校外高雅活动的参与等。（可参见李佳丽、何瑞珠《家庭教育时间投入、经济投入和青少年发展：社会资本、文化资本和影子教育阐释》，《中国青年教育》2019年第8期）

④ 影子教育是家庭校外教育经济投入的典型代表，因其补习内容和规模依附于正规学校的教学内容和学生规模的变化而变化得名（Bray, 1999）。相关研究认为影子教育会促进学校教育系统中的社会不平等，扩大不同阶层和城乡学生在获得教育机会、教育资源和教育结果上的差距，并成为阶层和城乡不平等在代际间维持并传递的重要渠道（可参见胡咏梅、范文凤、丁维莉《影子教育是否扩大教育结果的不均等——基于PISA 2012上海数据的经验研究》，《北京大学教育评论》2015年第3期）。

"允许我选择读什么,不完全是他们推荐"(访谈—知渊—Ⅰ—20181029)。洳灏在"初高中阶段自己的选择比较多,然后他们(父母)对我的帮助可能就是全力支持(经济支持)我"(访谈—洳灏—Ⅰ—20181026)。在文化资本投入中,父母的阅读习惯对孩子的学习也产生一定影响①。父母良好的阅读习惯能有效帮助孩子培养良好的阅读习惯。正如知渊所讲:

> 笔者家中一直保持着读书的传统,父母乃至经常走访的亲戚都更喜欢以读书而非电视、电脑等作为日常休闲活动。长辈普遍以身作则培养孩子读书的习惯……家庭不仅为笔者提供了良好的阅读环境,更使阅读在很大程度上成为笔者幼时与家庭联系的重要纽带,因而笔者能从阅读中感受到额外的乐趣,进一步促成了笔者的自发阅读习惯。
>
> (作业—Ⅲ—知渊)

然而,其他参与者的父母虽然为他们提供了充足的经济支持,但在阅读习惯方面并没有像知渊的父母那样能够以身作则,为孩子做出榜样。正如浚源所讲:"父母回到家基本上没有阅读的习惯。家庭娱乐活动基本上都是看电视或者上网,即使父母给我购买了很多课外书,但我并不愿意独自一个人去看。"他认为"这是我最终没有形成阅读习惯的一个重要原因"(作业—Ⅲ—浚源)。

影子教育对参与者的学术素养也产生了一定的影响。本研究参与者均在不同阶段参加过课外补习。例如,洳灏在高中之前参加过两年的外教课;锦添从小学开始一直在课外班学习《剑桥英语》《新概念英语》;浚源也在初中阶段开始一直参加课外班的英语学习。知渊与展颜则是在高考前出于应试目的参加了相应的补习。这些补习班的学

---

① 李佳丽、何瑞珠:《家庭教育时间投入、经济投入和青少年发展:社会资本、文化资本和影子教育阐释》,《中国青年教育》2019年第8期。

习生活，对他们后来语言能力的提升、获得较好的教育机会（考上 F 大学）起到了重要的作用。在访谈中，参与者认为课外补习给他们带来了较好的学习成绩、更多的自信，结交了朋友也激发了他们学习的热情。

> 我爸给我报的课外班老师对我的学习语言经历有很大影响。老师要求我们背书听磁带，一定要听原声磁带，要模仿得很像，要很流畅地背诵下来。后来凭借这种方法，我英语这方面成绩一直在班里名列前茅，这使我很自信。
>
> （访谈—浚源—Ⅰ—20181025）

> 上初中后，妈妈带我去一个课外辅导班，那里有比较完整的语言环境，各种有意思活动，老师人也很好，而且都是外教，对我口语、听力都很有帮助。而且还能交到一些好朋友，我很喜欢。
>
> （访谈—泇灏—Ⅰ—20181026）

> 从小学开始学启蒙英语，然后少儿剑桥英语，再到新概念一级，从小学一直到初中一直在学。对英语有很好的热情，也打下了较好的基础。
>
> （访谈—锦添—Ⅰ—20181107）

家庭环境因素中的父母参与教育程度[1]是孩子养成良好阅读习惯，进而促进他们的语言学习与发展的重要中介（如亲子活动与交流）。本研究中的参与者均有较丰富的亲子活动体验。知渊提到睡前故事陪

---

[1] 也称为家庭的社会资本，参见 Pierre Bourdieu and Jean-Claude Passeron, *Reproduction in Education, Society and Culture*. Newbury Park, CA: Sage, 1990. James S. Coleman, "Social Capital in the Creation of Human Capital", *American Journal of Sociology*, Vol. 94, 1988, pp. 95 – 120.

伴了她的整个童年，此外父母还设计一些亲子活动，例如通过识字卡片认字。这些均使得知渊的识字量比同龄孩子多，为其自主阅读习惯与能力的养成奠定了重要基础。

> 朗读睡前故事的习惯一直持续到小学低年级甚至中年级时……笔者较早开始接受父母借助自制识字卡片开始的认字训练，因而认字较其他孩子更早，故父母很快开始鼓励笔者自己读书，先是朗读有拼音的读本，进而过渡到没有拼音的书籍，由于当时笔者识字量尚不足，常常会遇到不认识的字，父母则鼓励笔者联想学过的字猜测它的读音，之后再肯定或纠正。
>
> （作业—Ⅲ—知渊）

浚源也提到了小时候体验的多种亲子交流与活动，例如学习儿歌、录音、讲睡前故事等。这些亲子活动不仅成为浚源日后的美好回忆，同时也激发了他对声音的好奇与敏感，从而为他的语言学习及大学的专业选择产生了重要影响。

> 母亲对我的教育十分重视，为了在家里照顾我，辞掉了工作。母亲在我小时候经常鼓励我学习儿歌、流行歌曲，所以那时我学会了许多儿歌和歌曲，而且母亲还会帮助我把我唱的歌曲用磁带录下来，直到现在我还能听到小时候录制的儿歌，十分有趣。睡前母亲经常给我讲故事，有时我会让母亲重复讲我喜欢的故事，到最后我可以自己一字不差地背诵下来，母亲偶尔讲错的时候我会给她指出来。到现在，母亲还会经常津津有味地给我讲述这个事情。……母亲为我营造了学习歌谣、阅读故事的氛围与习惯，我认为这很大程度上起到了很好的大脑开发的作用，直到现在，我对声音包括音乐都比较敏感，而且在背诵上我很高效，这对我今后不论是英语还是第二外语的专业学习都有很大的影响。
>
> （作业—Ⅲ—浚源）

第四章 研究参与者白描

除父母的教育参与外，锦添还体验到了更丰富的"亲戚资源"所带来的影响，这些均有效地帮他保持学习英语的浓厚兴趣。在国外的短期学习使他深刻体会到东西文化的不同，多了一份别样的人生体验。

> 我亲戚好多都是语言学习的佼佼者，让我有一个好的亲戚资源可以利用。我姨妈也是蛮优秀的，然后她对语言也很有兴趣……从小我有什么问题都会跟她交流。她后来到新西兰定居，我就在初三、高一、高二每年都去国外待上一段时间，进入到当地的高中和语言学校去体验，也待过寄宿家庭……当时我在那边学习会有很美好的一种感受，就是很开心，感觉就是压力不是很大，给学生更宽松和更自由的环境，让学生自由去发挥自己的思想，让我有了完全不一样的体验。
>
> （访谈—锦添—Ⅰ—20181107）

在学校环境方面，参与者所在小学、初、高中学校为他们提供了优越的学习环境与资源，是他们学术素养养成的主要实践共同体。学校老师、图书馆藏书、浓厚的阅读风气以及多种阅读活动等都是参与者学术素养提升的重要中介工具与中介活动。以知渊为例，她就读的学校为学生提供了丰富的图书资源、多样的学习任务及多彩的课外实践活动等。正如下文节选内容所示：

> 学校图书馆有当时本地小学的图书馆中最多的藏书，且全部对学生开放，仅需在规定时间内归还即可。藏书室与阅览室直接相连，且开放时间从中午放学一直持续到下午清校即学校硬性规定的学生回家时间，因而学生几乎可以在任何课余时间前往图书馆阅览和外借书籍。除了良好的设施条件外，笔者的小学拥有浓厚的鼓励阅读的风气。学校开设读书、读报等校本课程，定期组

织学生到校图书馆读书、读报，指导学生利用电子阅览、自助借还书机等配套设施。校图书馆每年公布本年度借阅书籍最多的学生名单，学校每学年也组织阅读相关的比赛，如读书笔记展示、以好书推荐为主题的手抄报竞赛以及针对不同年级学生特点设计的阅读技能比赛，如低年级学生的查字典比赛等。

（作业—Ⅲ—知渊）

从初中开始，英语老师给我们推荐了英语的分级……到高中，我所在的外国语学校有丰富的课外实践活动，每周都有不同的活动，还有像模联、外语节、文化节等这样的活动，让我们去更多地了解英语国家的文化，鼓励大家多说英语，极大地丰富了我们的生活，让我们对英语国家的文化有了较多的了解。

（访谈—知渊—Ⅰ—20181029）

总之，参与者在F大学之前的学术素养是在一定的实践共同体（家庭和学校）中通过与多种中介工具（父母、老师、图书馆藏书、良好的阅读风气、丰富多样的阅读活动等）等的互动而发展。数据分析显示，参与者在大学之前具备一定的学术素养，主要体现在知识、技能与品性三个维度方面。

在知识维度方面体现在参与者在入学前的语言水平、对语言的认识以及对阅读的理解等方面。经过长达十年的语言学习，参与者具有较高的语言水平。浚源和知渊是保送生，其他同学的英语高考成绩平均达到130分以上，而他们的语文成绩也平均在130分以上。他们对语言学习有一定的认识，但存在一定的局限性。例如，泇灏认为对英语只要记单词就可以了。知渊也将大量时间花在了词汇记忆上。此外，参与者对阅读的重要性有比较清晰的认识。他们认为阅读会让"知识量有一个拓展，能够更快地去了解一些系统知识及语言现象"（访谈—知渊—Ⅱ—20181214），会让"见识越来越丰富，眼界也变得越来越开阔"（作业—Ⅲ—锦添）。阅读也在"很大程度上起到了开发大脑的作用,……而且在背诵上也形成了高效的方法,这对学习都有很大的影响"(访谈—浚源—Ⅰ—20181025)。洳灏在谈论自己的阅读经历时更全面地指出阅读的作用,即在提升人文素养,培养、改变思维习惯,提供范例以及改变写作风格等方面都有一定的积极作用。他这样写道:

> 阅读的作用首先体现在提供范例和榜样上。当在进行文学作品的阅读时,优秀作家的文字会对我们描写事物、叙述事件的写作活动提供榜样。在阅读《欧也妮·葛朗台》时,读者通过观察巴尔扎克是从哪些角度来塑造人物形象的,例如肖像、神态、语言、动作的各个方面,便能够对这种写作技巧进行模仿,在读者自己进行写作时以同样的角度观察和描写自己的人物。在阅读过程中我能够接触到各类文史知识,这对我人文素养的提升,写作内容的充实都起着十分重要的作用。例如,黑塞本人由于无法忍受中学残酷的教育辍学,但他通过阅读歌德、席勒、狄更斯等人的作品实现了自我教育,通过吸收其中的知识为写作打下了基础。阅读对于写作最重要的影响在于它培养和改变人的思维习惯。在阅读《尤利西斯》前,我对时间的体会一直是线性的,对于潜意识也只有一个模糊的概念,但通过阅读我理解到了什么是海德格尔所说的"时间的绽出性",并且加深了对潜意识的体会。在接触什克洛夫斯基之前,我对于周而复始的生活没有任何反思,但他"让生活陌生化"的观点影响了我对生活的看法,并进而影响了我写作风格的变化。

(作业—Ⅲ—洳灏)

在技能维度方面学习者体现出了不同的学习方法。参与者形成了各自的语言学习方法,各有所长,为其语言知识的积累提供了方法保障,但也存在一定的局限。有的参与者主要通过单词记忆提高英语水平。知渊认为词汇在英语学习中非常重要,在高一结束时,知渊已经达到了高中阶段所要求的 3500 个词汇。高二确定保送后，知渊选择 F 大学为目标学校之一，并根据 F 大学的要求进行准备。她通过语境记忆英语专业四级词汇和英语六级词汇。到高三，知渊开始接触专业八级词汇，并继续巩固专业四级词汇。同样，洇灏也曾利用高二的一个假期时间背完了四级词汇，使得他的条件达到了 F 大学的自招要求。然而，这却在一定程度上限制了他对英语的认识。洇灏认为英语学习"背背单词就可以了"，他尤其喜欢背一些"大词、难词"。这为他后期的学习尤其是写作带来了负面影响。洇灏指出"写作文有一段时间就特别特别拗口，因为全是那种不常用的单词，然后很突兀地一个一个杵在那儿"（访谈—洇灏—Ⅰ—20181026）。展颜主要通过听英文歌、看美剧及电影来扩大词汇量。在听的过程中，她更关注歌词本身及其背后的意义。这很好地培养了她的语感、提高了词汇学习效率：

> 我靠看电影和唱歌记单词，平时唱歌、看电视的时候特别注意积累，就是平时就有这种意识培养自己的语感，提升词汇量。
> （访谈—展颜—Ⅰ—20181021）

有的参与者通过积极参加学校的各项活动，创造实践英语的机会来提高英语水平。例如，锦添通过积极参与英语角活动，不仅"对留学生的文化和思想有了更多了解，意识到东西方之间的差异"（访谈—锦添—Ⅰ—20181107），也进一步提升了自己的口语水平。而展颜与同学一起"玩语言"的体验进一步培养了她对语言的热爱。也有的参与者通过背诵、模仿原声材料提高语言能力，增强语言学习自信心。例如，浚源通过长时间的背诵，不仅提高了语言能力，也最终获得了保送到 F 大学学习的资格。

此外，广泛阅读是参与者拓宽知识面的重要方法之一。整体来看，参与者有较丰富的阅读经历，但英语阅读经历严重不足。唯有知渊在不同阶段阅读了大量的英语分级读物。这一经历使知渊能够从朗读中英文对照读物过渡到全英文阅读，并能理解较长篇幅的英文文章。高中时期，虽没有类似的硬性阅读要求，但知渊也进行了大量且相对专业的英文材料的阅读，因为参加模联，"写那些文件必须读相关的研究论文，或者联合国曾经出过的文件这种材料"（访谈—知渊—Ⅰ—20181029）。然而，由于英语阅读意识缺乏，词汇不足，时间有限等原因，洳灏的英语阅读经历十分匮乏。例外的是由于阅读习惯尚未养成，初、高中学业任务加重，时间有限等原因，浚源在初、高中时期的中英文阅读都十分匮乏。浚源指出由于他的"阅读量很少，没有积累"使得写作成为他的"一个软肋"（访谈—浚源—Ⅰ—20181025）。总体来看，参与者普遍认为"阅读是获取知识的最直接的有效方式之一"（访谈—洳灏—Ⅰ—20181026）。因此，他们在进入大学第一年仍进行了广泛阅读（详见附录二）。

在品性维度方面，主要体现在情感体验与能动性两方面的内容。参与者经历了不同的情感体验，具有明确的学习目标及一定的能动性。例如，锦添从幼儿园就开始学习英语，培养了较高的口语水平、因不喜欢记忆语法规则使得语法成为其英语学习中最大的困难，导致"一听到语法，就头疼"（课堂录音—20180918）。到高中阶段，参与者的目标是"考上心仪的大学，钻研心仪的专业"。例如，知渊有明确的学习目标，她高一时就知道"保送一事"，并为实现该目标而刻苦努力。

在遇到困难与挫折时，参与者能及时调整，敢于面对，勇于挑战。例如，高中时浚源被选拔到外国语学校就读，因为班内都是尖子生，自己的优势变得微不足道，成为"垫底"学生。他感觉"很失落、很痛苦、很难受"。正是由于这样的痛苦经历，浚源"被敲醒了"，从此不断摸索，最终认识道：

　　脚踏实地一点一点地学，不要跳着去学，沉下心来，踏踏实实地走，把脚印都扎深。每次都力求把问题都解决并记住，对我来说是高中最满意的一点。

（访谈—浚源—Ⅰ—20181025）

总之，本研究的五位核心参与者泇灏、锦添、浚源、知渊和展颜，他们有着共同的英语学习大环境，但又有不一样的经历，有自己的独特性。本章从参与者所经历的外语教育背景、其所在地区、学校的要求、家庭环境以及个人的努力等方面对核心研究参与者的学术素养基础从知识、技能及品性三个维度进行了描述。参与者所具备的学术素养社会化基础为其进入大学后的学术素养社会化提供了相对高的"起点"，是其在高等教育阶段实现学术素养社会化的重要基础。

第五章
外语专业本科新生学术素养社会化过程

本章及下一章将呈现本书的主要发现。本章旨在回答第一个研究问题，即外语专业本科新生学术素养社会化的过程是什么。在前文对参与者描述的基础上，通过对数据的进一步反复阅读与分析，本章对参与者学术素养社会化的过程进行总结描述。

整体而言，本研究参与者的学术素养社会化经历了三个阶段，即准备阶段、实践阶段和实现阶段（如图 5.1 所示）。前期准备阶段指参与者入学前的学术素养基础。当前实践阶段是参与者在 S 课内与 S 课外所体验的学术实践活动过程。研究发现这些学术素养实践活动共同为实现学术素养社会化提供了重要的中介资源。以 S 课为例，通过参与不同的学术素养实践活动，参与者的学术素养社会化经历了茫然摸索、探索发现和丰硕收获三个子阶段。结果阶段是在当前实践阶段基础上所达到的结果，即新生阶段参与者学术素养社会化的实现，成为下一个发展过程的准备阶段，因此是一个承前启后的阶段。准备阶段已在上一章中介绍参与者时说明，本章主要聚焦实践阶段和实现阶段[①]，进一步说明参与者的学术素养社会化过程。最后，对本章节内容进行小结。

[①] 准备阶段主要指上一章提炼的参与者所具备的学术素养基础。

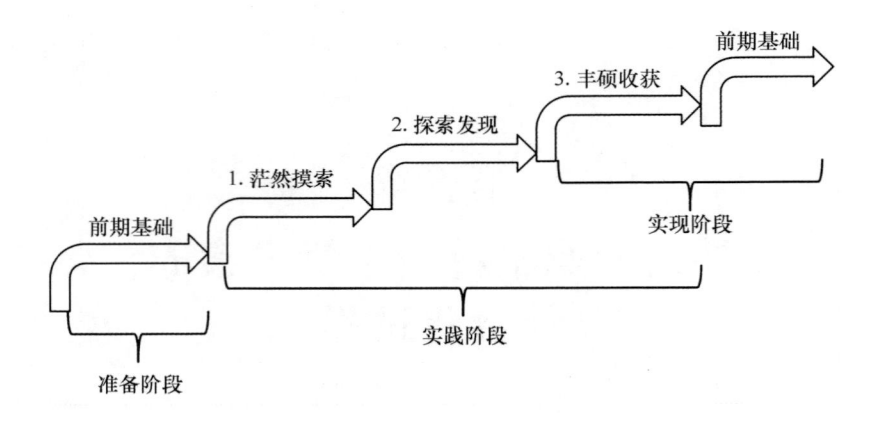

图 5.1 学术素养社会化发展阶段

第一节 学术素养实践之茫然中摸索前行

新的征程注定会有诸多未知。初入大学的新生会经历什么样的学术实践？又会有什么样的体验？依据研究问题与数据结果，本节主要通过学术阅读、学术口头汇报、学术写作以及小组合作四个学术实践活动来呈现本研究参与者在 S 课上的学术素养社会化的第一个阶段——茫然摸索。

一 "吃力"的学术阅读

学术阅读是学术素养社会化的重要实践活动之一，是学习者熟悉并理解相关概念与理论、获取相关学术研究发现以及学习学术语言的高级复杂的心理认知过程。在高等教育阶段，学术阅读不仅是学习者获得相关学术信息的主要方法，了解专业领域学术语言的有效途径[1]，也是实现学术素养社会化的重要中介和工具。S 课程的学术阅读内容

---

[1] 参见：Patricia A. Alexander, "Reading into the Future: Competence for the 21st Century", *Educational Psychologist*, Vol. 47, No. 4, 2012, pp. 259–280. Ruth Spack, "The Acquisition of Academic Literacy in a Second Language: A Longitudinal Case Study", *Written Communication*, Vol. 14, 1997, pp. 3–62. Ayşegül Nergis, "Exploring the Factors that Affect Reading Comprehension of EAP Learners", *Journal of English for Academic Purposes*, Vol. 12, 2013, pp. 1–9.

十分丰富，课程教学大纲明确指出课程的必读材料、推荐阅读材料及各单元核心材料（如表 5.1 所示）。

表 5.1　　　　　　　　S 课程阅读材料

1. Required Materials, or Readings
Beck, S. W. & Olah, L. N., 2001, *Perspectives on Language & Literacy: Beyond the Here and Now*. Harvard Educational Review.
Brown, H. D., 2000, *Principles of Language Learning and Teaching*. Longman.
Lightbown, P. M. & Spada, N., 2013, *How Languages are Learned*. Oxford University Press.
Mitchell, R., Myles, F., & Marsden, E., 2013, *Second Language Learning Theories*, New York: Routledge.
Ortega, L., 2009, *Understanding Second Language Acquisition*. London: Hodder Arnold.

2. Recommended Materials, or Readings
Brown, H. D., 2007, *Principles of Language Learning and Teaching*, Addison Wesley Longman.
Stern, H. H., 1983, *Fundamental Concepts of Language Teaching*. Oxford: Oxford University press.
Ma, W. & Li, G., 2016, *Chinese-heritage Students in North American Schools: Understanding Hearts and Minds Beyond Test Scores*. New York: Routledge.
Nikolov, M., 2009, *Early Learning of Modern Foreign Languages: Processes and Outcomes*. Toronto: Multilingual Matters.

3. Unit materials or readings（以第一单元为例）
Lightbown, P. & Spada, N., 2013, *First Language Acquisition*. In Lightbown, P. M. & Spada, N., 2013, How *languages are Learned*, Oxford University Press, pp. 5 – 13.
Brown, R. & Bellugi, U., 2001, *Three Processes in the Child's Acquisition of Syntax*. In S. W. Beck & L. N. Olah eds.), *Perspectives on Language & Literacy: Beyond the Here and Now*, Harvard Educational Review, pp. 7 – 22.

然而，学术阅读因其较强的专业性及独特的学术语言特点，对新手而言具有一定的难度。参与者虽有一定的阅读实践经验，并养成了良好的阅读习惯，但学术阅读实践的经验尚比较缺乏。这极易导致他们对学术性较强的学术阅读产生陌生感。本研究的五位核心参与者中，除知渊在高中时期有学术阅读的经历外，其他同学均无学术阅读的经验。因此，当在 S 课上初次接触学术文献时，他们体会到了学术阅读的难度，感觉学术材料"枯燥乏味，很难嚼，很苦涩"，"实在看不懂"。尽管他们也采取一些措施努力去理解所读内容，但终因其较强的学术性，在反复查阅过程中产生"挫败感"。在访谈中，参与者就此纷纷表达了自己的感受。例如，锦添指出学术阅读材料的枯燥乏味与艰涩难懂，让他很排斥，产生了放弃的念头。

> 这些（阅读材料）很学术、很难。之前很少读学术性的东西。因此感觉有困难，而且有些枯燥乏味在其中。因为不像之前看《海底两万里》，《福尔摩斯》之类的英文小说，真的很刺激，很有趣的。这些材料看起来就是挺难嚼，挺苦涩的……说实话我还是蛮排斥看这些文章，就是看了就打哈欠，有很多生词艰涩难懂，觉得整篇文章看不懂，然后就有放弃的想法。
>
> （访谈—锦添—Ⅰ—20181107＆访谈—锦添—Ⅱ—20181213）

浚源也指出即使借助翻译软件也看不懂学术性的语言，阅读起来很不习惯，比较吃力。他说：

> 有些材料确实难、看不懂，而且还很吃力。写的风格也不一样。总体来说，其实读英语这种论文之类的，对我个人而言不太习惯，平时没有读太多论文类的，所以不理解所写的东西。论文这种学术性的语言看不懂，有时候会借助翻译软件去看，但仍是看不懂。
>
> （访谈—浚源—Ⅱ—20181225）

洳灏与展颜则指出，由于阅读材料的学术性语言需要反复查阅工具书，使得阅读变得很费时，有种挫败感。正如他们在访谈中所述：

> 就是专业的用语的问题，看到分析的时候就要停下来去查。因为不查，实在看不懂，理解起来挺花时间。然后查了一遍，第二遍可能还忘了，就又查一遍，就有一种挫败感。
>
> （访谈—洳灏—Ⅰ—20181026）

有不懂的比较专业的词汇就可能去查，然后就会去多看一下，所以比较费时。……而且我发现，有很多词我原来是认识，但好像是专业名词，我一开始会觉得我懂，然后我就跳过，后来发现这个词还有别的意思，还要重新去看，所以会更花时间。

（访谈—展颜—Ⅱ—20181216）

此外，S 课阅读任务重、耗时长也是导致参与者产生压力，感觉有"挫败感"的原因之一。例如，知渊虽然有一定的学术阅读经历，且对"理解内容没有什么大问题"，然而她表示"有时一次需要看的文献比较多，要花更多时间去完成，会觉得有那么一点压力吧"（访谈—知渊—Ⅰ—20181029）。展颜指出"好多英文文献，而且还有阿拉伯语学业比较重，没有那么多时间去看这么多的文献，就只能摘要地看一点点，然后觉得很有压力。"（访谈—展颜—Ⅰ—20181021）。泇灏在一次课后与研究者聊天时指出"实话实说，材料真的挺多的！所以说平常也没太多的精力去全部读完。而且也总感觉有些不懂，所以有些泄气的感觉，但还是要努力跟上老师"（课堂观察笔记—4—20181016）。

二 摸不着"门道"的口头汇报

学术口头汇报（academic oral presentation）是学术素养社会化的重要实践活动之一，是实现学术素养社会化的重要中介活动（mediated action）。然而，由于在大学之前基本没有参与过正式的课堂口头汇报活动，参与者初次接触口头汇报对之不得要领。正如锦添所讲"老师说要做 pre（oral presentation），我从来都没做过。这是我第一次接触 pre 这个东西，怎么做现在真是摸不着门道"（访谈—锦添—Ⅰ—20181107）。泇灏在大学之前虽然有做汇报的经历，但并没有意识去关注如何做口头汇报，需要注意哪些内容。他提道：

我之前虽然做过那么一两次，就比起在高中里完全没有做过pre的人已经有那么一点点经验，但是到这边完全是不够的那种，对怎么做pre，怎么去讲，我并不知道，完全不清楚有啥门道。可能就是我想怎么说就怎么说，觉得全部说给你们就好。

（访谈—泇灏—Ⅰ—20181026）

辛老师认为好的口头汇报在"语言表达、内容要点、肢体语言、PPT制作与演示、与观众互动、时间控制等方面都要表现出色"（访谈—辛老师—20190110）。然而，课堂观察发现大多数同学前两次的口头汇报反映出他们对口头汇报不甚了了，准备工作做得不够充分，正如参与者反复提到的处于"摸不着门道"的状态。为进一步说明参与者口头汇报的这种状态，本部分从多模态视角对参与者的初次口头汇报进行分析，以便进一步了解参与者初次口头汇报的具体情况。

正如第二章所述，多模态是活动主体与环境在互动过程中产生的一个中介活动系统，是由一系列低层活动构成的一种高层活动。① 口头汇报作为一个高层活动，是由一系列低层的具体行为活动构成的，如PPT展示、语言表达、肢体语言的使用等。当汇报者使用一些具体的工具时，这些工具就成为中介工具，进而发展为多模态活动。本部分以泇灏在S课上的初次口头汇报为例进行分析说明。

泇灏在第一次口头汇报②这一高层活动中使用了PPT、文稿、语言（口头）、讲台布局以及肢体语言（手势、眼神、头部移动）等多种模态。然而，虽然有多种模态出现，口语模态始终是一个高强度模态。泇灏只在汇报后半段（5—9分钟时段）时将讲台上放置的文稿拿起来，之后又两次用左手挠额头，整个过程点击鼠标两次以切换PPT，再无其他模态的使用。由此可以看出其模态的复杂度不高。此

---

① Sigrid Norris, "What is a Mode? Smell, Olfactory Perception, and the Notion of Mode in Multimodal Mediated Theory", *Multimodal Communication*, Vol. 2, No. 2, 2013, pp. 155 – 169.

② 此次汇报他们组所有五位成员都上台，泇灏负责第一部分的汇报。

外，口头汇报本身有着较高与听众互动的要求，如注视、表情等。然而，洳灏在汇报时眼睛始终盯着电脑屏幕及文稿，表情严肃，整个身体前倾，左肘倚着讲台，这表明他在运用多模态的过程中模态结构配置不协调。①

究其原因，洳灏口头汇报中体现的这一模态结构是因为他没有意识到口头汇报所需要的其他技能，即不只是"上去说自己想说的"。在访谈中他也再次提到原因"可能就没有考虑技巧的问题，尤其是表情啊，肢体啊，还有引起注意啊，完全没想到过"（访谈—洳灏—Ⅰ—20181026）。而他两次用左手挠额头表明他对所讲内容不熟悉，他抬手挠头时语言表达很不流畅。此外，洳灏在抬起手挠头时说"就是那个……嗯……啊……所以我……的观点是要研究"，使用了较多的填充词（filler），重复了五次"我"。之后，洳灏再次抬手挠头说："然后……尤其是……我……尤其……有的时候"，同样用了很多的填充词。这种重复与吞吞吐吐表明洳灏对所讲内容并不熟悉。他在叙事中也提到了自己准备并不充分。他这样分析：

> 我第一次做 pre 的时候就很没有经验，因为这个 pre 的内容实际上还是大家分工完成的。我对其他人写的东西理解可能不是很深，事先也没有好好看 PPT，对于点了鼠标以后接下来会出现什么东西也没有一个完全的把握，只有一个大概的感觉。所以上台以后自然是不得不紧张起来。屏幕像块磁铁把我的目光牢牢吸住，不敢移开去看观众，因为我也不知道要讲什么，以念 PPT 为主。
>
> （叙事—洳灏）

正如洳灏所述，他的目光始终被屏幕及讲稿吸引着，整个汇报

---

① 多模态互动分析框架包括活动、意识度、介入点、模态、模态密度、模态结构配置及媒介，详见张德禄、王正《多模态互动分析框架探索》，《中国外语》2016 年第 2 期。本研究借用了其中一些概念分析口头汇报中汇报者与环境的互动过程。

过程，他没有抬头与听众进行眼神互动。模态的强度表明了汇报者的注意/意识水平，整个过程中，洳灏较多使用口语模态，表明他主要关注自己所要表达的内容，并没有注意到听众的反应。总之，洳灏完全沉浸在自己的言说中，语言表达是唯一的高强度模态，讲稿及姿态次之，整体的模态复杂性较低，模态的结构配置不丰富、不协调。这一方面表明洳灏对汇报内容的不熟悉，缺乏充分准备；另一方面也说明他对口头汇报的本质缺乏理解，尚未达到老师对口头汇报的要求。正如辛老师在他结束汇报时提示："要提前准备，与听众最好有个互动，至少眼神交流要有，应该注意一下体态。"（课堂录音—3—20181009）

总之，通过对参与者初次口头汇报实践的多模态分析，结果表明参与者在 S 课初次的口头汇报展示呈现出了"摸不着门道"的状态。学生通过直观体验，感受口头汇报的过程与经历，积累了经验。这种经验辅以老师的点评为学生之后的口头汇报提供了重要给养（affordance）。本书更关注参与者在接下来的学术实践活动中如何利用这些给养成长为更好的自己，逐步实现学术素养在口头汇报方面的社会化。

三 "没有概念"的学术写作

学术写作是学术素养实践活动中十分重要的一项活动，是体现学术素养社会化过程的重要内容。为培养学生的学术写作能力，S 课共有五次写作任务（如表 5.2 所示），写作主题与 S 课的分主题一致。学生通过小组合作对相关主题内容进行口头汇报，并在口头汇报结束后，提交该主题的小论文。学术写作因其学术性对学习者有一定的要求。但在开始时，学生对学术写作不了解，他们的初次答卷并不合格。辛老师在随后的作业讲评中指出："大家 pre 做得好，文章也要写得好。你们写的文章至少格式要'长得像'一篇学术性的文章。大家写得太口语化，不太像是一个学术的作业。"（课堂录音—5—20181023）

表5.2　　　　　　　　　S课写作作业

作业1：儿童语言学习调查（结合自己的经历或观察）
作业2：反思个人母语阅读经历
作业3：反思个人第二语言或第三语言的学习经历
作业4：反思个人因素（如年龄、性格、风格）在语言学习中的作用
作业5：反思社会文化因素对个人语言学习的影响

综观参与者所提交的第一次作业，并不是真正意义上的学术写作。首先，从内容来看，主要还是别人观点的堆砌，基本是"照搬"了网络搜集的一些关于儿童语言发展阶段的描述。例如，浚源小组提交的论文，主要是以百度文库中搜索到的《宝宝语言学习的四个阶段》一文为基础，并以口头汇报的讲稿形式简单列出了这四个阶段的特征，并没有基于真正的调查与研究。因此，内容与方法都不够严谨。其次，从格式来看，参与者的写作不符合学术论文的格式要求，也即"长得不像"。整篇文章与其初等教育阶段所写的小作文并无二致，与学术写作相去甚远。学术写作的基本格式，如摘要、关键词、正文中的分级标题、结论以及参考文献等在他们的写作中并没有得以恰当地呈现。在最后的建议部分同样以罗列为主，是口头汇报讲稿的体例。最后，从语言来看，参与者提交的作业整体上口语化现象明显，缺乏学术语言的使用。

正如我在课堂观察笔记中所提出的疑问：

　　Memo：从老师的这些话（指老师对学生作文的评价），可以看出，学生学术写作存在的问题还比较大。那他们之前有没有接触过学术写作？对此有何了解？为什么会写出口语化的，没头没尾的文章呢？

（课堂观察笔记—5—20181023）

对此，泇灏直言"之前完全不知道什么是学术写作，没有概念"，所以他在完成作业时是"按小作文写"。他在访谈中还提到自己对学术论文写作的感受，认为学术写作最大的困难是对其不了解：

> 最大的困难是老师的要求是完全按照学术论文的要求来，然后我刚进大学完全不知道怎么去写。然后第一次写出来的就是很普通，因为我们一开始做 PPT 的时候是首先写了 word，再把它做成 PPT，最后我们直接把那个 word 稍微改改就当成一篇就所谓的那种作业了。
>
> （访谈—洳灏—Ⅰ—20181026）

浚源也因缺少学术写作体验，将学术写作写成了感想与随笔，对于学术写作他是"真不知道该怎么写"。浚源说："因为这（小作业）是自己平时的一些亲身经历（写起来）还好，还比较顺畅一点，当成写感想之类的随笔来写了。但是要写成学术性的东西，真的不知道该怎么写，因为之前也没有接触过。"（访谈—浚源—Ⅱ—20181215）同样，展颜由于不了解学术写作，且态度不够端正，使得她的作业同样不够学术。展颜说："我平时交的作业还不是特别的学术，还是自己讲故事这种。……我一开始写的时候是比较敷衍的，其实我不知道什么是学术写作。"（访谈—展颜—Ⅱ—20181216）而锦添则更是提到自己紧张的情绪体验，甚至大惑不解为何老师会让刚上了大学几周的学生写学术论文，也因此产生了应付、逃避的心态。他在叙事中这样描述自己的感受：

> 回想着课上听到"论文"二字时的心里一沉，我就愈发紧张。两个小时的软磨硬泡后，终于有了一篇差不多约一千字的文章。"天，老师让我们刚上了几周大学的人就开始写论文"我想。在我的印象中，论文是只有在快毕业的时候才要求写的东西呀。我看着这个我也不知道好坏的东西，心里想着就这么着吧。然后

包一背，就去社团参加活动了。

（叙事—锦添—I）

然而，有过学术写作经历的知渊在第一次的写作任务中也没有体现出其应有的学术写作素养。虽然在她们的小组论文中能找到些许学术论文的影子（如文献引用），但知渊写的部分与其他同学无异，同样是"别人观点的罗列"。泇灏曾对知渊的评价是她比较懂学术写作，在小组作业中发挥的作用大一些。他说："我们组里有一个比较懂的人，对那种论文格式什么都比较了解，拜托她（知渊）的地方会比较多一点。"（访谈—泇灏—I—20181026）但是，知渊在访谈中却提道："我有了解（论文与参考文献格式），但是可能不会去用，因为我觉得改起来有点累。"这也表明参与者的学术意识不强，态度不端正，没有意识到形式的重要性。

总之，对于学术写作，参与者在初期尚处于"无概念"的状态，而对其有所了解的同学也因学术意识不强未能按要求写出"像样的"学术论文。由于参与者缺少可资借鉴的过往经验作为中介资源，学术写作对他们来说是一项全新的内容，具有一定的挑战性。由此可见，学术写作是参与者学术素养社会化过程中的又一个新篇章，需要他们去认真谱写。

四 令人"担忧与怀疑"的小组合作

合作沟通能力是学术素养的重要内容，也是S课程的培养目标之一。S课强调合作交流，除频繁的课堂师生互动外，还通过小组合作的形式让学生体验合作与交流。S课上学生组成五人小组，且尽可能保证组内成员的最大差异化。小组活动内容包括口头汇报、小组作业及期末作业。第三周的口头汇报是小组首次合作的成果，本小节主要聚焦参与者在口头汇报的准备过程中的合作体验。

提到小组合作，有参与者表示这是他们首次以小组合作形式完成作业。可见，小组合作也是他们学术素养社会化过程中的"新面孔"。洳灏指出之前习惯自己做事，虽然认识到大学沟通交流的重要性，但对其仍充满了怀疑。在访谈中他说道：

> 我比较习惯于自己做，高中一般全都是自己做。到了大学要跟别人沟通，这个挺重要的。……这些都是跟高中是不一样的事情，还有跟人交流这些都是可以学的东西，但是不知道会怎么样。
>
> （访谈—洳灏—Ⅰ—20181026）

他在提到第一次小组合作时，也曾有这样的焦虑："说实话我挺担心分工不均，效率太低等问题。"而实际上，他们的小组合作分工做事"还算顺利，大家也比较配合"（访谈—洳灏—Ⅰ—20181026），但是，没有真正意义上的合作。展颜也认为她们的小组第一次任务在最后呈现时比较散，缺少"整合"，是各自任务的拼接。她说："没有形成一个一体的东西。大家还是各自完成了自己的任务而已。"（访谈—展颜—Ⅱ—20181216）洳灏这样描述他们的小组合作①过程：

> 通过网络或者手机，先是确定主题，有一个大的范围，把主题确定下来，然后是分配任务，再汇总一下就可以了……嗯，没有什么讨论，第一次大家也不太知道，所以就是各自领了一下任务。
>
> （访谈—洳灏—Ⅰ—20181026）

这一"拼接"的现象从他们组的第一次小组口头汇报就可以看出来②，研究者在课堂观察中发现他们小组"pre 方式很好，可以看出

---

① 同学们分别来自不同的学院，共同的空余时间很难一致，他大多采用线上交流。因此，对于小组合作过程，很遗憾研究者未能获得同学们的许可参与观察，但他分享了大多数的微信交流截图，成为本研究的重要数据来源之一。

② 小组的写作作业是基于其口头汇报内容进行的。

他们合作的影子，但有明显的拼凑痕迹"（课堂观察笔记—3—20181009）。

锦添也提到自己对小组合作的担忧，认为小组合作在某些情况下会出现效率不高及交流不畅等问题。他在叙事中提到了自己的担心：

> 小组合作我只在国外的高中学习时见过，但自己也没亲身参与过。虽然国外这种学习方式很普遍，并且评价很高，但我认为会有很多缺点。比如：小组在某些情况下会低于个人的效率等。我的小组有五名成员，其中只有我一名男生，虽说这一点也不意外，但还是让我在交流上感到有些担心。
>
> （叙事—锦添）

而在访谈中他一再提到了对小组成员表现出的沉默与不合作表示担忧。他说："老师布置下作业，我在群里面说一句作业什么的，他们四个一句话不说，不接话，还互相推诿，我当时特别担心我们这个小组会不会沦为只有我一个人去做？"（访谈—锦添—Ⅲ—20190228）展颜也表达了她对小组合作的不适应。她告诉研究者"在开学的时候，我大多数时候都是沉浸在自己的世界里，所以开始就要和不同专业不同城市的同学交流甚至完成一个课题，我十分不适应"（叙事—展颜）。

由此可见，由于缺乏小组合作经验，参与者对于小组合作持一定的怀疑态度，对如何真正合作并产出高质量的小组合作成果表示怀疑。这在一定程度上也说明了参与者在和同伴交流与合作过程中存在一定的问题，需要在这方面做出努力，以便更好地适应高校学术生活，进而顺利实现学术素养社会化。

本节主要对参与者在 S 课上所参与的学术实践活动初体验进行阐述，包括学术阅读、学术口头汇报、学术写作及小组合作四个方面。研究发现参与者在 S 课上学术实践的初体验并不乐观：学术阅读充满陌生感与挫败感、学术口头汇报不得要领、学术写作没有概念、对小组合作充满担忧。参与者普遍表示自己在上大学之前，缺乏学术训练，没有过往经验可资借鉴，也即缺乏过往经验作为中介资源调节（mediate）其学术素养社会化进程。这种并不乐观的体验是个体在进入一个新的共同体，接触新事物时的一种常见现象，也是参与者从共同体的边缘走向中心，并成为合格成员（实现社会化）的必经过程。

第二节　学术素养实践之探索发现

上一节对参与者的学术实践阶段一即参与者学术素养社会化的初体验进行了描述分析。随着 S 课程的推进，参与者开始了探索发现之旅。本节将对参与者在 S 课上的探索发现之旅进行描述分析。总体来看，参与者在 S 课上的探索发现之旅随着其深度参与学术实践活动的过程而展开。他们探寻到与学术实践初体验所不同的"宝藏"，对学术实践有了不一样的理解。本节仍将从学术阅读、学术口头汇报、学术写作以及小组合作这四个学术实践活动展开说明。

一　"有规律可循"的学术阅读

随着课程的推进，参与者对学术阅读开始熟悉起来，慢慢发现学术阅读是"有规律可循"的，找到了阅读学术文章的方法。例如，泇灏学会了略读，能抓住文章结构，通过对标题、主题句及结论等关键部分的阅读来理解文章的核心内容。在访谈中他说：

> 后来就学着挑重点看，比如说先看标题，然后看第一句话，最后一句话。因为其实看的时候也有感觉，那种太长，而且有很多你一下子就能知道他大概会怎么做的就直接跳过，然后看一点结论，或者看一些分析。这些文章写得有类似的结构，因此阅读起来我觉得其实还是有一定的规律的。

（访谈—泇灏—Ⅱ—20181224）

第五章 外语专业本科新生学术素养社会化过程

知渊表示在时间有限的情况下，通过阅读关键信息来理解文章的核心内容比较有效，这既得益于辛老师课上的示范，也得益于知渊的主动学习。知渊指出：

> 虽然我没有一个字一个字去看，然后也没有太多看它的正文，但是我只要是理解标题，还有正文里面一些关键的句子，如果捕捉到了，其实也能理解这段话。……老师课上也这样给我们讲解文章的主要内容，所以我也发现我可以用这样的方法去阅读。
>
> （访谈—知渊—Ⅱ—20181214）

展颜也有同样的阅读发现，即通过略读了解核心内容。她通过选择性地略读，不仅理解了文章的主要内容，也缓解了焦虑，同时对自己有了一定的认可。她认为自己可以应对这样的繁重任务，进而提升了自我效能感。展颜能够找到这一学习方法同样得益于老师的示范及自己的努力。在课堂观察笔记中，研究者记录了与展颜交流的片段：

> 课后与展颜闲聊，她提到最近专业课任务重，感觉时间不够用了。问及她如何应对相对繁重的阅读时，她告诉我说她会"选择性地读，就是大概看一下讲什么。就像老师给我们讲的时候那样，就是读那些粗体的标题啊，第一句，或者是几个段落之类的。这样可以对文章的大意就有了了解"。她表示这种方法很有效，让她觉得好像没那么大的压力了，可以应付了。【Memo：看来我们的阅读量还是有些大，给同学们造成了一定的压力，但她们没有抱怨，而是积极找解决的方法，采取措施应对。】
>
> （课堂观察笔记—9—20181120）

同样，浚源也找到了类似的阅读方法，掌握了学术文章的结构可以更好地了解文章内容。他详细描述了自己阅读文献的过程：

> 我发现跟做英语阅读那种感觉差不多。在最开始的时候是一个概述，所以说那点要仔细地看，就是到底具体是想要干什么。然后是研究方法或者是研究过程。有些段落看段首、段尾和段中的关键信息。如果看不懂的话，我再细看。如果我能大概看懂到底在讲什么，这段就先这样。
>
> （叙事—浚源）

由此可见，随着课程的推进以及教师的示范，参与者慢慢摸索出了一种学术阅读的方法——略读。虽然学术研究需要的不仅仅是略读，细读才能获得更好的体验。正如展颜所讲："略读虽然更高效，但是详读肯定是信息获取更多，而且会让你在课上更加自信。"（访谈—展颜—Ⅱ—20181216）但参与者至少通过这样的方法一方面了解了课程的主题内容，提高了阅读效率，同时也降低了焦虑感，增强了自我效能感。因此可以说略读这一学术阅读的方法也是参与者实现学术素养社会化的重要中介资源。

二 "大有名堂"的口头汇报

随着课程的推进，在教师提示及同伴示范的作用下，学生对口头汇报有了新的发现，渐渐达到了老师所期望的"good speaker"的标准。本部分将从多模态视角对口头汇报进行再分析，以期说明参与者在口头汇报这一学术实践活动过程中的社会化过程。

为了清晰地看到参与者口头汇报的变化，此处仍以迦灏的口头汇报为例进行多模态分析。在小组的第三次口头汇报中，迦灏仍与其他组员一起完成了本次口头汇报，用时约 3 分 20 秒。在这一次的口头汇报中迦灏用到了 PPT 演示文稿、讲台布局、手势、表情、注视等多种模态。整个汇报过程中，迦灏比较明显地使用了手势这一模态。在提到对一首诗的理解时，泇灏进行了一系列的低层次活动：点击鼠标，演示文稿中出现诗，同时抬右手臂并指向投影屏幕上的诗，并说"那这个"，接着右手臂收回，并读诗中的"我"，随后将右手臂向右平打开，读"和你"，接着收回右手，同时微抬并打开左手，将两手挨近，读"坐在不远"。在这一组低层次活动链中，手势与口语成为高强度模态。而且这两种模态有机结合，使语言所表达的意义更加形象、鲜活。此外，在这一过程中，他的眼睛始终注视着同一个方向，身体微微朝右直立站于讲桌之后，整个体态与所讲内容有机融合，表现出一定的专注度。

而随着讲解内容的变化，泇灏的手势使用强度变弱，眼神交流明显多了起来。他不断变化注视角度，将观众纳入自己的视线范围，适当运用表情（微笑），而后收回视线，眼睛注视电脑屏幕。在临近结束时，泇灏拿起手机看了一眼。他借助手机查看所用时间，这说明泇灏开始对时间把控有了意识。随后他结束了汇报，径直走下讲台。在此过程中，注视成为高强度的模态。泇灏身体几乎没有移动，始终站在讲桌后方，但在手势、注视、表情及口语模态的使用与转化应用方面相比较第一次的口头汇报有了较大进步。与第一次口头汇报不同，泇灏的眼睛并非只注视电脑屏幕，而是与听众进行眼神的交流，注视的角度也能不断地变化。可见，泇灏已经能将不同的模态，如注视、手势、多媒体及口语等灵活运用，从而有效地帮助其表达意义。这些模态的运用使得其成为一系列有意义的中介活动，共同构成口头汇报这一高层次活动。在整个汇报过程中，高强度模态随着讲解内容的变化而变化，多种模态协调使用，具有一定的复杂度，而且模态的结构配置相对合理、丰富。

为了进一步说明参与者在深度参与过程中对口头汇报理解的加深，研究者又对泇灏的最后一次[1]口头汇报进行了多模态分析。这一次口头汇报由泇灏代表小组进行汇报，全程约十七分钟。研究者对整

---

[1] 也是本门课最后一次的口头汇报，时间是 2018 年 12 月 18 日。

个过程的不同时段进行截图，以尽可能展示出该次口头汇报的全貌。

　　泇灏上台打开演示 PPT，听老师安排点评小组时，他注视全班，显得很自信。此外，穿着红色服装，整个画面与第三次口头汇报形成鲜明对比。由此可见，着装色彩也是一种模态，可传递不同的氛围。有趣的是，坐在第一排同学的服装色彩在两次口头汇报中也恰好与展示同学的服装色彩相同，从而使得两次的画面传达出不同的气氛。此外，在介绍本次汇报主题时注视与手势是具有高强度的模态，讲到"我们的主题是"时，泇灏回头注视投影屏幕。接着，他点击鼠标，投影屏幕出现表格用来呈现他们的调查结果，而在此讲解过程中（口语模态），泇灏将视线移到听众，注视着听众，与听众进行眼神交流。在介绍表格中具体内容"直接打断式"时又将视线拉回电脑屏幕，同时抬起右手指向投影屏幕。可以看出，他可以同时控制不同模态的使用，而且语言表达流畅。在这一过程中，注视、口语表达及手势有时交互出现，有时依次出现成为高强度的模态，体现出模态使用的复杂性。

　　这次的口头汇报泇灏综合使用注视、手势、姿态、表情等多种模态。整体模态的结构配置更加丰富恰当，而且多种模态交互使用，高强度模态有所交替，模态复杂度进一步加强。尤其值得注意的是在这一次的口头汇报中，有开始部分的介绍，更有最后结束时的鞠躬致谢，是一个完整的过程呈现。这是在他的其他口头汇报中不曾出现过的。这些变化足以说明泇灏在不断参与口头汇报这一学术实践的过程中，对学术口头汇报有了较为深入的理解，正如他在叙事中所说：

　　　　我以前对做 pre 没什么感觉，觉得无非就是一些内容的呈现，现在我知道在内容的呈现上是大有名堂的，而且需要想象力，是一件很有意思的事情，并且也需要一个人在台上的表现，对自己的肢体语言、表情、心理，甚至对时间都要有感觉和控制能力，慢慢地摸索到门道。

（叙事—泇灏）

第五章 外语专业本科新生学术素养社会化过程　121

在访谈中，洳灏又进一步谈到了自己对口头汇报的具体认识，他不仅意识到口头汇报所需要的一些基本技能，尤其是与观众互动的重要性，同时也认识到口头汇报的本质是一个交互过程。因此，在后面的口头汇报中他总能学以致用，掌握不同模态的使用。这在另一方面也充分体现了他具有较强的能动性。他说：

> 就是比如说话的一些技巧，或者说你在台上的时候那种体态或者那种表现，还有就是心理方面的那种自信，或者一些要注意的点。还有最重要的一点，我觉得要吸引观众注意力，……要让他们愿意听，还有需要跟他们有交流，就眼神交流，然后有一些 body language，但不能太多。这些都是要注意的地方。就是反正让我知道就 PPT 是说的人与听的人两者的一个交互的过程，这是最重大的一个认识，在后面的汇报中就努力去做嘛。

（访谈—洳灏—Ⅱ—20181214）

此外，在诸多多模态中介工具中，多媒体演示 PPT 本身也具有多模态性质。在整个学期的口头汇报过程中，通过对学生提交的 PPT 进行分析，本研究发现学生的 PPT 演示稿也有明显的变化，他们逐渐学会使用多种模态丰富其内容。例如，一开始，学生虽然会选择一定的 PPT 模板，但主要以文字为主要模态。随着对这一活动认识加深，学生做 PPT 的技能也不断加强。他们开始使用图片去表达意义，也会用到超链接、表格、图表来呈现调查结果。此外，学生还借助视频进一步阐释所分享的内容。这些实践都使得 PPT 的模态更加多样化，同时也给其他同学提供了示范，使口头汇报成为一个相互学习的机会。正如研究者在课堂观察中所述：同学们的展示越来越丰富多样了，除了用表格、图、现在又加入了视频，采用多种方式，从不同的角度进行说明，都是同学们互相学习的榜样。（课堂观察笔记—12—20181204）洳灏在一次点评中同样提到了这一现象：

我觉得比较明显的一点是大家对PPT的理解越来越深了。一开始大家读PPT的倾向比较严重，没有意识到它可能是多媒体的一部分。随着时间推进，表也来了、图也来了、视频也来了、超链接也用上了，知道怎么用PPT这个软件了。

（课堂录音—13—20181218）

总之，多模态视角下口头汇报的历时分析充分说明：参与者通过深度参与口头汇报，发现了口头汇报"大有名堂"，对其有了较为深入的理解，在实践方面得到了较大提升。参与者的亲身实践，辅以师生点评、示范等成为参与者掌握口头汇报"名堂"的重要中介，为他们实现学术素养在口头汇报方面的社会化提供了丰富的给养。

三 "豁然开朗"的学术写作

随着实践的深入，参与者对学术写作有了新的认识，也发现了学术写作的真实面目，有了一种豁然开朗的感觉。参与者对学术写作的结构形式、语言特点及文献引用等方面有了较为深入的认识。例如，洇灏"对格式有一个比较清晰的认识。在内容上面，因为有标准的论文看到，就知道要怎么写，包括措辞，要用学术语言，每句话都要有根据等等"（访谈—洇灏—Ⅲ—20190303）。展颜也特别提到了对学术写作的形式、写作的思路与逻辑有了理解。她说："至少在形式上知道学术写作的格式了，像要有摘要、标题、引言、结语，什么引用参考文献之类的各种规范，还有语言的要求。学术写作的思路比较清晰，逻辑性强。"（访谈—展颜—Ⅲ—20190301）知渊谈到了她对学术写作语言特点的认识："学术写作给我的印象是语言一般比较精练，很简洁，通常会通过最少的字数和修辞去达到表达的目的。"（访谈—知渊—Ⅱ—20181214）

此外，洇灏还特别提到了学术论文写作者应具备的素质，"要有一种比较敏锐的感觉"（访谈—洇灏—Ⅱ—20181214）。浚源也认识到了写作过程中的反思与思考的重要性，发现通过写作可以认识到自

己的不足,需要努力提升。他在访谈中说:

> 在写的时候不仅要反思,而且还要思考。比如我回忆以前学习是怎么样学的,然后要思考为什么?是怎样环境促进这样的学习?……论文要用到很多的专业术语,研究方法之类的。现在我就觉得我写的什么呀,写得好烂,自己亲身去接触论文里边深入的东西时,才发现真的欠了很多,需要多练习了。
>
> (访谈—浚源—Ⅱ—20181215)

可以看出参与者在了解了学术写作基本特点的基础上,进一步认识到思考和能动性的重要性。而在认清"庐山真面目"的同时,他们也尝试写出"像样"的学术文章,并努力将阅读的内容作为理论支撑融入写作中,进而体会到阅读对写作的作用。例如,浚源指出文献阅读对自己写作思路的影响时说:"读这些论文,里边有些细节,就比如说他的思路,给我的影响比较大,让我在写作的时候有意去模仿。"(访谈—浚源—Ⅱ—20181215)迦灏也指出因为有了先前学术阅读的输入,对写作起到了很好的示范作用。他说"在内容上,因为有标准的论文看到,就知道要怎么写;我觉得一定要看很多东西以后才有得写。但写的时候又不能只是照搬,要有自己的思考"(访谈—迦灏—Ⅲ—20190303)。知渊同样提到了阅读对写作的影响,她指出:"我在写作的时候,一般先列标题,然后再往里面填东西。在列标题的时候会尽量靠近阅读材料,特别是我们课上读的那些阅读材料的逻辑,我可能会不自觉地去引用一些那个材料的关键词来做标题。"(访谈—知渊—Ⅱ—20181214)

从学生提交的写作文本中也可以看到其学术写作的变化。首先,在格式方面,参与者一改之前感想、随笔的写作风格,其学术写作开始"长得像"了。他们的写作包括了引言、正文(包含小节)、结语及参考文献等基本的结构内容,做到了"长得像"。其次,在内容上,参与者能将相应单元的主题结合阅读材料进行深入分析与解读,提出自己的看法。最后，在语言方面，参与者能使用专业术语，例如，"自尊""焦虑与共情""元语言意识""第二外语习得""自主阅读"等学术性专业词汇。此外，参与者还用"笔者"代替"我"，也是其学术语言的体现之一。

　　由此可以看出，不论认识层面，还是实践层面，参与者在学术写作方面均有了质的飞跃，实现了"从无到有"的突破。这一突破是他们深度参与学术实践活动的结果，也是教师讲解、阅读输入、主体能动性发挥、共同作用的结果。可见，教师讲解、阅读输入及主体能动性发挥这些要素是参与者实现学术素养在学术写作方面社会化的重要中介。在下一章还将详细介绍各因素对参与者学术素养社会化的影响。

四 "顺利、高效、融洽"的小组合作

　　S课为学生小组合作提供了最大化的机会。他们需要通过小组合作在课前准备口头汇报，课上进行口头汇报、点评，课后要写成小组作业，最后还可以合作完成学期论文。通过如此参与，他们打消了之前对小组合作的顾虑，发现小组合作的种种"好处"。泇灏在访谈时提到小组合作的体验时特别开心地告诉我说：

> 没想到，我们在分工的时候还都挺顺利的。然后完成也比较及时，其实效率挺高的，一两天就能做完。大家都真的认真在做。如果有调整，大家也会在群里（微信群）讨论交流，如果大家基本同意后，就会直接去发表（汇报）了。
>
> （访谈—泇灏—Ⅱ—20181214）

　　可见，之前泇灏对小组合作"不知会怎么样"的顾虑已经打消，并体验到了小组合作的高效、愉快。他还积极组织小组成员分工与协作，他经常与组员保持沟通，提前做好准备，确保小组作业有序完成。锦添也体验到了小组合作的快乐。例如，他在叙事中说："我也

第五章 外语专业本科新生学术素养社会化过程

在组员的帮助下开始学着制作 PPT，当我不站在讲台上时，看着自己做的 PPT，心里也有一种骄傲的感觉。"（叙事—锦添—Ⅰ）他还通过与小组成员的磨合，改变了之前的认识，发现小组合作可以提高效率、促进沟通、共同学习。他在访谈中说道："小组活动也是很能证明工作效率的提高，然后也能让你和周围的人们能比较快的熟络，然后能一起进行共同学习。"（访谈—锦添—Ⅲ—20190228）

展颜一开始觉得"总和一样的人合作没有意思"（访谈—展颜—Ⅰ—20181021），然而，通过进一步真实体验，她愿意与成员更多地一起合作。展颜说："我现在愿意一直跟他们做论文，包括做 pre，写 assignment，然后到期末和他们一起写论文，觉得更流畅，更愉快。"（访谈—展颜—Ⅲ—20190301）浚源也有类似的体验。他与小组成员的合作越来越融洽，合作不仅停留在共同探讨主题大纲或是简单的分工，而是在这个过程中努力去锻炼组员的领导能力、组织能力以及创造能力。他在介绍小组合作的过程时说：

> 先是要展示的同学列个大纲，然后大家再一起看这个大纲有没有问题。大家同意之后，骨架就垒好了。然后，往里面填东西。但在具体讲的时候，要加进去什么，展示者也会根据自己的理解去加入一些更有趣的东西，比如调动氛围，让它更生动一点。其实每次展示啊大家分工不一样，展示的同学可能要做的工作、要想的东西比较多，等于说他是领导着大家做，组织大家合作、交流。我们会有很多的交流，有线上的也有线下的，氛围也是很好。
>
> （叙事—浚源）

我从课堂观察也深刻感受到参与者在小组合作方面的进步，从开始的"有小组分工拼凑的痕迹"（课堂观察笔记—3—20181009），到"小组成员的参与度越来越高了，整个 pre 是大家共同努力的结果，有每个人的影子，也有集体的合作"（课堂观察笔记—6—20181030），到"但总的来说，我们才是第七次课，同学们的进步已经非常大了,突飞猛进,大家懂得合作了,我(辛老师)特别开心"(课堂录音—7—20181106),"辛老师真诚地赞赏同学们的表现,表达作为老师的满足,好几次直接说"我特别开心",满脸微笑,我看着都觉得开心。有这样的一群学生得多幸福呢"(课堂观察笔记—7—20181106),再到"同学们的展示越来越精彩,感觉小组成员间的配合也越来越自如了,有明确的分工,更有明显的合作,是集体智慧的集中体现。课程接近尾声,他们的进步真快啊,接受能力真强啊,不愧是F大学的学生啊"(课堂观察笔记—13—20181218)。

总之,小组活动的深度参与,为参与者进一步体验小组合作提供了更多机会,使他们体会到小组合作的高效,感受到小组合作所带来的快乐。

第三节 学术素养实践之丰硕收获

学术素养发展实践阶段的第三个子阶段是丰硕收获,也意味着学术素养社会化的实现。学术素养社会化的结果主要体现在学术知识、技能、品性等方面。[①] 本节主要从学术知识、学术技能、情感态度来说明在上述三个维度上参与者的学术素养社会化结果表现。整体来看,参与者在S课内学术素养社会化的收获令人欣喜,正如辛老师在访谈中所说:

一个学期下来同学们的进步是很明显。从他们的pre给我的惊喜,我觉得我们的教学目标是达到了。孩子们是理解了,已经在思考这些问题(语言现象及学习)了。他们开始慢慢去反思自己的学习,对他们的外语学习(三外)的学习产生了积极的影响。

(访谈—辛老师—20190110)

---

① 还应包括社会关系,这部分内容将在下一章结合影响因素进行详细说明。

一 学术知识的深化

根据对数据的不断对比与分析，研究发现参与者学术知识的深化主要体现在对语言及语言学习①的认识，对学术知识与规范的了解以及对自我的认识这三个方面的深入理解，是其学术实践丰硕收获的体现之一。

（一）语言知识：深度理解与灵活应用

S课的教学目标之一是"掌握语言学习的过程及影响语言发展的多种因素"（文本材料—课程教学大纲）。通过对课堂观察及师生访谈数据的分析，发现参与者在知识维度上均达成了教学目标的要求。S课程的主要内容包括13个主题，如表5.3所示。通过S课教学内容的学习，参与者对语言学的相关内容有一定的理解。正如洳灏所说：

> 语言学方面明白了不同的理论，像自然学派，还有就是天生习得的那个能力，还有什么就是UG等等。还有比如说从家庭，从社会，从个人这些方面去看一个语言习得的影响。也学到一些概念，比如说第一语言，第二语言，一些专有名词，社会经济地位等现在都明白了。

（访谈—洳灏—Ⅱ—20181214）

表5.3　　　　　　　　S课程主要教学内容

1. 儿童第一语言发展	8. 年龄与语言习得
2. 语言发展阶段与阅读接触	9. 性格与语言习得
3. 学前教育阶段的语言与文化关系	10. 语言习得中的输入与互动
4. 第一语言学习的理论方法	11. 社会文化因素与语言习得
5. 阅读的力量	12. 交际能力
6. 语言与思维	13. 跨语言影响
7. 第二语言习得	

---

① 这里主要指普通语言学的理论知识。

此外，参与者的口头汇报均表明他们能较好地理解所学语言知识。例如，在学习完前两个主题"儿童语言发展"及"语言发展阶段及阅读接触"后，学生针对所学内容，进行口头汇报并将自己的理解与大家分享。虽然在第一次口头汇报中他们在技巧方面存在一些问题①，但对内容的理解均比较到位。在第一小组的首次口头汇报时研究者在课堂观察笔记中做了如下记录：

【Memo：泇灏说话比较快，讲的内容比较细，可以看出做了功课。他对婴儿期语言发展又细分了几个阶段，分别介绍了每个阶段婴儿语言发展的特点。在技巧方面不够好，语言不够精练，只是低头看着PPT，感觉之前没有pre的经历。】

钟同学介绍阶段性的具体事例。【Memo：整体感觉不错，例子很多都是自己的体验，可以看出对阶段性特征理解到位。】

知渊负责幼儿1—3岁一语语言发展的主要特征，从听力发展，到词汇、理解、语法、表达等角度进行了概括。【Memo：知渊的pre给人一种耳目一新的感觉，她一头短发，戴着眼镜，眼睛有神，显得特别干练。说话带着一点点口音。语言流利，内容清晰有逻辑，有较深入的理解。与听众有眼神交流，显得很自信。】

展颜介绍了学龄阶段儿童的语言学习，她进一步分为三个小阶段，并从语音、语法结构、语义及表达四个方面对每个小阶段进行了介绍。她以弟弟为例进行说明。【Memo：展颜是一个有气场的人，而且讲得很有逻辑性。展颜语速特别快，内容非常清晰，对所学内容理解到位。】

（课堂观察笔记—3—20181009）

除对基本语言知识的掌握外，参与者还能学以致用，将所学知识

---

① 具体问题可参见下一章。

应用到专业语言的学习中，进而加深了对专业语言的理解。例如，洳灏通过 S 课程的学习对日语有了更深的理解，清楚了日语句子结构与英语的不同，对他的听力有较大的帮助。他说："我觉得首先从一个比较大的方面来说，是对日语的理解会加深比较多。就是比如说英语或者什么，他可能重点的东西在前面，然后那个日语是在后。然后听力的时候我就会比较注意后面的东西了。"（访谈—洳灏—Ⅱ—20181214）知渊对专业德语的学习过程有了新的认识，对语言现象能用课内所学进行解读。她指出：

  我一开始学德语时对整个学习过程没有概念，感觉莫名其妙地就学会了，可能就跟我学英语时一样。但是现在我上过这门课（S 课），虽然不敢说非常清晰的了解，至少在遇到一些现象的时候能有一个概念，清楚这个东西我们在课上讲过。

（访谈—知渊—Ⅱ—20181214）

  知渊还发现语言学习越深入越会有"别样感觉"。她认为不同的课程为她提供了理解语言的不同视角。对此，她表示"这种体验挺不错"，很享受从不同视角看待语言，进而发现"不一样的东西"。她在访谈中说：

  我上学期是通过语言习得这些理论视角来看我的专业。然后这学期晚上上的拉丁文译本，它其实是从一个跨文化的角度来看待我的专业。语言哲学是从哲学角度思考语言为什么能被我们理解这样的一些东西。然后我觉得这种体验就挺不错。……我确实发现转换一个角度能看出很多我们专业学习中不一样的东西。我觉得语言学习这个东西真的是如果你一直在做，如果你一直在做语言学习这件事情，对它就会有别样的感觉。

（访谈—知渊—Ⅲ—20190228）

知渊同时还告诉研究者，她发现随着时间的推移，她会主动运用 S 课上所学知识去思考、分析、理解专业学习及生活中遇到的各种语言现象，并逐渐形成一种习惯。

> 我会更加主动地去用这些 language learning process 的相关知识来分析我日常生活中见到的现象。我发现随着我学到它（S 课内容）的时间越来越长，我越来越会不由自主地去用这些东西，用这样的视角来分析我平时学习中见到的一些现象。像我今天早上在拷音频的时候，就听到我同学在聊天。聊的是语法的问题，然后我想我从高中学英语来就看到有一些人本身学习非常刻苦，但是一直就有一些语法上面的东西也好，语言其他方面的东西也好，感觉他们就是没有办法像我或者其他语言学得比较好的人一样非常快地得出答案。然后我就会想这是什么原因，然后如果我要去帮助这样的人，可以从什么方面着手。……就是我在上这门课（S 课）之前没有去分析这些现象的习惯。
>
> （访谈—知渊—Ⅲ—20190228）

在访谈的过程中，研究者也感受到了知渊对语言学习的那种享受。研究者在随后的研究日志中进行了记录：

> 今天对知渊进行了访谈，再一次被她的那种气场所"震"。一提到这门课的效果时，她一连串说了好多，不仅提到了 S 课，也提到了她选修的其他课程对她的影响。她娓娓道来，让我听着都觉得真是一种享受。她的那种发自内心的享受，也感染着我。在讲述这种来自真实体验的收获时，她脸上都洋溢着幸福。尤其在提到语言一直学下去，会让你有别样感觉时，我看到了知渊眼神里的坚定。我相信知渊一定会成为一名成功的语言学习者。
>
> （研究日志—20190228）

第五章 外语专业市科新生学术素养社会化过程

锦添指出因为 S 课他对专业语言的学习"瞬间开窍"了。课上老师的讲解以及他所参与的各种课堂实践活动等都让他对语言学习有了新的认识。他说：

> ……（阿拉伯语学习）是瞬间开窍的感觉，这其中最大的因素我觉得肯定还是这个课（S 课）。包括课上老师举那些 baby 如何学习语言的例子，然后还有让我们去分享在大学，包括对我们小语种的学习过程等，就一点一点地把我这个原来想法推翻掉。我觉得我从老师举的例子，然后和每周同学的 pre，然后中间都包含着对语言学习的新的诠释。
>
> （访谈—锦添—Ⅲ—20190228）

浚源则认为 S 课的学习让他认识到了语言学习具有一定的科学性，澄清了以前的一些误区。他还了解到影响语言学习的诸因素，尤其是环境对语言学习的影响。

> 在语言学习方面对我启发最大的还是它的科学性。之前确实对语言上的认识存在很多的误区。对语言学习中的影响因素不清晰，理解也不到位。以环境因素为例，对我们来说最直接的就是学校的环境，还有室友，身边朋友之间的环境也很重要。每天如果学习的氛围比较浓重，且大家都比较重视，对语言学习肯定是会产生非常积极的影响。
>
> （叙事—浚源）

此外，参与者针对跨语言对语言学习的影响有一定的深入思考与体会。例如，知渊不仅能意识到语言间的差异，还能有效利用这种差异促进自己的专业学习。

我有母语汉语，还学了英语，现在学德语，有三语的交互影响。因为这些语言之间的相似性而产生的混乱，很多时候体现为一种负面的东西。这到底意味着是负面的东西会更多地被我们注意到，还是它就只有负面？然而我发现其实并不只有负面的影响，我觉得 cross-linguistic influence 并不完全是负面的，也有正面的东西。所以我们在学习的过程中要尽可能放大它正面的影响。

（叙事—知渊）

但是，也有参与者表示，目前的第三语言学习对英语学习产生了负面影响。浚源指出："西语对英语影响很大，在读英语的时候读着读着就读成西语了。有些东西很像，很多单词和英语是一样的拼写，很容易搞混。"（访谈—浚源—Ⅱ—20181215）锦添也有同感，在大部分时间学习阿拉伯语后，对英语学习产生了负面影响。他举例说："上英语课的时候听写，比如写 student，然后我想的是［stu］？然后可能会写成那个［sdu］，会有一些不好的影响。但尽量在未来的学习过程中分清楚，不要搞混。"（访谈—锦添—Ⅰ—20181107）

然而，也有参与者表示还没有明显感觉到所学语言知识对专业学习的影响，但觉得以后肯定能有更多的帮助。可见，对部分参与者来说，新的知识还处于隐性阶段，其发挥作用尚需要时间。迦灏就表示，这样的知识为他指明了方向，让他勇于去探索未知领域。他说："我觉得这是一个方向性东西，让我知道我可能去敢看一些以前不敢看的东西。我觉得以后肯定是有用的。"（访谈—迦灏—Ⅱ—20181214）展颜也告诉研究者："可能到后面阿语再上一个水平的时候应该是会有明显的影响。"（访谈—展颜—Ⅲ—20190301）

此外，浚源还提到了对语言学习整体认识的变化。经过一年的学习，他改变了之前认为语言学习是一件轻松的事情这一看法。他指出真正学好一门语言其实很难。浚源认为在学习语言的基础上应对语言学习的未来进行思考。他在访谈中这样说：

> 因为来之前就会觉得学语言其实很轻松，……但是来这之后，经过这一个学期，发现学习节奏很快，老师要求特别高。而且能力比我强的人太多了，语言学习还有那么多的理论之前都没有注意过。就会感觉其实学一门语言，尤其是想学好的话特别难。而且现在学语言就是说应朝某一个特定的方向去学习。因为语言学到一定程度之后，再往上发展的话，可能了解的东西就会很不一样。这是我的一个新的认识，将来还是要早一点定好自己的目标，更早打下一定的基础。
>
> （访谈—浚源—Ⅲ—20190302）

总之，随着学习的深入，在课程、教师、环境等多种中介的作用下，参与者对语言的不同方面有了更深的理解与体会，对语言现象更加敏感。他们基本能将所学知识迁移到专业学习上，也能对生活中的语言现象进行分析。正如知渊所讲"时间越久，越有别样感觉"。此外，也有参与者对语言学习整体认识发生了变化，指出在语言学习基础上应明确自己的目标，尽早确定一个方向。这些在一定程度上说明了参与者经过与他人及环境的互动，在认知层面对语言学及语言学习认识得到了深化。

（二）学术知识与规范：零的突破

在学术知识与规范方面，参与者实现了从无到有的突破。在大学之前，他们鲜有学术阅读与写作的经历，对学术规范更是"没有概念"，因此经历了初接触学术材料时的"挫败感"。但是，通过自己的努力，借助老师、同伴、课程及资料等多种中介工具，参与者对学术知识与规范有了新的认识。正如锦添所说：

> 进步大，因为是从零、从无到有的突破。我觉得我在论文写作方面我就知道了该怎么办，包括是以后在论文写作中要引用的东西，或者是要加入的东西，格式之前还是什么困扰我的，但现在觉得就没什么了。现在论文经过上学期的锻炼之后，我也就知

道了该怎么去提升论文的内容水平。

(访谈—锦添—Ⅲ—20190228)

可见，锦添在经历了一个学期的学习之后，清楚了论文的格式，也明白了如何提升论文的内容。泇灏对学术写作也从"完全不知道"发展到"有一个比较清晰的认识"。他认为学术论文要使用学术语言、内容与结构要特别严谨，有理有据，还要有文献引用，不可随便为之。他在访谈中指出：

之前完全不知道什么是学术写作。现在对它的格式有一个比较清晰的认识。在内容上面，因为看到标准的论文，就知道要怎么写，包括措辞，要用学术语言，每句话都要有根据。……学术论文特别严谨，要有根据。特别是引用，得说它是在哪本书里的第几页的，就是比较严谨，不能随便写。

(访谈—泇灏—Ⅱ—20181214 & 访谈—泇灏—Ⅲ—20190303)

知渊认识到了学术写作的语言特点及风格。她认为学术写作的语言简洁、精练，并指出自己在写作学术论文时会思考如何"遣词造句"。

因为学术写作的语言很显然跟我们平时口语的表达是不一样的。我在写的时候也想得比较多，包括怎么遣词造句。因为学术写作给我的印象是它的语言一般比较精练，很简洁，通常会通过最少的字数和修辞去达到那个表达的目的。

(访谈—知渊—Ⅱ—20181214)

同样，展颜对学术写作的认识也得到了提升。她指出："以前觉得可能学术写作把自己研究的东西列出来，我不知道还要引用参考文献。也不知道列出来还要详细分析，还有各种规范、书面语言、引言、结语这些东西。"然而,由于"一方面辛老师上课的时候一直在强调;另一方面同一组的同学写的时候也非常规范",展颜表示"现在就清楚了"。换言之,老师的讲解与同伴的示范让展颜更"有意识"地关注学术写作的规范,进而对这些规范更"清楚了"(访谈—展颜—Ⅲ—20190301)。

参与者后期的小作业及学期论文也充分说明了他们对学术知识及规范的理解与掌握。现以第一小组的学期论文为例进行说明。① S课的学期论文要求学生基于小组汇报内容及小作业,写一篇不少于3000字的论文。② 论文要符合学术论文的基本要求。第一小组的学期论文题目是"探究影响英语作为外语的学习及发展的影响因素",从结构来看,该论文结构完整,包含摘要、关键词、正文、结语、参考文献以及小组的分工等内容,达到了学术论文的要求。从语言来看,该论文使用了一定的学术语言,语言风格符合学术论文的要求。此处以该论文的摘要为例进行说明。

摘要 语言学习与语文能力发展是一项认知层面的复杂活动,许多因素都对其起影响作用,具体而言可分为语言学习环境中的外部因素,以及语言学习者本身的内在因素。	背景
本文从相关领域的经典文献综述出发,辅以五位大学一年级外语类专业学生的个人经历,以英语作为外语的学习为	方法
例,围绕语言学习中的主要因素如内在的性格、年龄及外在的教学方法、其他语言的习得等进行探究,思考其产生及基于实例的具体效应,并希望能够借此对外语习者及外语教学者有所启示。	内容 目的 启示

图 5.1 第一小组学期论文摘要

---

① 选择第一小组为例是因为该组中有三名组员,即迦灏、知渊和展颜均是本研究的主要参与者。

② 学生也可以选择个人完成学期论文,如果个人完成。字数要求不低于2000字(文本资料—课堂教学材料)。

该摘要字数为 206 字，作者首先介绍了背景，指出什么是语言学习与语文能力发展及影响其发展的内部及外部因素。接着，介绍了本文所采用的研究方法，即文献综述及案例分析。此外，作者指出将围绕语言学习中的主要因素进行探究，也即指出了文章的主要内容。最后，作者指出论文的目的及启示。整体来看，该摘要基本符合学术论文摘要的撰写要求与规范，语言简洁、结构合理、主题清晰。正如辛老师的评价："这篇论文语言表述严谨、格式规范，非常接近发表的学术论文了。"（微信群交流—辛老师—20190117）

第一小组成员对老师的这一评价感到骄傲与惊喜。他们看到了自己的成长，对学术写作的规范要求有了切身体会。例如，知渊就指出自己看到老师的评价感觉"挺惊讶，挺惊喜"，她看到了组员的进步。

> 我当时挺惊讶，挺惊喜的。老师一开始发文件上来时我们小组成员都很紧张，不知道她要说什么。然后她给我们这么高的评价，我们其实还都挺惊喜的。因为一开始做第一篇论文的时候，其实大家对论文的格式，语言其实都不是很擅长。通过这次的小组作业，就看到我们每个小组成员写的东西，然后相比起我们第一次写的小组作业，在格式、规范，尤其是参考文献、文章的结构方面，都确实可以看出很明显的进步。我就觉得挺好的。
>
> （访谈—知渊—Ⅲ—20190228）

展颜也"觉得很骄傲"。因为她"在大家写好的基础上，先负责把内容整合起来，包括排版之类，然后感觉自己参与度高了很多"（访谈—展颜—Ⅲ—20190301）。这种更多的付出，更深的参与让展颜对小组合作、学术写作都有了更好的理解。

此外，其他参与者在看了辛老师在课程微信群里分享的第一小组的学期论文后也纷纷对该论文给予了评价。例如，锦添认为第一小组论文除内容充实、专业，角度广泛，体现了小组成员的用心。

第五章　外语专业本科新生学术素养社会化过程　　137

　　　　我觉得他们的内容特别充实，非常用心，很专业，可以看到很多同学的影子。角度也很广泛，有些词还给出英语，有尾注的参考文献，让人看了眼前一亮。觉得他们之间一定是互相交流，有凝聚力，体现出了他们每一个人的水平。可以看到他们将平时的小论文在大论文里的提升，参考了课上的内容，确实做得好。

（微信交流—锦添—20190302）

　　浚源看完第一小组的论文还专门给研究者发了一份反思。他认为第一小组的论文语言风格比较学术，如会使用"笔者"，并引用他人的理论。在论文格式排版方面更加专业，从标题、页眉、页脚到补充说明内容的标注和解释等方面都"做得非常正规"，在正文论述部分更具有说服性、逻辑性。

　　总之，在 S 课程师生的教与学及相关资源等中介的作用下，在参与者自己的不断练习后，他们对学术知识及规范有了一定的掌握，能产出"像样"的学术论文，实现了学术知识与规范"从无到有的突破"。

　　（三）自我认识：准确分析与客观评价

　　自我认识是一个心理学的概念，包括自我分析、自我评价等方面的内容。本部分将从自我分析及自我评价两个方面进一步说明参与者在自我认识方面的社会化结果。研究的参与者在 F 大学学习生活一年，实现了对自我的进一步认识。正如展颜所体会到的"发现自己的独一无二才是对自己最好的嘉奖"。她在叙事中这样描述：

　　　　以前我总觉得上大学就是找到志同道合、或许能成为挚友、找到知己，那才是大学能够带给我的和小县城不一样的东西。我总以为大学有更多读过跟我一样的书、喜欢听相似的音乐、喜欢同一类型的电影的人。后来，走得越远越发现自己是独一无二的人才是对我自己最好的嘉奖。

（叙事—展颜）

在自我分析方面，参与者在不同的阶段针对自己尚存在的问题与不足有清晰的认识与分析，并能找到相应的解决方案。例如，洇灏在提到口头汇报存在的问题时，告诉研究者他还是不能很好地控制自己的情绪，不够冷静，进而导致声音提高，手舞足蹈。他在访谈中说："可能情绪一激动就容易不太受自己控制，声音会不由自主提高，然后开始手舞足蹈。就是情绪上被引起来以后就留在那个情绪里面，就不够冷静，这个是比较大的缺点。"（访谈—洇灏—Ⅱ—20181214）在认识到这一问题后，洇灏强调自己会特别注意，加之同学的提示（点评），使得他在以后的口头汇报中就"变乖了"。因此，在后面的口头汇报中，洇灏表现得特别好，多模态的运用也很恰当。

同样，锦添也对自己优点与不足有清晰的认识，并能对可能存在的原因进行剖析。锦添通过同伴的表现认识到自己的不足，进而加深了对自我的认识。在此过程中锦添还意识到了自己的进步。他在访谈中这样述说：

> 因为我觉得我自己能关注喜欢的方面，……我也很乐意把我的一些看法分享给大家。但是，上次知渊同学汇报时我就能感受到，就比如说我在把我的意见带给大家的时候，我觉得更多的是用我的这样一种情绪和感觉来去渲染他们，但是可能在内容深度方面就不如知渊他们组。我觉得，对内容深度的把握确实是欠缺了一点。但我现在就意识到了，我觉得这是我的进步之一。
> （访谈—锦添—Ⅲ—20190228）

浚源在提到学术写作时，对自己存在的问题进行了分析。他指出自己在学术规范方面的问题主要是因为缺乏意识，因此没有养成规范的习惯。

> 就是行文和规范，比如文献的引用，现在我觉得我也差一

点。说得不学术……没有这个意识，没这个习惯（运用学术语言，文献引用等），就觉得这样写应该差不多了。真是自己亲身去接触这个论文里边深入的一些东西的时候，才发现真的欠缺很多。

（访谈—浚源—Ⅱ—20181215）

对专业学习过程中存在的问题，浚源有较深入的认识与剖析。他认为自己成绩不好是因为自己时间管理不佳。经过思考，他认为原因在于人为地割裂了听、读、写之间的联系。通过这样的分析，浚源进而认识到了听、说在语言学习中的重要性。

我在刚开始学的时候最大的问题是分身太多，没有利用好时间。其实我的笔试成绩不错（期末考试），但是听力和口试做得不好。我就很纳闷，为什么？后来我思考了一下，是因为我自己在这个笔头和口头与听力两者之间没有形成一种联系。……就是说其实学语言听是很重要，听和说很重要。

（访谈—浚源—Ⅱ—20181215）

此外，浚源还指出因为自己常用惯性思维去看待事物，导致轻易忽视了生活中的一些内容。但是S课为他提供了发现这一问题的机会，进而促进了他去发现新的视角，从而发现了专业学习中的"不一样的东西"。可见，自我认识的深入，需要一定中介的作用。浚源在访谈中说道：

但是我在学习的过程中，我会发现咱们课上补充那些知识很好，是我们平常生活中没看到的东西。我自己这方面做得不够好，因为平常还是习惯性地去用自己的方法、看问题的视角去看待一个事物，就没有意识到这些点。但是现在想一下的话，也是用老师讲的那些观点去看的话，其实在平常的专业课老师的教学过程中会发现许多不一样的东西。

（访谈—浚源—Ⅲ—20190302）

在自我评价方面，参与者均能对自己的表现进行相对客观的评价。例如，洳灏在评价自己的点评能力时就提到自己的表现一般，是因为用心不够，但是会注重形式方面及思维方面的内容。这也说明他有自己的一个评价范围，清楚自己关注的内容是什么。他在访谈中指出：

我点评其实不怎么样，就是比较一般，不能说很好。因为我还是有可能晚上有点累，有的时候跟不上，或者讲得实在太无聊了，不太想听。我是从神态或者就是形式的方面去点评，另外一个是连贯性，或者让他那个思维到哪个地方，他是在讲大家都知道东西呢，还是他确实讲了一些别人可能想不到的东西，这个方面我是比较在意的。

（访谈—洳灏—Ⅱ—20181214）

在进入大学不久回忆高中生活时，浚源突然发现"那两年半是真的封闭起来了，就根本什么都不知道"，他觉得"应该还能就是有个初恋（大笑），这些好像都没有"。因此，浚源感觉到有些"遗憾"。而这一感觉是因为他与高中同学的交流而了解到班里当初的不少内幕，才感叹自己的"无知"。可见，浚源在与他人的互动交流过程中，逐渐发现了自己的"不足"，进一步体会到了"遗憾"，从而对自我有了进一步的认识。在此基础上，浚源也认识到了："如果只知道学习的话，将来走进社会，尤其是学语言的学生，如果不懂得如何跟人打交道，不懂得怎么样表现自己的话，是真的很难做出一番事业的。"（访谈—浚源—Ⅰ—20181025）而对于自己的写作，浚源一开始有"逃避"的心理，但这学期他觉得自己写作"进步最大"。这体现了他对自己努力的认可。他在访谈中告诉研究者：

我刚来的时候有好多东西，不仅仅是在研讨课上，在写上我一般都是采取一种逃避的态度，不想去写。因为我觉得自己写得很不好。但是后来我发现不写不行，也是这个学期，我觉得自己写作上进步最大。

（访谈—浚源—Ⅱ—20181215）

而锦添则表示 S 课的学习使他认识到了自己的阅读量呈"断崖式"下降，给他敲响了警钟，激发他不断思考反省，进而认识到需要继续"发掘精神食粮"，在阅读之路上坚持前行。他在访谈中与研究者谈及：

然后也是给我一个警钟，包括这几次 pre。我也在想，从阅读经历来说，到高中之后的阅读量我自己认为是有一个"断崖式"的下降。之前量是很大的，那些名著基本看完了。但现在就有点止步不前了。但是老师这个课（S 课）让我自我反省，不能停下脚步来，哪怕不看专业性的文章，是不是名著得继续看，需要去发掘这个精神食粮，应该继续把这条路走下去。

（访谈—锦添—Ⅰ—20181107）

知渊对自己的口头汇报有准确的评价，她指出："我觉得我做 pre 的时候整体的感觉还是比较自信的。但是语言方面，因为我站在台上不太能感觉得到，我有没有说一些废话。但是我感觉我整体能在规定的时间内把我想说的意思表达清楚。"（访谈—知渊—Ⅱ—20181214）这与辛老师及同学们对她的评价一致：

学生4：感觉她（知渊）每次 pre 都特别的自信。
辛老师：知渊同学给我的印象感觉非常 academic，很有学术范儿，也很自信，对吧？大家看作为一个听众，她让我们很清楚，大家看一开始的 outline，或者我们叫提纲，就让我们知道下面她会讲什么？这是一个非常好的 presentation 的方法。

（课堂录音—9—20181120）

此外，S 课也为参与者提供了自我评价的机会。在第三章研究方法部分介绍了 S 课程所采用电子档案袋的评价方式。其中一项任务是学生在期末需向老师提交申请，与老师协商自己的课程成绩。从参与者的成绩申请可以看出，他们能准确客观地评价自己，但也有同学指出有"不好意思"的想法。例如，珈灏与知渊的成绩申请书达 3 页之多，他俩不仅指出自己在课内外的努力程度，并辅以各种表格以让老师信服，还分析了自己在此过程中的收获，对自己的学习过程均有深入的认识，能准确客观地评价自己的学习行为。

然而，锦添虽然认为自己在课堂参与方面"能获最佳奖"，但是在成绩申请时表示"不好意思申请高分"。因此，在成绩申请中他只是简单列举了自己的"优点"如"1. 课堂表现与互动积极认真；2. 每次作业认真完成；3. 注重小组合作"（成绩申请—锦添），并没有特别具体地展开说明。在访谈中，他告诉研究者："我就是不好意思往高写，觉得怎么说呢，反正就是（停顿）……我觉得我课堂参与都能获最佳奖了，口头汇报也不差。其实，当时应该客观说明自己的努力。"（访谈—锦添—Ⅲ—20190228）可见，当初锦添尚未能客观准确地评价自己。而"不好意思"的理由也恰说明了参与者在自我评价方面存在的问题。这可能与中国的"谦逊"文化有关，当然与参与者的个人性格也不无关系。在与锦添接触交流的过程中，研究者也切身感受到了锦添的谦逊品格。研究者在研究日志中这样记录：

今天是第三次与锦添单独交流。之前在课堂观察过程中就发现这孩子特别谦逊，完全没有一点"架子"[①]。今天在最后我感

[①] 我这样说是因为我的自身经历。在我之前所教学的学校，学生的整体水平与 F 大学的学生相差很大，但我总感觉学生"眼睛长在头顶"，不知哪来的如此"优越感"。因此，当我接触到 F 大学本科生时，是一种完全不一样的体验，因此格外关注。

谢他的参与与分享，他还有些不好意思，直呼"不不不，老师，您给了我学习的机会，是我感谢您才对"，身体还微微鞠躬。让我感触颇多。越是优秀的人，越谦逊吧！

（研究日志—20190228）

总之，参与者在进入 F 大学一年的过程中，通过不同的实践活动，不断发现自己的问题，并对问题进行剖析。他们能对自我进行相对客观、准确的评价，实现了对自我认识的深化，并认识到自我认知是对"自己最大的嘉奖"，从而有效地帮助其实现学术素养的社会化。这些均较好地体现了自知者明的智慧，是参与者学术素养社会化结果的重要体现。

二 学术技能的提升

数据分析结果显示，参与者在学术阅读与写作、口头汇报、学习方法及小组合作这四个方面的技能均有明显提升，并且在口头汇报方面最为显著，是其学术实践丰硕收获的体现之二。

（一）学术阅读与写作：实践出真知

在学术阅读技能方面，参与者有较明显的改善。入学时他们在学术阅读方面还体验着"挫败感"，然而经过 S 课的训练，他们对学术阅读的技巧有了较好的掌握，并能有意识地恰当使用。正如迦灏所讲：

> 对阅读技巧有一个掌握，就是有意识地用略读。以前中学里可能也学过类似的（方法），但是自己看的时候还是喜欢一个字一个字，感觉假如不整个看下来的话就没把握。现在感觉略读是有用的，因为那些解释，有的时候重要，但是有些解释可以跳过，发现花更少的时间，但是得到的结果是一样的。

（访谈—迦灏—Ⅲ—20190303）

浚源也从一开始的"看不懂，看着很吃力"，到后来通过阅读关键句，获取关键信息，找到了自己的阅读方法。他告诉研究者：

> 我后来发现一般一篇研究文章，在最开始的时候是一个概述，这部分要仔细看，了解文章到底是想要干什么。换句话说就是段首、段尾和段中就这样看关键句子。如果看不懂的话，然后我再细看。
>
> （访谈—浚源—Ⅱ—20181215）

而通过这样的阅读体验，参与者对阅读的作用也有了深入的认识。例如，浚源就指出通过阅读这些文献，使他接触到了学术写作的一些思路。他认为阅读不仅让他获得思路，同时也为将来的学术阅读与论文写作做好铺垫。他在访谈中就对此进行了说明：

> 就比如说他在研究某个现象的时候，那种思路。……（这些阅读）是给我们一个预热。帮助我们提高了学术阅读能力。为将来我们在国际的范围内去阅读相关文献，做一个很好的铺垫。还有对将来论文写作也会有很大帮助。
>
> （访谈—浚源—Ⅱ—20181215）

知渊表示 S 课让她更加认识到阅读的重要性以及母语在阅读中的重要作用，从而更好地指导她的阅读实践。加之良好的阅读习惯，知渊在 F 大学的第一年已经开始尝试德语的原版小说的阅读。在阅读过程中，她还进一步发现了朗读以及母语在专业学习过程中的重要作用。她在访谈时告诉研究者：

> ……我读了一本德语原著，中文叫《老妇还乡》，拿出来朗读。朗读这件事情，按我原来的就是如果我没有上这门课（S课），我可能不会去做。但是我现在知道了，朗读首先它和阅读

对学习起到影响效果不一样，然后其实但是这两件事情都非常重要。我在面对德语新的语法现象的时候，就通过阅读和朗读这本书，比较快地理解这一点（新的语法现象）。当然我因为是读过这本书的汉语版，所以对内容比较了解，我会借助汉语的理解来帮助我学习德语。

（访谈—知渊—Ⅳ—20190614）

泇灏提到了阅读意识的变化，对"怎么读、读什么"有了新的认识。他之前认为只能读与自己语言水平相当的书，而通过 S 课，他明白了可以借助自己的认知水平，通过阅读比自身语言水平高的读物，进而更好地促进语言的学习。

……就是阅读意识，一个意识的问题，怎么读，还有读什么。可能会选一些东西，包括我以前是以为日语水平不够的话，你可能读不了什么东西。然后我发现可以是儿歌或者诗歌或者绘本什么。还有就是把自己对应到以前不会，可能就觉得自己认识水平不好，但是可以对应到以日语为母语的年龄层次比较低一些的，比如说小学生什么的，这样可能更有利于语言的提升。

（访谈—泇灏—Ⅲ—20190303）

在学术写作方面，参与者大都表示会运用学术写作的一些规范指导自己的写作。这也集中体现了学术阅读对学术写作的影响。像浚源所讲，"接触了这么多后，就会思考一下自己如何去写，也就清楚怎么写了"（访谈—浚源—Ⅱ—20181215）。同样，锦添也认为自己通频繁的练习，从一开始写论文的焦虑到现在已经能多角度看待问题，学会了剖析题目，因此"越来越会写，感觉越来越有话可说"。

最深刻的就是我还没有见到像我们这样 pre 和这个 paper 如此频繁的课程。一开始还会很麻毛，就是每周都有一千多字等着。但是到后面的话就会发现自己写文章的时候，就像我上次说的破题，就知道这个题目之后能够瞬间反映出多角度，然后把这个题目进行剖析，我觉得这是我收获最大的，越来越会写，感觉越来越有话可说。

（访谈—锦添—Ⅱ—20181213）

基于这些实践，锦添对学术写作的认识也上了一个台阶。他认为学术写作需要积累，即有大量的阅读实践及知识储备，要开拓眼界以便有属于自己的观点。在访谈中他说：

我觉得要写这样一个 academic 文章，搜集数据是一方面，其实数据只能起一个辅助的作用，更多的还是需要学术素养的积累。如果阅读量或者是知识储备量不够，写出来的东西可能永远只是网上那些数据，但其实是没有自己观点的东西。我觉得要做好的准备，要提高自己的眼界和知识储备，文化素养，这是关键。

（访谈—锦添—Ⅱ—20181213）

因为知渊对学术写作的格式规范在大学前已有一定的积累，因此，她更看重内容的逻辑性以及个人的思考。

其实在内容上那种分层的，比如说某一部分你要写什么，下一步要写什么就更明晰了。写的时候不仅是要反思，而且还要思考回应之前的那个东西。比如说我回忆我以前是怎么学的，然后要思考为什么？是怎样的环境促进了这样的学习？

（访谈—知渊—Ⅲ—20190228）

但是，正如浚源所讲"认识到和我真正去写出来其实是两回事"（访谈—浚源—Ⅱ—20181215）。参与者虽然都表示对学术写作有一定的认识，至少知道"长什么样"，但最后写出来的效果却是有一定的差异。上一小节介绍了第一小组的期末论文，该论文在内容、结构、语言等多方面都受到师生的一致好评，是该组同学对学术写作知识的有效转化，是成功案例。但是也有同学的学术写作仍存在一些问题。浚源就对自己的学期论文①表示不满意。他的学期论文主要是小作业的拼凑，存在时间的投入不足，内容呈现缺乏逻辑以及态度不端正等问题。他在访谈中这样说：

> 我对最后的学期论文不满意。其实到最后那一段时间，做出来的东西还是没有做到那种精雕细琢。一篇学术论文做出来花费的时间是很多的。但是到最后，我是就把之前的那些东西凑合到一起之后，稍做删减，把它弄成一篇整体的文章，差不多那样就行了。但是后来我客观去看这篇文章的时候，会觉得其实漏洞是很多的。作为一篇论文的话，这样写肯定不行。从整体上结构上来说，其实是把之前写过那些小文章简单列上去，肯定是不行的，得有个逻辑，得有文献，我做得很不规范。以后还是要多练吧。
>
> （访谈—浚源—Ⅲ—20190302）

总之，经过一年的学习，参与者通过大量的学术阅读与写作，不仅获得了进行高效阅读的略读技巧，认识到了朗读的效果，还理解了阅读对写作的作用，最终能写出"像样"的学期论文。在写作过程中，不仅践行了学术写作的规范与要求，更有了对"认知—实践"关系的认识，从而认识到了实践的核心作用。这恰恰说明了技能来源于实践，正所谓实践出真知。

（二）学术口头汇报与点评：知其所以然

如前文所述，学术口头汇报是重要的学术素养之一，也是 S 课

---

① S课的学期论文可以是小组合作完成，也可以是自己完成。本研究的参与者中泇灏、知渊、展颜是小组完成。但是由于多种原因，浚源与锦添的学期论文均是独立完成。

程的一个教学目标，即"通过课程学习，使同学们在学术口头汇报方面有较大进步"（文本资料—课程教学大纲）。与学术阅读与写作相比，参与者在学术口头汇报方面可谓成绩斐然。从开始时的"摸不着门道"，经过一个学期的实践，他们在口头汇报方面都实现了质的飞跃。

　　洇灏不仅对口头汇报的方法有了较深入的理解，他还能将这些知识运用到实践中，不断强化这些方法。例如，在口头汇报的体态及肢体语言使用方面，洇灏通过多次积极参与小组的口头汇报展示，较熟练地掌握了口头汇报的技巧。正如本章对参与者口头汇报的多模态分析所示，洇灏从开始的低头读课件内容，到后来能灵活运用多种模态，自如表达自己。他在访谈中也多次谈到了他在口头汇报方面的收获最大。通过多次实践，洇灏还培养了观众意识，更清楚了如何使用不同模态来吸引观众的注意力，让"他们愿意听"。正如他在访谈中所述：

> 　　我觉得最大的收获是 PPT 怎么做和发表的时候要干什么。……之前不知道要注意什么，就只是简单地"说"，但现在就清楚需要注意什么。例如，通过看同学们做 pre，学到很多，像说话技巧，体态以及自信等。最重要的一点，是要吸引观众注意力。这是以前我所没有考虑过的。要引起他们注意，要让他们愿意听，就要跟他们有交流，比如眼神交流。此外，我认识到 body language 不能太多。
>
> （叙事—洇灏）

　　锦添觉得在 S 课上可以做自己喜欢做的事，尤其是口头汇报让他发挥了自己的长处，通过观看同学的展示进一步发现了自己的不足，使其"老将"风格更加有内涵。他曾提到"我是通过'戏份'把内容给加上去了"（访谈—锦添—Ⅲ—20190228），现在意识到应该在内容方面更有深度。浚源则与洇灏类似，通过参与口头汇报，他不仅

第五章 外语专业本科新生学术素养社会化过程　149

清楚了如何做汇报，更理解了口头汇报是一门艺术，也意识到了口头汇报对其未来发展的重要作用。他说：

> 首先就是从 pre 本身而言，对我们将来各种场合做展示都是有帮助的……这确实是一门艺术，比如说要把自己想表达的意思准确地传达给对方，而且还要让对方觉得挺有意思，提起对方的兴致是很不容易的一件事，是一门艺术。……老师让我们去做 pre 的时候，就是深入进去思考人们为什么会这样想，人为什么会这样做。其实细细探究，发现里边很多值得去探究的。我们才会静下心来去看老师发的一些文章，看人家是怎么思考，他们是怎么认为的。

（访谈—浚源—Ⅱ—20181215）

这里浚源还提到了口头汇报过程同时是一个思考探究的过程，体现了他具有一定的研究意识。他认识到在这一过程中发现值得探究的内容才能"静下心来"去阅读，与文献进行对话。可见，浚源对口头汇报有着较深入的理解，不仅认识到了口头汇报是一门艺术，更认识到了口头汇报与文献之间的关系，进而拓宽了其与环境的互动范围，即除了与组员之间的互动，与听众的互动外，还与文献进行互动。

S课进入第六周，辛老师开始邀请同学们对同伴的口头汇报进行点评。这也是辛老师及时调整课堂教学的结果，是灵活调整教学活动的重要体现。辛老师认为点评一方面可以调动学生有效地参与课堂，另一方面也为他们提供更有效的学习机会。参与点评是参与者体验"专家身份"的重要机会，通过点评以及听同伴的点评，他们学会了如何批判性地看待事物，不仅对汇报的内容有了深入理解，同时也形成了各自的点评风格与关注点。例如，泇灏主要关注同学们口头汇报的呈现方面的内容，如是否紧张、时间控制以及连贯性问题。锦添则更多地从自我反思的角度去看待同伴们的展示。他在点评中常说"感同身受、很受触动"。锦添同时也比较关注逻辑性问题以及自己如何改进。浚源的点评内容是所有点评同学中最多的,而因此产生的与老师的讨论也是最多的。他从态度、内容、呈现风格、逻辑结构及主题的升华等多个方面提出了自己的看法,从而引发老师就相关内容进行进一步的阐释与讨论。因此也进一步为同学们提供了学习的机会。知渊的点评语言简洁,直中要害。她常能看到问题的核心,因此,辛老师评价她"很学术"。然而,展颜虽然也参与了多次点评,但每一次都比较简略,因为她会觉得"同学们在点评的时候有点鸡蛋里挑骨头",所以她在点评时只会指出一些比较普遍问题。总之,参与者经过这一活动产生了明显的变化,正如我在课堂观察中所记录的:

【Memo:这位点评的同学说道:"因为要点评,所以听得很认真,也做了笔记。"这也是点评带来的最明显的变化。没有点评活动的那几周,我坐在后面,可以看到同学们面前的不少电脑屏,时不时地就转到了什么微信啊,网页啊。但是现在同学们更多地是用来记录,怕自己重复,怕自己忘记,学习就是这样,有时候告诉学生怎么做可能没什么效果,但是让他做,提一些要求,如"不能重复",简单的几个字,却可以改变课堂同学们的参与度。所以课堂活动的设计很关键,辛老师是有想法的,同学们的变化也是明显的。要问一下他们自己是否感受到了这样的变化?】

(课堂观察笔记—9—20181120)

通过数据分析,研究发现点评对参与者产生了重要的影响,主要体现在以下三方面。

第一,点评活动促使他们深度参与、学会聆听。学生对点评重要作用的认识与辛老师的初衷相吻合。他们认为点评首先让自己学会了认真聆听,能够真正地深度参与其中。正如洳灏所讲"可能不点评就不去考虑的事情,现在(点评时)都会去想了"(访谈—洳灏—Ⅱ—

20181214)。浚源也提到点评最直接的影响就是让他学会去聆听，去尊重别人。他在访谈中说道：

> 点评最直接的就是让我仔细去听，因为这是对人家最基本的尊重。点评你不能胡扯吧，你肯定要因事说事，人家到底做了什么，没做什么，你不能胡编乱造，否则这就特别不尊重人了。所以说就这是一个直接原因，直接的影响，我们要仔细听。
>
> （访谈—浚源—Ⅱ—20181215）

可见，通过点评不仅培养学生聆听的习惯，也使他学会尊重他人。聆听与尊重是学术素养中品性维度的重要内容之一。

第二，点评加深了对自我的认识，促进了自我提升。参与者普遍反映点评帮助他发现问题并认识到自己的不足。通过点评"就知道原来听众是这么想的，下一次就会更加注意，然后就更加能够提高"（访谈—洳灏—Ⅱ—20181214）。此外，通过点评可以借鉴他人观点，让自己学会更客观、全面地评价同伴的表现。锦添在访谈中指出："听他们的点评，大概就知道他从哪些角度出发，那我就可以知道我下次点评的时候，我也可以从这些角度出发，或者是再去探寻一些他们没有说到的点，或者以我自身出发做一些点评。"（访谈—锦添—Ⅱ—20181213）锦添同时也提到在点评过程中发现同学们在做记录，自己于是也学着去做记录，使他改变了课上"懒的坏习惯"。对此，洳灏也深有体会："你从他（点评的同学）点评你就知道，他基本上是每个点都在听。然后他会把自己注意的点全部记录下来。我还看到很多人就真的是写在纸上。这太值得我学习了，我就是不太愿意动笔。"（访谈—洳灏—Ⅱ—20181214）此外，知渊表示点评让她更多地关注观点的合理性及对自己的启示。她在访谈中说：

> 如果我对一个组进行点评，我会除了想那些表面上的东西，我肯定还会想观点站不站得住脚？然后他们的观点是否适用于

我？他们得出这个观点的方法对我自己有没有启发性？他们展示结果的这个方法，就是做这个PPT本身，还有演讲本身对我有没有什么启发。

（访谈—知渊—Ⅱ—20181214）

第三，点评为参与者提供了向他人学习的机会。同学们不同的点评视角为其他同学提供了良好的学习机会。研究中，迦灏在点评时更关注连贯性问题，浚源比较关注整体的结构与逻辑，知渊更看重其启发性，锦添则更倾向于自我反思。然而通过聆听别人的点评，他看到了不一样的视角。例如，迦灏就发现同伴在点评时语言使用的特点，他说："比如就算他们要去批评，他们基本上都是先夸一遍，然后再退一步讲不足。而且他的措辞都不是特别尖锐的，都是非常温和。"（访谈—迦灏—Ⅱ—20181214）展颜指出："在这个过程中认识到了许多优秀的同学，他们有些演讲能力优秀拔尖，有些思维逻辑清晰有条理，有些专业知识扎实过硬，让我学习到很多。"（成绩申请—展颜）

总之，在口头汇报与点评方面，参与者通过不断的实践，对口头汇报与点评有了实质性的认识，不仅知其然，更能知其所以然。参与点评是同学们体验"专家身份"的重要机会。通过点评、听同伴的点评，他们学会了如何批判地看待事物，对点评内容有了深入的理解，形成了各自的风格。这些都是他们掌握如何评价口头汇报，并进一步实践口头汇报的重要中介活动。点评与口头汇报的结合，为参与者深度参与口头汇报，进一步提升学术素养提供了给养。正如浚源所讲，必将对"我们将来各种场合下做展示都是有帮助的"（访谈—浚源—Ⅱ—20181215）。对此，迦灏则有更准确的总结："只要愿意尝试，总可以学到东西。真正去做和旁观一件事情的感觉是完全不同的，认真去做pre的时候围绕在自己身边的氛围会发生改变、视角会变化、心情也会改变。"（叙事—迦灏）

（三）学习方法：学而不思则罔

本小节主要以反思为例说明参与者在学习方法方面的收获。本研究运用 BFSU Power Conc 1.0[①]对课上辛老师强调的反思进行了检索，以进一步说明反思在课堂中的情况。结果显示反思这一主题（只包括反思及思考）出现频次合计达 282 次[②]，平均每一节课达 20 次（282 次/14 节）。辛老师在课上不断地引导同学们进行反思，进而激发他们进行思考。可见，辛老师特别重视反思。这主要源于辛老师的教学信念，即她认为反思能力是学生应具备的重要能力之一。在访谈中辛老师一再强调反思的重要性。辛老师认为：

> 反思能力是一个人成功的非常关键的一个要素。不论做什么工作，哪怕是生活，都要善于反思。那些能成功的人善于反思。所以反思是全人教育，是人成功的关键因素，当然也是 literacy 成功的关键因素。如果学生善于反思，就能不断调整一些不太有效的方法，促进有效学习。
>
> （访谈—辛老师—20190110）

参与者对此也有共识，如浚源就意识到了老师对反思的关注。他在访谈中提道："老师可能是更注重让我们自己去思考这个问题，结合自己的思考，结合自己的经历去得出自己的结论，然后做 pre，再做最终的结论，还有那个论文之类的，我觉得挺好的。"（访谈—浚源—Ⅰ—20181025）而在课程结束后，浚源再次提到了课程中老师所强调的反思与独立思考给他留下了深刻的印象，尤其是针对专业语言的学习，辛老师总是激发他"自己去思索"。

> 印象最深刻的还是，比如说尤其是老师会经常针对我们这些学二外、三外的学生提出来的建议。比如说可以思考如何用英语来带

---

① Jiajin Xu, Maocheng Liang & Yunlong Jia., 2012, BFSU PowerConc 1.0. National Research Centre for Foreign Language Education, Beijing Foreign Studies University.

② 实际数值远比这个高，辛老师还常用"想一想""想一下"等来引导同学们进行思考或反思。因统计结果并不影响研究的结论，此处暂以反思与思考为例进行说明。

动第二外语学习,有了学习英语的经验之后,我认为老师是让我们自己去思索怎么样学我们现在的二外效率最高啊,这就最深刻的。

(访谈—浚源—Ⅱ—20181215)

参与者在学习过程中也自然践行着这一理念。综观数据,他们的反思包括对学习经历、学习过程、课堂活动、语言学习等多方面的思考。例如,锦添对曾"不起眼"的个人经历进行重新思考,从而获得了更深、更新的感悟。

这个课(S课)给我的任务,能让我从过往的一些不起眼的或者是仅仅把它当作娱乐的这样一种经验中,重新回想这些记忆,从中能找取更深的东西。比如说从我的几次出国经历或者是其他的一些东西来看,可能当时我没有这么深的体验思考。但是我在面对任务,包括语言学习时,我就会把它提出来,提出来之后会能给我一些很多新的想法,甚至会对现在有一些影响。

(访谈—锦添—Ⅲ—20190228)

浚源则特别看重学习过程中的反思。例如,他特别注意思考在口头汇报中的作用,指出只有加入自己的思考,口头汇报才变得更有意义,才能真正让学习发生,从而获得属于自己的东西。他在访谈中这样强调:

口头汇报的最后一定要有自己的思考,里边一定要加入自己的思考,不能简单地把大家的经历和回忆搜罗,然后做一个对比就完了,一定要有思考。这样才有意义。否则每个人都能做,你单单收集数据,基本上谁都能做,很简单就只不过是费点精力。而不加入自己思考的话,这个东西还是不属于你,没有自己的特色。

(访谈—浚源—Ⅱ—20181215)

第五章 外语专业本科新生学术素养社会化过程

在写作方面,浚源同样认为要有属于自己思想与感悟,并认为这样的思考来源于实践,需要亲自去"看一看,读一读"。

> 我觉得写东西就是还是那句话,要有自己的思想,比较有灵魂在里面,一定要有自己的那种感悟。否则干说还是什么都说不出来。有的时候写讲稿、写观后感,或者是写一些朗诵稿之类的,所涉及的影视资料、书籍之类,都会自己亲身去看一看,读一读。里边确实是会有某一个很奇怪的点,就触动一点,然后把这个写出来,那就很好。
>
> (访谈—浚源—Ⅱ—20181215)

迦灏表示会思考如何真正学会一门语言,他说:"我就会思考,就是你怎么样算比较好地学会了一种语言,比如你怎么样才能学会英语,甚至你怎么样才能掌握汉语这样,然后就会思考一些这样的问题。"(访谈—迦灏—Ⅱ—20181214)知渊则更重视所学知识对专业学习的影响。因此,她会从不同的视角思考语言学习。例如,她指出:"我之前没有接触过这些理论,但是在上了这门课(S课)之后,我就确实发现转换一个角度能看出很多我们专业学习中不一样的东西。"她也会因为德语与英语的相似性,进而思考跨语言对语言学习的影响,并得出"这个 cross-linguistic influence 并不完全是负面的,也有正面的东西"(访谈—知渊—Ⅲ—20190228)这一结论,进而思考如何利用这一影响。她指出:

> 所以我们在学习的过程中要做的就是尽可能放大它正面的影响。但是,目前我其实还没有想出具体怎么放大它正面的影响,只能说在我日常学习的过程中更多地去注意一些正面的东西,然后把它运用起来。而负面的我会去留意,比如想想是德语里面什么样的语法现象让我写出了这个东西。
>
> (访谈—知渊—Ⅲ—20190228)

可见，S课程为参与者的反思实践提供了重要情境，是其获取新知识、实现学术素养社会化的重要场所。反思是学习者获得学术素养社会化结果的一个关键要素，"学而不思则惘"，反思与思考能力是学习者学术素养社会化结果在技能维度的重要体现。

（四）小组合作：收获与困惑并存

合作沟通是获得知识与技能所需的重要方法之一。研究中参与者经过对初期小组合作的"怀疑"以及深度参与过程中所体验到的"高效与融洽"，最终发现小组合作是收获知识与友谊的钥匙。例如，展颜对小组合作的认识达到了哲学的高度，她说："小组合作是了解不同人的过程，学会了解接受别人的能力。真正令我印象深刻的是组内同学互相关心的氛围，可能因为我本人比较注重这些。我觉得人生就是一个体验的过程。"（访谈—展颜—Ⅲ—20190301）知渊则指出通过小组合作而收获的友谊。她说：

> 跟我的小组成员一起来做 pre，然后写小组 paper，收获挺大。因为我之前没有怎么跟人做过这种团体的学术性比较强的工作。这门课是第一次，然后通过这样的一个过程，我们小组成员内部现在关系也都很好，还一直在联系。
>
> （访谈—知渊—Ⅲ—20190228）

锦添则认识到了小组合作的核心是"大家的事"，是合作。他说："跟小组更好地去完成这个 pre，它不是一个人两个人事情，是你们五个人六个人的事情，就是他教我更好地能和组员达成默契。"（访谈—锦添—Ⅱ—20181213）

然而，也有参与者表示对小组合作过程中出现的问题，如合作质量不高，组员态度不端正等的不解，也表示自己对于如何实现有效的合作的困惑。例如，在访谈中浚源提道：

第五章　外语专业本科新生学术素养社会化过程　　157

这么多人合作下来做出来的东西，有些时候真的还不如一个人做出来好。为什么？因为在做这些东西的过程中，有些同学可能就不会把这件事情当成是自己的事情，做的时候就会马马虎虎，明明是需要分工的事情，到最后的话，还是需要某个人做很多补救弥补上。……比较困惑如何才能做出来一个思想比较统一，整体性比较高的那种成果。

（访谈—浚源—Ⅲ—20190302）

但值得一提的是，这样的困惑恰有可能是参与者进一步探索小组合作方法的引擎，是其不断适应小组合作，不断提升合作质量的因素，是最终达到"展示越来越精彩，小组成员间的配合越来越自如，有明确的分工，更有明显的合作，是集体智慧的集中体现"（课堂观察笔记—13—20181218）这一结果的直接因素。

三　情感态度的正向发展

数据分析结果表明，参与者在当前学术实践阶段的情感态度发生了积极转变，是学术实践丰硕收获的体现。

首先，参与者的情感态度在口头汇报方面经历了从"紧张"到"平常心"的明显变化。例如，泇灏开始对口头汇报持有"紧张"情感，而经过多次的实践后，他能够以"平常心"对待口头汇报。他说："一开始会把 pre 当作一件非常特别的事情，然后会觉得很紧张，而且是很激动很紧张的那种。后来做多了觉得是很普通的一件事情，然后就用平常心看了。"因为有了这样的态度，他认为："做起来就很顺利。"（访谈—泇灏—Ⅳ—20190710）浚源在谈到口头汇报时还特别强调了态度的重要性，认为应该持有享受过程的态度。他指出："首先我们的态度就是要去享受这个过程，享受展示自己想法与思考成果的过程。"（访谈—浚源—Ⅱ—20181215）

其次，在对待写作方面，参与者的态度经历了由消极逃避到积极应对的明显变化。例如，浚源对写作的态度从之前的"逃避"心态转变为积极应对，并认识到了写作的必要性及其对未来发展的影响。他在访谈中告诉研究者：

> 我其实在写上就是出的力很少，……在写上我一开始都是采取一种逃避的态度，不想去写。但是（现在）我觉得这是一个不得不经历的过程，不能再逃避了。因为将来肯定这种东西，不如说趁早多写一写，对自己将来各种事情都是有帮助的。
>
> （访谈—浚源—Ⅱ—20181215）

锦添对论文写作的情感态度也有一个较大的转变。开始一提到论文写作，他感觉很抓狂，到后来他发现越写越顺手，也觉得"有话可说"了。他在访谈中指出："论文的写作一开始还会很参毛，但是到后面就会发现自己写文章的时候，越来越会写，越来越有话可说。"（访谈—锦添—Ⅱ—20181213）

此外，在对待课程的态度方面，参与者的态度由"敷衍应对"到"用心感悟"的转变。例如，展颜在 S 课一开始是抱着"混"的态度。她在访谈中告诉研究者其中的缘由：

> 因为一开始我们小组第一次作业的时候，正赶上国庆假期，我回家了，然后我们也没有一起讨论，本来说是要一起讨论，然后就在微信群上面说。看了一下就发现自己什么都不懂，其他几个同学都非常（厉害），然后那时候就觉得学这门课可能没什么信心，混过去算了。
>
> （访谈—展颜—Ⅲ—20190301）

而在最后的成绩申请中她叙说了自己的变化，她不仅体验到了这门课对她的重要意义、发现了别人的闪光点，更重要的是她的学习态度得到了转变。她这样写道：

一开始选课的时候，只是因为不想落下几个学分随便选到的这门，所以我第一节课就抱着随便听听的态度。后来慢慢感受到这门课对我而言最大的意义就是给我一个能够回顾自己从婴幼儿时期开始的语言学习经历的机会，让我以一个第三人称的角度去客观分析，把一些看上去很混乱的因素一步一步梳理清楚，把语言学习变成一个理性的可量化的东西。我在这门课里学到的第二点，就是发现别人的闪光点。我也清楚认识到我的不足，并尝试努力转变，后来半学期内，我更加努力认真地对待每次作业。……第三点，就是我自己的学习态度的转变。……开始就要和不同专业不同城市的同学交流甚至完成一个课题，我十分不适应。但是在这节研讨课上，可爱亲切的同学们和悉心指导的老师让我对 presentation 这件事逐渐熟练起来，……我回顾这一个学期的过程，发现真的收获了很多。我的同学们总是抱怨他们的研讨课太水太无聊，而我每当周二体育课下课，就会格外期待接下来这节课大家的展示和讨论。

（成绩申请——展颜）

总之，不论是对口头汇报与写作的情感体验，还是对课程的情感态度，参与者们均有明显的转变。参与者们经历了从"紧张"到"平常心"，从"敷衍应对"到"用心感悟"，从"胆怯沮丧"到"勇于接受"的变化，是其学术素养社会化在情感态度方面结出的硕果。

第四节 专业课及课外活动中的学术素养实践

为了深入了解参与者在初入大学期间学术素养社会化的过程，研究者除深度跟踪了 S 课程外，还关注了他们在专业课及课外活动中的学术实践活动情况。本节主要从专业学习及社团活动两个方面介绍参与者的学术实践情况。

一 不断适应高压的专业学习

在专业学习方面，如第三章所述，参与者均是所学语种的初学者，属于零基础外语专业学习者。因此，第一学年的专业学习以认识字母、学习发音，了解简单表达及语法内容等基础知识为主。他们所学的专业课程主要集中在听、说、读等基本的语言技能课程及少量的相关语言文化课程，课时安排基本适中。在这一阶段，泇灏学习的日语、浚源学习的西班牙语和知渊学习的德语对他们来说难度并不大。这主要因为：一是他们对所学语言比较感兴趣，对相应的文化在入学前就有些许了解；二是因为这些语言与他们所学的外语（英语）差别不是很大。但是他们的学习任务仍然不轻、压力也不小，在学习过程中也面临一些问题。例如，泇灏认为自己当前专业学习方面存在的问题是词汇量、语法知识太少，听力差。他说：

> 问题主要有第一个词汇量太少了，跟外教交流的时候完全不够用。第二个是语法的知识量太少，这是最重要的问题。第三个还有一个比较突出的问题，跟英语不一样的是听力问题。什么长音听不出来，促音听不出来，日语特有那些东西可能听不太出来。

（访谈—泇灏—Ⅰ—20181026）

浚源在听说方面也存在问题，往往本来会的词，在听的过程中却反应不过来。究其原因是他没有形成音、形、意的关联。在访谈中他说："自己在笔头上和口头上以及听力上没有形成一种联系。我在听到一个东西的时候，想不到这个词。比如说在口语中听到这个词的时候，我反应不过来。"（访谈—浚源—Ⅱ—20181215）但他能主动运用S课上所学知识去分析导致这一现象的原因，并指出："听说读写它们之间联系其实就是一个整体，不能把任何一个丢掉，辛老师今天

第五章 外语专业市科新生学术素养社会化过程

也说过,就是我们现在学习语言听说读写四个方面是要同时推进的,不能跟小的时候一样人为割裂开来。"(访谈—浚源—Ⅱ—20181215)这也说明了浚源能学以致用,懂得将知识进行迁移,以更好地指导自己的专业学习。

知渊在专业学习方面认为自己主要还是词汇的问题,但她已经尝试着自己找方法去加强词汇的记忆。她在访谈中描述了记忆单词的方法:

> 语法上我目前其实没有遇到太大的问题,主要的问题是词汇。因为词汇就是德语的名词是有性,我就不太能记得下来,但是我会自己抄一个,会自己把它的名词抄出来,我有带这样的一个东西(给研究者看她写的词汇表)。第一列写词性,第二列原型单数,不是原形复数,然后中译。然后平时就一般是挡住前三列,然后这样子写。
>
> (访谈—知渊—Ⅰ—20181029)

由此可见,知渊具有较强的能动性,在遇到问题时能及时面对,并找出应对方法。

然而,展颜面临的不仅仅是词汇问题,还有自我效能感低的问题。她说自己是"那种背单词背不进去的人,所以就会觉得什么东西都学不好"(访谈—展颜—Ⅱ—20181216)。除了词汇问题及低自我效能感外,她还更多地感觉到来自学院学习氛围及工作的压力。她解释道:

> 我们专业学习压力真的是很大,尤其是我们班。一是老师很年轻也优秀,对我们的要求特别高。二是阿语本身与我所熟悉的语言相比没有相似性,完全不同,完全没有可以借鉴的地方,只能是一点点学。三是我们的专业课也是F大学最多的,而且阿院留级率很高。还有学长、学姐布置一些社团、学生会的工作,这

都是无法拒绝的工作。毕竟低头不见抬头见,但是有时真的会影响学习。就觉得时间不够,而且我们院的事情也很多,但人又少,每个人的任务就会有很多,学习压力大,工作压力也大。

(访谈—展颜—Ⅰ—20181021 & 访谈—展颜—Ⅱ—20181216)

可见,展颜的处境不容乐观,有来自学院、老师、同伴各方面的压力,也有不得已的无奈。这些因素是让展颜萌生转专业想法的直接原因。但她讲自己还不至于到了"厌学的那种情况。会去争取一下,但是,如果不成的话就也无所谓"(访谈—展颜—Ⅱ—20181216)。

与展颜同一个专业的锦添也有类似的经历,但他对未来的困难有一定预判及心理准备。他指出:"阿拉伯语真的就是一个很让人头疼的东西,它跟我知道的完全就不一样。不管是语法还是发音,那真的就是两个世界。"他虽然了解到阿拉伯语属于入门难、越学越简单的语言,但"还是不可小觑。未来的路还是很长时间很难走"(访谈—锦添—Ⅰ—20181107)。所幸"阿院是F大学凝聚力最好的学院",会安排学长们对下一届的学生进行纠音帮助。锦添在这方面得到了"厉害学姐"的帮助,目前在语音方面没有什么问题。对此,锦添因得到了重要他者的帮助而非常开心。他说"学姐很厉害,是阿拉伯语演讲冠军,然后就很信任我,有什么问题,我就直接问她,她给了我很多帮助"。然而,由于阿语学习进度快,锦添仍"感觉挺吃力,然后难度也挺大的,要背的单词变化很多"。此外,有限的语言学习材料是导致学习困难的另一客观因素。锦添指出"阿拉伯语不像欧洲那些文化输出大国,只能上新华社去找那些新闻。然后因为现在词汇量不够,所以还看不懂"(访谈—锦添—Ⅱ—20181213)。他对专业的发展前景比较看好,但由于与自己的初衷不符,他也有转专业的想法。然而,锦添表示由于转专业需要达到一定的要求才能申请,他在努力克制这一想法,会努力调整,体现了他较强的能动性。他解释道:

比较功利地说,未来的社会需求和阿语的发展空间可能是驱动我把它好好学下去的动力。我其实不是那么的热爱阿语，我还在认真考虑是不是要转专业，但转专业要达到一定的要求才行。……其实跟您说实话，我在努力地克制转专业的想法。就是感觉在个人兴趣这块，就个人因素来说，驱动我去学学阿拉伯语的动力不是很大，因为跟我的初衷有偏离。以后我相信我会有更多调整。

（访谈—锦添—Ⅲ—20190228）

由于是初学一门语言，参与者尚未使用所学专业语言进行学术阅读与写作的实践，而主要以提升基本语言技能为首要任务，个别同学也有少量的写作练习。老师的教学也以示范、讲解为主。第一个学期后，他们的专业水平已经能达到日常基本交流，基本的句法结构都已掌握，存在问题有所缓解。因此，可以说他们已经渐渐适应了大学的专业学习生活。

二 必不可少之社团活动

参与社团活动是参与者扩展人脉习得社会资本的主要方式之一，是其实践学术素养的重要共同体之一。社团为参与者接触不同人提供了最直接的方式，但由于不同的出发点与个性，参与者对待社团活动也有不同的态度。例如，泇灏性格内向，不热衷社团活动，但又认为社团是大学生活的一部分，因此，他结合自己的兴趣加入了不那么需要投入时间与精力的社团——体育部的足球队。他的考虑是：

我不是特别热心社团，但是我觉得还是要加那么一两个。就是给自己一点运动时间，要保证运动量，每个礼拜六两个小时，然后我觉得那个时间与量也可以。你有事可以请假，特别松，我就很喜欢。主要的时间还是弄专业比较多，社团挺少。

（访谈—泇灏—Ⅰ—20181026）

知渊同样对社团不是很热心,她由于高中时期参加模联社团比较有经验,在大学她也只加入了模联这一社团组织。展颜虽也加入了两个社团,但是她在大一时"不屑与人交流,觉得这样酷酷的"(访谈—展颜—Ⅳ—20190619)。此外,由于她被调剂学习阿拉伯语,感觉压力"真的很大"(访谈—展颜—Ⅰ—20181021),因此对社团活动并不很上心。

然而,浚源认为"参加社团是一定要经历的,必不可少。如果只知道学习的话,将来走上社会,尤其是学语言的学生,如果不懂得如何跟人打交道,不懂得怎么样表现自己的话,是真的很难做出一番事业"(访谈—浚源—Ⅰ—20181025)。因此,也为了弥补高中时期"好像只学习了"的遗憾,他在F大学加入了两个社团——校学生会办公室和讲演队,"因为这也是我大学的一个目标,就是想多参加一些多体验一些"。然而,在大一第一个学期,因社团内活动较多而占用了大量的专业学习时间,浚源的专业学习效果不是很理想,有点后悔参加了太多的社团活动。他指出:"我加入的这些社团这学期的各种活动特别多。所以,给西语的学习时间就太少。然后,这段时间学习效果我也不太满意。哎,有些后悔加多了。"然而可喜的是,浚源能及时意识到问题,并进行反思。他指出要:"反思一下我现在这个学习的节奏。还要再付出更多的精力在西语上。在达到老师和学校的要求之后,自己还要给自己提要求。也算是自己的一种努力方向。"(访谈—浚源—Ⅰ—20181025)

与浚源一样比较热心于社团的锦添则加入了四个社团:网球队、国际交流协会、讲演队和主持人协会。加入多个社团是其兴趣所在,性格使然。锦添说:"我的性格就是很愿意跟人接触,愿意与人交流学习。"(访谈—锦添—Ⅳ—20190619)当然,与展颜一样尚有"人情难推"的无奈,也受高中时老师说法(即大学很轻松)的影响。虽然在社团很开心,但由于专业学习的压力,他有"上当"之感,完全没有想到大学会这么累。然而,他尚能较好地平衡社团活动与学习。他在访谈中提到了如何去平衡两者:"我主要把这些(社团活动）推到周末。但是也会占时间，就是努力去平衡，不会因此影响到最基本的东西，比如说作业的完成，还有这个内容的消化，不会让它影响到我专业学习这方面。"（访谈—锦添—Ⅰ—20181107）

对社团活动不论热衷与否，参与者均在一定程度上都参与了社团活动。他们在参与课内外活动过程中，与他人的交往态度也发生了一些变化。参与者对人际交往的态度方面经历了从"胆怯沮丧"到"勇于接受"的明显变化。例如，展颜从当初的"胆怯"到后来学会了敢于跳出自己的舒适圈，从而学会去了解、接纳他人。她这样叙述自己的变化：

> 在大学刚开始那段时间里，我胆怯地打量周围的人，每一次交往对我来说都像是试探。所以那段时间里，我把自己埋在舒适圈里。很多同学对我的印象就是，有自己的小世界，别人不敢来打扰。……但是人总是需要逃离舒适圈的，不管愿不愿意。其实这堂课真正带给我的并不是深奥的语言学原理，而是了解不同人的过程，和学会了解、接受别人的能力。
>
> （叙事—展颜）

展颜在学会"了解、接受别人"的基础上还体悟到了"人生就是一个体验的过程"（叙事—展颜）。泇灏也经历类似的情感态度的变化。他由入学初的"沮丧"，变得更加"开心、满意"。他指出开学初期，由于对自己高考成绩不满意，"经常回头看"这使他一直处于沮丧情绪中。但后来他努力说服自己去"关注当下，面向未来"，于是感觉"好多了"，对自己也很"满意"。正如他在访谈中所言：

> 刚来的时候比较沮丧，现在好多了。大一上（学期）是这个感觉，大一上是经常回头看，就觉得如果那时候会怎么样。但是大一下就会考虑我大二要干什么、大三干什么，不会太回头看，所以这方面应该是改善了。这其实有点赌气，因为就相当于想证

明当时高考没考好，不是我能力不行。所以学习方面很卖力的，然后其他方面过得去就行，不是太坏就行，也没有碰到什么让我心情特别糟糕的事情，所以还是挺满意的。

（访谈—泇灏—Ⅳ—20190710）

第五节 小结

本章主要介绍了外语专业本科新生学术素养社会化的过程，也即回答了第一个研究问题。本章首先以时间为主线将参与者在大学第一学期的学术实践过程进行了说明，主要从 S 课内与课外的学术实践活动进程进行了历时介绍，指出参与者的学术素养社会化过程经历了前期准备阶段、实践阶段及实现阶段三个不同阶段。在 S 课上的实践阶段又包括茫然摸索、探索发现与丰硕收获三个子阶段。本章重点关注 S 课内实践阶段的三个子阶段与 S 课外在专业学习及社团活动的学术实践，以进一步说明外语专业大学生在新生阶段的学术素养社会化过程。本研究发现参与者在 S 课内与课外，通过参与不同的学术实践活动，取得了丰硕收获，即学术阅读与写作知识、口头汇报知识、小组合作知识、专业语言知识等，以及获得这些知识所需的技能。概括而言，参与者的学术素养社会化结果主要体现为学术知识与社会关系两大方面。其中学术知识主要体现在知识、技能与品性（如情感态度与能动性）三个维度。

在了解了参与者学术素养社会化的过程后，下一章将进一步深入分析学术素养社会化的影响因素，也即回答本研究的第二个研究问题——外语专业本科新生学术素养社会化的影响因素是什么？

第六章
外语专业本科新生学术素养社会化影响因素

上一章针对本书的第一个研究问题，主要论述了参与者学术素养社会化的过程。在此基础上，本章将回答本书的第二个研究问题，即外语专业本科新生学术素养社会化的影响因素是什么。本章从宏观机构层面、中观课程层面以及微观个体层面对外语专业新生学术素养社会化的影响因素进行论述。

第一节 宏观机构因素

国家对高等教育，尤其是本科生教育的重视，为本科生的发展提供了最高的保障，是其实现学术素养社会化最主要的社会文化环境。个体的发展是在一定时代背景、社会环境中实现的。本研究的参与者也不例外。外语专业本科新生是在当前国家教育部门及所在学校的特定环境下发展的个体。因此，国家教育环境（如外语教育政策）、学校教育环境，如培养方案、课程设置等无不对个体发展产生重要的影响。本小节将主要从机构这一宏观层面介绍影响参与者学术素养社会化的因素。

本科生是高素质专门人才培养的最大群体，本科阶段是学生世界观、人生观、价值观形成的关键阶段，本科教育是提高高校人才培养质量的重要基础。基于此，国家十分重视本科生的教育。高等外语教育肩负着重要的历史使命，其发展"关系到高等教育人才的培养质量，关系到中国同世界各国的交流互鉴，更关系到中国参与全球治理体系的改革建设"①。近些年，国家颁布了一系列重要文件，实施了一系列重要举措。例如，为了促进高等学校外语专业的建设与发展，提高外语专业本科教学的人才培养质量，教育部于2018年1月颁布了《国标》。《国标》的颁布为高校培养什么样的人才提供了重要的指导。为贯彻落实《国标》，教育部高等学校外语类专业教学指导委员会又以《国标》要求为基准，以分类卓越为目标，制定了相关专业的教学指南，如《高等学校英语专业本科教学指南》等。近年国家还实施了一流大学与一流专业建设等举措。这些相关文件的颁发及重要举措的实施为高等教育阶段培养什么样的人才、怎么培养以及谁来培养提供了重要指导，具有划时代意义。

高校是国家重要政策的执行者、实践者，是对学生学术素养社会化产生直接影响的重要机构。本研究开展的场域F大学是国家各项重要政策的积极实施者与践行者。为更好地培养国家与社会所需要的外语人才，除依据国家政策要求办学外，F大学形成了自己的办学理念。以课程设置为例，F大学设置了多样的课程模块，为学习者的学术素养社会化提供了重要支持。例如，F大学专门为本科新生开设新生研讨课。第三章已对F大学的课程模块及新生研讨课进行了简要介绍，这里不再赘述。正是因为在教育部门及学校的所提供资源的前提下，学生才有机会选择自己的专业并选修相应的课程。本研究的五位核心参与者正是抓住了这样的机会，参与到S课程的学习中。虽然他们在选择S课时的初衷不同，但是参与这门课给了他们不一样的体验。例如，迦灏和展颜因为当时想选的课没有选上，为了能选上一门课才选择了S课。迦灏在最后一刻不得不"用高考看英语A篇的速度疯狂浏览了一遍课单，寻找'语言'这一关键词，在我快失望的时候突然发现了S这门课。于是又用高考写数学最后一道大题的手速抢到了这门课"（叙事—迦灏）。但正如展颜所讲"这堂课真正带给我

---

① 吴岩：《新使命 大格局 新文科 大外语》，《外语教育研究前沿》2019年第2期。

的不仅是深奥的语言原理,还有了解不同的人,和学会接受别人的能力,真正令我印象深刻的是组内同学互相关心的氛围,(让)我觉得人生就是一个体验的过程"(叙事—展颜)。

表6.1　　　　　　　　F 大学可供使用的资源

	资源	具体支持
硬件	多媒体、智慧教室	多媒体设备,智慧课堂硬件设备
	图书馆	图书资源、自习区、研讨区、学术报告厅等
	网络中心	校园网、信息技术服务等
	文体馆	游泳场、球场、健身房等
	各类研究中心	专业的研究成果资源等
	其他与学生学习相关的硬件设施	宿舍、食堂、超市、运动场所(各类球场、操场)、休闲区等
软件	高水平师资队伍	学校高水平专业师资
	其他非学术职工	后勤服务人员、图书馆人员等
	学生事务办公室	为同学们的学习生活提供各类咨询等
	各类讲座	文献资源获取、研究方法等
	社团活动	各类社团组织
	……	……

此外,学校的其他资源如图书馆资源、线上课程资源、较高水平的专业教师队伍及其他工作人员(学生工作人员、宿舍管理员、图书馆人员等)、多样的讲座、丰富的社团活动等都为参与者的发展提供了一定的支持。这些资源是参与者实现学术素养社会化的重要人力及物质资源(human and material resources)。表6.1列出了F大学为参与者所提供的部分资源。这些资源是参与者的学习与生活正常进行的重要保障,为参与者的学术素养社会化提供了充足的给养。

参与者对F大学所提供的丰富资源也深有体会。洳灏对学校的教学环境与氛围很满意,在课上的一次分享中,他这样描述:

感觉很满意，确实就是一个学习语言的环境。然后大家都是很积极学语言的人，老师上课说一句，他们就不停地跟着念。课后大家在那走，同学就冲上去问什么初次见面怎么说，就会不停地去练，感觉氛围挺好。

（课堂录音—1—20180918）

浚源则对学校的师资水平及所提供的高水平交流活动等比较赞赏。正如他所讲：

来F大学之后感觉非常非常明显，就是这里师资力量是很强大的！从哪一方面能体现出来呢？比如拿出来一本教材，然后你打开书或打开第一页，你一看主编，然后你再抬头看看上面（讲台）的老师，就是那个人。很多全国的这种高级的顶尖的老师都聚集在此。比如说还有编那个西班牙语教材的董教授也是那次刚开学的时候，专门跑过来给我们做这个交流会之类的。我觉得F大学的师资力量是很强大的。

（访谈—浚源—Ⅰ—20181025）

这些资源能否真正发挥其功能并帮助同学们实现学术素养社会化，还取决于参与者如何利用这些资源。整体而言，在入学初期，参与者对一些资源的利用并不理想。以图书馆资源的使用为例，参与者基本是用来上自习，对其学术资源的利用很少。例如，锦添提到了对图书馆资源的不了解。

锦添：学术论文我没有找到，我不知道就是在哪去找这些学术的文献。我能找就是百度论文。

研究者：百度学术？那你尝试过用学校图书馆吗？

锦添：啊？没有！我在图书馆只借书，因为上次不是说那个阅读，上次跟您说要读书嘛。之后去借了《麦田里的守望者》，我只借了这些书。

研究者：对于图书馆有一些什么样的网络资源，比如学术期刊，包括一些学术专著方面有了解吗？

锦添：不了解，这个不清楚。

（访谈—锦添—Ⅱ—20181213）

洳灏与展颜也有同样的困惑与问题，他们均表示对于如何获取学术文献不了解，也没有尝试使用图书馆资源，在遇到相关问题或困惑时也没有去咨询图书馆的工作人员。这一方面说明学校在这方面提供的指导与引导尚存在不足；另一方面也反映了参与者的被动。正如辛老师所讲，他们"仍存在被动学习思维，指哪儿打哪儿"（课堂录音—4—20181016）。可见，机构所提供的资源与其产生的实际作用之间的这座桥梁还需要参与者积极发挥能动性自己努力去架构。

此外，参与者在学习生活方面还体验到了来自老师的人文关怀。例如，洳灏提到在专业学习过程中因为促音①的问题感到焦虑，老师安慰他"不要太伤心，不要太焦虑"（访谈—洳灏—Ⅰ—20181026）。辛老师也时常在课上、课下关心学生的学习与生活。辛老师在微信群中与学生的互动频繁，在课下不仅指导参与者如何阅读文献的同时，还体恤参与者的学习压力，强调要健康快乐地学习。而这样的片断在参与者的学习生活中很常见，让他们感受到了温暖、感动与轻松。

本节主要介绍了参与者在实现学术素养社会化过程中在宏观层面所处的环境情况和国家教育部门及所在学校所提供的人力及物质资源。下一节将具体以 S 课程为例，探讨中观层面的课堂为参与者提供的中介资源以及这些中介资源对参与者学术素养社会化进程的影响。

---

① 日语的一种发音特点。

第二节　中观课程因素

在上述宏观环境下，学校的课程是对参与者学术素养社会化产生最直接影响的具体情境。课程资源、教师与同伴以及课堂互动形式等都会对参与者的学术素养社会化产生一定的影响。本节将主要以 S 课为例，具体说明该课程为参与者的学术素养社会化提供了哪些中介活动与资源。综合数据分析结果，本节主要从课程资源、教师输入与同伴示范以及课堂互动方式三个方面进行说明。

一　丰富多样的课程资源

课程资源是参与者获取并了解专业知识及学术规范与行为（academic literacy norms and behaviors）的最直接来源。S 课提供的资源包括课程大纲、阅读材料、相关补充材料以及课程评估要求等。课程大纲是整个课程的纲领，在其第一部分提供了详细的课程及教师信息，如上课时间、地点、授课教师的联系方式、办公地点以及答疑时间等。这为参与者了解课程信息并与老师取得联系或进行咨询提供了便利。课程教学大纲的第二部分为教学目标，详细说明了该课程的教学目标，主要包括知识目标、能力目标以及素质目标。此外，教学大纲还详细介绍了每个单元的主题、相关参考文献及作业内容，有效地保证了参与者对每一次教学内容与任务的了解。

> 知识目标是通过学习，学生掌握语言学习的发展阶段及影响语言学习的多方面因素。
> 能力目标是通过学习，学生提升自我反思、文献阅读、问题分析、口头展示及书面表达能力。
> 素质目标是通过学习，培养学生正确的语言学习观，养成严谨、认真的学习态度，并理解母语在个人成长和外语学习中的重要作用。
> （课程资料—教学大纲）

第六章 外语专业本科新生学术素养社会化影响因素　173

参与者对教学大纲的使用说明了其在学生学术素养社会化过程中的重要作用。参与者大都表示在上课之前认真研读了课程的教学大纲。他们认为 S 课内容清晰，材料丰富，但感觉到一定的压力。泇灏指出："内容很清楚，要看的东西，还有要做的事情。（内容）还是挺多的。如果你真的要把这个课自己做好的话，是很难，需要花很多时间去看，因为很多书都是英文的。"（访谈—泇灏—Ⅱ—20181214）。锦添表示他在开始的时候看得并不是很仔细，但是在上课过程中，时常会看。因为"（教学大纲）上面对于每一节课要讲的内容，需要阅读的材料、作业都写得非常清楚，我看了就知道自己要做什么了"（访谈—锦添—Ⅱ—20181213）。浚源看了课程大纲后的第一感觉就是课程条理清晰、内容丰富、综合性强。在访谈中提到教学大纲时，他这样形容：

　　看完（教学大纲）后我最直接的感觉就是条理特别清晰。每一节课都是从不同的方面去研究语言学习，还包括各种影响因素，像社会、家庭、学校、个人、语言之间等各种因素对语言学习的影响。是一个比较综合的课程。

（访谈—Ⅱ—浚源—20181215）

知渊看了教学大纲后觉得课程内容有一定的难度。她说："我没想到课程是以英文为主，一些作业的设置也有一定的难度，例如那个语言与思维的关系"，但这让她提前有了心理准备，"看完（大纲）我就会心里有数了，就会做好心理准备，知道该怎么做了"（访谈—知渊—Ⅱ—20181214）。展颜认为教学大纲比较新颖，内容比较详细。因为她在其他课程中没有看到这样的教学大纲，其他的都是"老师一边上课一边讲，我们其实没有（教学大纲）"（访谈—展颜—Ⅱ—20181216）。

由此可见，教学大纲为参与者提前了解课程、了解教学目标提供了一定的指导，同时帮助他们提前做好心理准备。教学大纲是同学在上课过程中了解教学内容与作业，指导其准备口头汇报等的重要中介工具。

除教学大纲，对参与者产生最直接影响的是课程阅读材料以及在课程推进过程中辛老师及时补充的一些文献。通过阅读这些文献，参与者不仅了解了有关语言学习的具体知识与方法，还了解了学术论文的"长相"。参与者在刚接触这些学术文献时的那种"挫败感"也随着深度参与发现了学术阅读的"规律"而变得"得心应手"。而这一规律也体现了学术写作所特有的语言特点与形式要求。正如洳灏所说："文献是帮助架构学术写作的结构框架，是比较正规的一种思路。我觉得挺好，能学到东西。"（访谈—洳灏—Ⅰ—20181026）可见，学术阅读为参与者了解学术写作的语言与格式特点提供了最直接的模板。

此外，S课丰富的学术文献还为参与者扩展视野提供了直接资源。洳灏在访谈中提道：

> 会从不同的角度看问题了。那个影响是比如说看一本书，然后他提什么，然后我就跟着它看一遍，然后就感觉它说得很有道理。因为那个时候一本书可能它一个作者只讲一种观点，然后像这种的话[1]就可能有两三个作者，然后提供两三个观点，比较丰富，会有不同的角度。
>
> （访谈—洳灏—Ⅱ—20181214）

浚源对此也有同感。阅读文献为他不经意间发现有趣的点，并对现象的研究思路进行思考等提供了重要的时机，是其了解文章内容以及相关研究思路与方法的重要中介。他在访谈中这样说：

---

[1] 在这里洳灏具体指 S 课上，针对同一主题所提供的不同文献。

浚源：读这些论文的话，里边有些细节方面，就比如说它的研究某个现象的时候那种思路，以前可能没接触过。

研究者：你能具体举个例子吗？

浚源：例子就那次是讲的那个文章研究了四个家庭：两个华人家庭，两个本地家庭。我那时候一想就是这样挺好，就是我们在研究的时候，不一定说是抓着某一个家庭，单个家庭去看。因为一个家庭不一定会代表着全部。而且它在选择四个家庭的时候是很有逻辑，很有技巧性的。因为它其实在控制变量，就比如说两个华人家庭之间，一个家庭比较富裕一点，一个家庭状况，家境可能不是太好，然后一个家庭是对自己孩子的英语学习比较重视，一个可能稍微不及前一个家庭，它在选择的时候是很有逻辑的，而且这种控制变量好像这么做，其实从里边细细去想的话，觉得这里边很有学问，很有道理。所以说在读的时候，有的时候会不经意间就会遇到一些自己觉得很有趣的事情，会觉得有收获的事情。

（访谈—浚源—Ⅱ—20181215）

然而，由于专业学习的紧张，参与者投入学术文献阅读的时间与精力越来越少，只能尽可能了解相关文献的核心内容。对此，辛老师也有觉察。为了减少参与者的负担，课下辛老师不仅在班级微信群内提示大家阅读的方法，还为学生提供额外的汉语文献，以便让大家更高效地理解所学内容。参与者表示汉语文章更便于理解，读起来更高效，也减少了他们阅读的语言压力。锦添指出："虽然也是学术性很强的，但理解起来比英语容易多了，我看了就知道它在说什么。术语看了也能明白。"（访谈—锦添—Ⅱ—20181213）而且"看起来就快了很多了，每一个部分看个大概，标题、主题句，我就了解了文章大意，省了不少时间"（访谈—展颜—Ⅱ—20181216）。可见，这些汉语文章不仅有助于参与者进一步理解所学内容，提高了效率，也很好地体现了母语在外语学习中重要的中介作用。

辛老师根据课程进展情况对评价方式进行了及时调整，更具体地说明了作业的内容、课堂小组口头汇报的要求以及评估所采用的方法——电子档案袋，并规定了学生最终需要提交的电子档案材料。这为参与者关注学习过程，并有效地指导学习过程起到了积极作用。正如知渊在提到自己的成绩申请时说："如果没有这样的评价方式，我可能就不会把学习过程非常系统地、一二三四地写出来（指在成绩申请中所陈述的理由）。"（访谈—知渊—Ⅲ—2019022）

二 教师输入与同伴示范

教师输入与同伴示范也是参与者进行学术素养实践的重要信息来源与中介。教师输入主要体现在教师的教学理念及课堂实际教学。辛老师的教学理念，如对教与学的深入理解，尤其是对输入、学生参与以及同伴压力等重要性的认识集中体现在课堂活动的设计上。例如，在阅读方面，辛老师会根据学生的反馈及教学的主题适时强调阅读的重要性。在第一节课上，一位同学分享了自己的英语学习经历后，辛老师进行总结并指出："他的阅读量达到普通人的三倍，所以他英文就学这么好。那我们是不是可以看到大量阅读会起很关键的作用？"（课堂录音—Ⅰ—20180918）此外，上课前，辛老师也会询问学生："是否提前阅读了本周的阅读材料，强调课前一定要提前阅读，在大学要学会自主阅读与自主学习。"（课堂观察笔记—3—20181009）在口头汇报方面，辛老师要求学生从第三周开始，基于自己的经历及对阅读材料与教学内容的理解，以小组为单位进行口头汇报。辛老师在访谈中指出：

> 前两周我主讲主要是给他们一点背景知识，一点 input，让他们有点基础。等他们有所准备以后，就把他们慢慢拽进来。就是学生要去讲的话，自己得有点铺垫以后再讲，比如讲母语学习经历，还可以让学生去反思。……如果不让学生做 pre（presentation）的话，他就没法参与。如果仅仅上课讨论的话，他没法

准备或准备不够。变成 pre 的话，他就必须要做课前准备。然后，……我是用小组的形式，其实小组形式上我想降低学生的工作量，另外让他们能够互相的交流，为他们搭建平台，让学生小组成员之间互相学习，然后小组之间互相学习。就是他们看别的小组 pre 的时候，其实对他们是一种反刺激作用，老师都不用讲了。我们就看到他们 pre 一点点的改变。这就起到了一个 peer pressure。那么这种作用是无形的，不需要老师再去 push 他。

（访谈—辛老师—20190110）

在课堂实际教学方面，研究通过对课程观察内容的整理将辛老师课内的输入概括为以下三方面。

首先，是关于语言知识内容方面的输入，主要包括：（1）对语言学习相关知识与理论的概述；（2）第一语言、第二（三）语言习得的阶段与特点；（3）语言学习的影响因素（性格、家庭、社会环境、跨语言等）；（4）语言、思维与学习的关系。这些内容的讲解让学生一方面了解了语言学习的相关理论、知识与特点，另一方面也促使学生开始思考如何更好地利用所学知识指导自己当下的语言学习。例如，在一次课堂观察笔记中，研究者做了如下记录。

◇讲解不同的语言学理论：行为主义，UG，nativist approach，但安慰学生理解核心点就可以，了解语言学习与认知的关系，并进一步解释了语言学习中几个重要的概念：competence and performance，comprehension and production，nature and nurture，systemacity and variability，imitation，language and thought

◇点明输入的重要性，阅读的重要性。建议从研究中获得学习经验，进行有意识的反思，把读过的案例运用到自己的学习当中。

◇结束课程

【Memo：信息量很大，关于这几对语言学中的基本概念，老师更多的是通过案例让学生理解其意义,并没有因为是专业术语而"吓到"同学们,此谓深入浅出。时刻强调阅读的重要性、输入的重要性,让同学们学会反思,明白如何借鉴。但又不是说教式的,而是融于内容的讲解,还不让学生觉得难,可谓高明。】

(课堂观察笔记—4—20181016)

其次,是关于方法、技能方面的输入,主要包括学术阅读的方法、学术口头汇报的方法与技巧,学术写作的方法与技巧等方面。在学术阅读方法方面,辛老师通常还会带领着学生去阅读文献,给他们示范学术阅读的方法。例如:"我们来看 literature review 中的第一句话,你们要会看主题句。第一句话就讲了……你看:研究其实跟讲故事一样,就是他们做研究发现了什么。同学们,这一部分是不是就讲了这个内容?"(课堂录音—2—20180925)通过指出主题句的位置及内容,辛老师指出阅读主题句对理解大意的重要性。以下节选内容说明了辛老师如何既教学生通过抓重点来理解核心观点,也指出了如何在写作时提出研究空缺:

下面最后一段,注意看 however,注意当你看任何文献的时候,无论是看中文还是你学的语言,如果他想指出这个研究的空缺,他会用一个连接词"但是"。他前面是不是说了一大堆,但是什么什么什么怎么样做得不够,他那个 research gap 就出来了……我教你们看重点,理解核心点。

(课堂录音—4—20181016)

最后,在学术写作方面,辛老师在课上结合阅读材料、学生的口头汇报等内容指导学生具体学术写作方法。

大家在写的时候,学术论文写作很重要一点就是 be specific。你们现在写东西还是有点泛。比如这个地方讲了这个(指学生的一个具体事例）我觉得就特别棒。只有你们才能做到，假如讲了这个发音，比如俄语有什么，那么你写完这句话一定要跟上一个例子，理解我意思吗？你先把它写出来，然后最后再 polish your language。

（课堂录音—8—20181113）

方法在学习与研究中的重要性不言而喻。在语言学习方法方面，辛老师比较重视反思的作用，她始终提醒同学们思考这些内容对他们学习的启发。例如，讲到学习者经历时，辛老师会提示同学们反思自己的学习经历对目前语言学习的启发："那么你在学西班牙语也好，学阿拉伯语也好，要想一想语言学习经历对我有影响吗？是正向影响还是负向影响？我在学阿拉伯语或西班牙语，我能借鉴一些我之前的什么样的语言学习机会，要去思考。"（课堂录音—1—20190918）此外，在教学的过程中，辛老师总是在恰当的时候提示学生要学会学习、学会研究，并有针对性地提出具体的方法如观察与记录、阅读分享、研究工具的使用、数据的解读、投入、能动性等。例如，以下节选片段中，辛老师旨在让学生学会观察与记录，她说："我希望你们成为一个好的观察者。在你坐地铁，或者坐公交车，听妈妈跟孩子讲话的时候，你去观察，听完以后回来赶紧做记录……"（课堂录音—1—20190918）而在讲到阅读的力量（the power of reading）时，辛老师提醒学生应该扩大阅读量与范围，在课堂中她讲道：

我们的阅读量怎么样？那么你到大学阶段你应该怎么样？除了你们学的语言课程外，你们还应该大量地去扩充你的知识量，就是天文、地理、历史等都应该去涉猎。而且阅读还是可以迁移，如果你的中文读了很多，在学你的外语和第三语言的时候是会有帮助的。

（课堂录音—2—20180925）

在口头汇报技能方面的输入涉及内容更广，从内容的逻辑、呈现，到汇报时的表情与体态，到时间把控，到 PPT 的制作与呈现，再到成员间的合作、态度等不胜枚举。例如，针对时间把控的问题，辛老师强调要有时间意识，注意口头禅的使用，并提示要课前演练。她讲道：

> 以后在讲话的时候，特别要注意控制你的时间，不要那么多的口头禅。另外在做 pre 之前应该在宿舍做 rehearsal，你们做了吗？
>
> （课堂录音—6—20181030）

在 PPT 的呈现方面，辛老师指出要学会解读要点后面的内容，要有听众意识，考虑听众的感觉，也可以借助视频来阐释。她指出：

> 我觉得知渊同学刚才讲这点特别好，就是做 pre 的时候，PPT 上有的东西你未必全都讲，你已经列出来了，这样作为听众感觉会好一点。那么你在做 pre 的时候应该是说 the less, the more，但是大家可以 get more from your talk，我觉得这个建议特别好。借视频过来非常的生动，也是一个比较创新的一点。这让我们进一步去思考印度英语，我都没想过同学们会拿这么一个视频来说，非常棒。
>
> （课堂录音—8—20181113；课堂录音—10—20181127）

针对 PPT 的制作，辛老师也提醒同学们注意美观，如色彩的搭配，还强调要有听众意识。她讲道：

> 另外我们就 PPT 的颜色，字体的大小，你做 pre 都需要考虑你的目的是什么？引起听众对你话题的关注，所以你要让他们看得清楚。
>
> （课堂录音—12—20181211）

第六章 外语专业市科新生学术素养社会化影响因素

在同伴合作方面,辛老师指出合作的重要性,要端正对小组合作的态度:

> 小组合作是非常好的一个建立朋友关系的机会。大家互相帮助,做一下 rehearsal,互相提出建议,挺好的。不要把它作为一个任务,因为做一个任务就没有意思了。其实,你要是它作为一个任务就浪费你的时间,你就得不到提升了。
>
> (课堂录音—9—20181120)

最后是有关态度方面的输入。辛老师始终强调"要学会自觉学习""You need to be active. This is your learning."(课堂录音—4—20181016)。辛老师也强调学习态度与能动性,她指出:

> 同学们在学第三语言的时候,可能也会遇到很多问题,那就要想想怎么办?是坐、等、靠?不能坐、等、靠,对不对?应该主动出击。我希望同学们把这些提炼带入你们的第三语言学习和其他方面的学习中。
>
> (课堂录音—7—20181106)

> 一个人的成长重要就看他学习的能力。Learning ability 学习的能力,如果有这种能力习惯,什么工作都是个学习的过程,没干过没关系,可以去问,可以去查,可以去尝试,这是非常非常重要的。
>
> (课堂录音—9—20181120)

此外,辛老师也会就学习态度进行教育,强调态度的重要性。例如:真正的小组合作是体现在态度上,态度决定一切。认真是会发生质变的,如果你认真对待每一件事情,每一件小事,你会发现你的进步非常大（课堂录音—9—20181120）。

总之，S课上教师输入的信息量非常大，这里所展示的只是沧海一粟，但已经说明教师输入对参与者在习得专业知识、技能方法与品性等方面的影响是参与者学术素养社会化过程中十分重要的信息来源与影响因素，也是非常重要的中介工具。

同伴示范（如课堂表现）也为参与者的社会化提供了重要的资本，是实现学术素养社会化的重要影响因素。同伴示范的影响在学术口头汇报，尤其是点评活动中最为明显。例如，泇灏在提到自己在口头汇报时容易激动的问题时指出同伴的点评是让他做出改变的直接因素。他说：

情绪一激动就不太受自己控制，声音会不由自主地提高，然后就是开始手舞足蹈，就不够冷静。然后被人说多了自然就会好。比如说我做了两次，然后大家都说有这个问题，那在第三次可能不会有这种情况了，就要改变了。

（访谈—泇灏—II—20181214）

泇灏还提到了在聆听同伴们的点评后，自己也学会了如何去点评，尤其在说话的方式方面。他明白了如何说才能让被点评者易于接受。他说：

听了同学们点评，我学着首先就是不会急着直接去批评人家，可能会先想。如果我以后再去点评，可能就要先讲优点了，先说点好的，再说不好的方面。让自己也比较温和，其实主要是让被点评的人能够接受，就是能听进去就可以了。还有就是要语言简洁一点，然后有趣。

（访谈—泇灏—II—20181214）

锦添通过观察同学的口头汇报，取长补短，不断进行调整与改变。他说:"能让我吸取别人的短处,同时能发现自己的缺点,就是取长补短吧。比如说我看知渊同学做的 pre,然后我就能看到我在台上的时候跟她有什么不同,我需要做出哪些改变。我们小组的 PPT 或者是风格需要做出哪些调整。"(访谈—锦添—Ⅱ—20181213)浚源表示在听同伴的汇报过程中,他不仅会思考可借鉴的内容,也进一步领悟到口头汇报是一门艺术。

> 看其他同学做的时候,其实我也想很多,有时候有些同学在上面展示的时候,我能切身感受到他们哪些地方做得好,哪些地方做得不好。然后我就能记住,那下次我做 pre 的时候,尽量避免这样的错误。而且这(pre)确实是一门艺术。比如说我们说话,人与人虽然说每天都在交流,但是你真正能传达给对方的内容是否准确,其实是不一定的。所以说要把自己的意义,自己想表达的意思准确地传达给对方,而且还让还要让对方觉得挺有意思,提起来对方的兴致是很不容易的一件事,是一门艺术。
>
> (访谈—浚源—Ⅱ—20181215)

知渊则通过听同伴的点评,理解了不同视角产生的原因,对她有一定的启发。例如,她在访谈中提道:"不同人看问题的角度是不一样的。比如说上一周同学放了印度口音的采访视频,展颜同学就关注到了视频的真实性。我就觉得这个就是专长不同,爱好不同的人视角还会不一样,确实挺有启发。"(访谈—知渊—Ⅱ—20181214)

同伴在口头汇报中多模态使用是同伴影响的另一重要体现。例如,知渊在其独立汇报中通过折线图展示了小组成员英语学习能力,得到师生的一致好评后,同学们(如迦灏)也在随后的汇报中借助图表来展示内容,从而使得汇报内容更具学术性;在一位同学借助视频进一步阐明观点,得到师生的好评后,其他小组(如浚源)也在其后续的口头汇报中使用了视频。这些都从一定程度上说明了同伴示范带来的积极影响。由此可见,同伴的课堂行为,尤其是口头汇报以及点评过程中的多模态在不同程度上对参与者产生了一定的影响。一方面促使他进行自我反思与提高；另一方面加深了他对学术口头汇报的认识，发现了口头汇报"大有名堂"。总之，同伴示范为参与者的学术素养社会化提供了一定的资源，是他们学术素养社会化的重要影响因素之一。

三　课堂互动方式

课堂互动是实现教学目标的一种手段，也是学生参与课堂的一种表现形式。课堂互动情况会影响教学目标的达成，即教学效果的好坏。S课上，辛老师特别重视课堂互动，融合多种互动方式并灵活使用。通过对课堂观察数据的整理与分析，研究总结了S课堂互动的特点。

在课程初期（第1—2周），课堂互动形式以教师讲授—学生倾听为主，体现出一种隐性话语交互方式。这种隐性话语交互，不以师生间的显性话语量来判断学生的参与度及学习的有效性，而是关注真正的意义交流、理解与知识建构[①]。辛老师在访谈中也谈到了课程初期以这种方式为主的初衷：

> 前两周我主讲，主要是为给学生一点背景知识，给他们一点input，让他们有点基础。然后慢慢让他们有所准备，以后才把他们拽进来。就是学生要去讲自己的经历，需要先有点铺垫，以后再讲，然后再让他们去反思，是一个循序渐进的过程。
>
> （访谈—辛老师—20190110）

通过这种互动，学生开始熟悉老师的风格，对一些语言知识有所了解，对阅读学术文章有所熟悉，开始变得"心里有数了"（访谈—

[①] 张莲：《问答、交互与课堂话语——一位高校英语教师课堂话语个案分析报告》，《中国外语教育》2009年第2期。

浚源—Ⅰ—20181025）。

在课程中期课堂互动方式从教师主讲过渡到以提问—回应—反馈（IRF）为主的互动模式。通过这种方式，老师引导学生思考自己的语言学习经历、成长经历、以期为他们新的语言学习提供有效指导。辛老师会让学生分享自己的真实案例使其对相关学习内容有更直观的理解。以下片段就是典型的提问—回应—反馈互动模式。

辛老师：好，同学们咱们总结一下，刚才你们都看完这个文章了，促进孩子语言学习我们需要什么？（停顿，师生共同回答）语言环境、家长的投入、家长对教育的态度，对吧？这是小的时候。那么，你们再联系一下你们自己……大家反思一下，你们应该做什么？从这些案例里面你能得到什么？当然父母现在不在你身边了，你觉得你要？

学生1：嗯把手机系统调成法语。

辛老师：把手机系统调成法语，还有什么呢？

学生2：还有比如说跟舍友就是平时可以多说。还有就是看书，但现在应该还是看不太懂。

辛老师：那你是不是也可以看一些绘本什么的？

学生2：想，就是找不到，好难找。

辛老师：难找。那我们大家想想，你们跟小孩子最大区别在哪呢？我们看有什么方法是可以借鉴。你们最大的区别是什么？

学生3：母语很好。

辛老师：母语很厉害。大家想想你们跟小孩子最大区别在哪里？你的认知能力已经超级高了。你的语言水平相对低，那怎么办？想想我们该怎么办呢？（停顿），要有意识地选一些内容很深奥的，让我们觉得对我们的思想碰撞，是不是？你说什么样的材料推荐？想想（停顿）。寓言故事，还有呢？诗歌可不可以啊？

……

（课堂录音—20181016）

通过这种方式，学生可以直接参与到知识的建构过程中，为自己的语言学习"出谋划策"，并在老师的引导下，不断思考，进而养成"勤思考，多反思"的习惯。例如，在看完文章后，辛老师通过提问："大家反思一下，你们应该做什么？从这些案例里面你能得到什么？（话轮8）"帮助学生将所学知识迁移到自身学习情境中。而同学们的回应如话轮9、11中的手机系统语言选择、与舍友交流，多看书等策略则是他们共同建构语言学习知识的过程。在整个互动过程中，学生的回应"难找（话轮13）"，也进一步推进了辛老师对内容的进一步扩展。这又进一步使得学生扩展了相应的知识，了解到了学习方法，如可以选择阅读同等认知难度但语言更精练的寓言故事或诗歌等。

通过对整个课堂观察的分析，本研究还发现，其实"提问—回应—反馈"这一互动模式贯穿课程的前后，只是频率有明显的变化。例如，在课程初期，辛老师在课堂上也会有这样的互动方式，只是频率相对低一些，随着课程的推进，这一互动模式逐渐成为频率较高的互动方式，正如辛老师访谈中提到了，这是一个"循序渐进的过程"。

在课程后期，课堂互动方式又进入到以口头汇报及点评为主，教师讲授为辅的方式。辛老师这样做是为了让学生有深度参与，同时让同伴影响成为学习的动力源。在访谈中辛老师告诉研究者：

如果不让学生做pre，他就没法深度参与。如果仅仅上课讨论的话，他没法准备或准备不够。那么变成口头汇报后，学生就必须要做课前准备。……老师在教学当中也得考虑到自己的投入，未必你投入得越多，学生得到的就越多。那么我就想搭建平台，让学生小组成员之间互相学习，然后小组之间互相学习。就是他们看别人小组pre的时候，其实对他们是一种反刺激作用，老师都不用讲，它起到了一个peer improvements或者peer pressure，对他们就产生了作用。那么这种作用是无形的，不需要老师再去 push 他们了。有人已经觉得我不想比别人差，在这个过程当中就吸取别人的优点，所以这里边其实融入了课堂管理。怎样激活学生，怎么让学生变成学习的中心，最简单办法就是任务驱动。

（访谈—辛老师—20190110）

在口头汇报的过程中，参与者通过相互学习，不仅对相关语言学理论及语言学习主题有所掌握，还学会了如何更有效地表达自己，如何呈现口头汇报等技巧。而在点评活动中，参与者也学会了如何批判性地进行评价。但是，从课堂互动的角度来看，研究发现这种把课堂还给学生，使学生成为"主人"而教师成为引领者、管理者、组织者的方式，不仅可以有效地达成教学目标，还能让学习真正发生。正如浚源所讲："pre 这个活动能让我们更多地参与到课程里边。学生和老师之间的交流，不是只有老师在讲，而是老师引着学生们去思考，然后探究里边一些现象，里边的道理。"（访谈—浚源—Ⅱ—20181225）

简言之，S 课上的互动实则无"定法"，都是辛老师根据学生的实际情况以及教学的实际情境进行的调整与改进。而这样的调整与改进，有助于参与者在掌握知识的同时，在其他方面，如反思、批判、口头汇报等多方面有所提高。这也为参与者发现学术阅读"有规律"可寻、口头汇报"大有名堂"以及学术写作"原来如此"，进而体验知识迁移带来的"奇妙体验"以及进行"自我检视"提供了机会。因此，课堂互动方式也是参与者实现学术素养社会化的重要影响因素。

第三节　微观个体因素

以上两节主要介绍了宏观和中观社会文化环境对参与者学术素养社会化的影响。这些因素是客观的存在，对该环境下个体的影响作用是均等的。所不同的是，个体对这些因素的利用将直接影响它们的作用效果。因此，微观的个体因素对个体的学术素养社会化发挥着至关重要的作用。本节将从个人实践网络[1]和能动性两个方面分析微观个体因素对参与者学术素养社会化的影响。

一 个人实践网络

个人实践网络（INoP）由 Zappa-Hollman[2] 提出，旨在以个人为中心点考察在社会化过程中个体与他人的互动过程，从而更好地理解个体社会化过程。个人实践网络不仅表现为学术素养社会化结果的社会关系，更是个体实现社会化的重要社会资本，是一个重要的影响因素。[3] 通过课堂观察、校园观察[4]及私下微信交流和访谈等多种方式，了解参与者在 F 大学的个人社会关系相关数据。综合整理这些数据后，经参与者核实，本研究总结了他们在 F 大学第一年的个人实践网络。[5] 个人实践网络主要由核心（core）、节点（node）、集群（cluster）以及联接（ties）要素构成。[6] 其中核心主要指个体，如本研究中的各位参与者。节点主要指与该个体（例如本研究的参与者）所接触的其他个体成员。集群是将同类节点分组的标签，如参与者与他人关系的分类——朋友、家人、同学等。联接是指核心即个体与其他成员之间的联系，通常用不同的线条来表示强弱关系。个人实践网络

---

[1] 个人实践网络主要依据为参与者的第四次访谈数据，也结合了课堂观察、校园观察及微信朋友圈等信息。因访谈数据最直接，本部分数据选取以访谈为主。

[2] Sandra Zappa-Hollman, *The Academic Literacy Socialization of Mexican Exchange Students at a Canadian University*, Doctoral Dissertation. Vancouver, BC: University of British Columbia, 2007.

[3] Sandra Zappa-Hollman and Patricia Duff, "Academic English Socialization through Individual Networks of Practice", *TESOL Quarterly*, Vol. 49, No. 2, 2015, pp. 333 – 368.

[4] 主要指在校园中碰到参与者进行的观察。

[5] 根据参与者意愿，泇灏、浚源及展颜分别绘制了开学初及一年后的个人实践网络，而知渊与锦添认为自己开学初的关系不成网络，只绘制了一年后的个人实践网络。

[6] 可参见：Sandra Zappa-Hollman, *The Academic Literacy Socialization of Mexican Exchange Students at a Canadian University*, Dctoral Dissertation. Vancouver, BC: University of British Columbia, 2007. Sandra Zappa-Hollman and Patricia Duff, "Academic English Socialization through Individual Networks of Practice", *TESOL Quarterly*, Vol. 49, No. 2, 2015, p. 339.

通常会给个人带来情感与学术回报（affective and academic return）。[1] 研究的数据分析结果显示参与者个人实践网络呈现出两种发展模式：平稳发展式与裂变发展式。这一节分别对两种模式中个体实践网络的复杂度，即节点与集群的量与交互性以及联接的强弱进行分析，以探究参与者个人实践网络对其学术素养社会化所产生的具体影响。在此基础上进一步分析能动性在个人实践网络中的作用。

（一）个人实践网络平稳式发展

数据分析发现泇灏与知渊的个人实践网络属于平稳式发展。他们的个人实践网络虽有所扩展，也即节点数量与群组数量有一定的增加，但是整体来看，只是数量上的简单增加。此外，他们的个人实践网络中的联接以单联接（uniplex ties，即节点只归属于一个群组）为主，尚未体现出一定的复杂度。下文对两位参与者的个人实践网络分别进行描述分析，进而观察其对参与者学术素养社会化的影响。

1. 泇灏

泇灏认为"我的圈子（INoP）没有变化很多，因为我不是一个特别喜欢交流的人。只是因为事情碰到了（这些人），其实还是这个圈子，只是多了几个人而已"（访谈—泇灏—Ⅳ—20190710）。他认为这与他入学时沮丧的心情及不善交际的个人性格有关。正如以下片段所述：

> 这（初期个人实践网络简单）是刚来大学的时候的心情决定的，就是因为那时候其实心情很差，属于那种比较沮丧的心情。我觉得一个原因是刚来学校，有点抵触，对自己有点失望，然后又不是很想跟别人聊。另一个原因是我本来这样，我从小学就是这样，我是一个比较被动的人，就是不会主动去加别人的微信或者QQ。
>
> （访谈—泇灏—Ⅳ—20190710）

---

[1] Sandra Zappa-Hollman, *The Academic Literacy Socialization of Mexican Exchange Students at a Canadian University*, Dctoral Dissertation. Vancouver, BC: University of British Columbia, 2007.

在开学初，泇灏与家人联系比较频繁，会与父母交流学习生活。到后来交流越来越少。他指出一是因为专业学习越来越紧张；二是父母对他的学习生活"帮不上什么忙"。因此，他们之间最多是生活方面的简单交流，父母主要是给予物质方面的支持。可见，到了高等教育阶段父母对子女的影响会有所减少，主要集中在物质资本的投入如学费及生活费的支付等方面。除家庭外，泇灏的群组相对比较单一，实际上只有同学。本研究将其进一步细化为室友、本班同学、邻班同学及社团。泇灏与室友小蒋与小叶联系相对比较紧密，出于了解对方的目的，聊天内容主要集中在兴趣爱好以及日常生活方面。他俩同时也是泇灏的本班同学，这里泇灏的个人实践网络出现双联接。泇灏与同班同学接触不多，只与小于接触相对较多，因为他感觉小于学习特别认真。由于泇灏不热心社团活动，因此接触的人自然也比较少，只与小颜，一位邻班的同学会"有的没的聊聊"。泇灏在开学初对个人实践网络的投入使其获得了情感回报，即进一步了解了同学，使他"有的没的聊聊"成为可能，满足了与他人交流的心理需求。

如图6.1所示，一年后泇灏的个人实践网络群组（cluster）有明显扩大，由5个增加到9个，相应的节点（nodes）数量也从8人增加到了28人，因此而产生的联接（ties）也明显增多。这些联接中以单一联接为主，但多联接（multiplex ties，即节点同时属于两个及以上群组）有所增加，从而体现了个人实践网络的复杂性。这些联接或强或弱（联接线段的虚实），显示了泇灏与他人关系的亲疏及对他影响的大小。泇灏与他人之所以有如此的联系，"都是因为有点什么事情，比如说要一起干点什么事情，或者比如说像一个班或者怎么样，比如要完成小组作业，然后就认识了，局限于任务上交流比较多"（访谈—泇灏—Ⅳ—20190710）。

即便如此，随着时间的推移，泇灏与他人的交流越来越深入，内容越来越丰富，对泇灏的学术素养社会化产生了一定的影响。例如，与小蒋探讨日语语法知识，让泇灏对其有了更深入的认识，并产生了进一步探究的动力。他们也会就日剧进行讨论，从而加深了他对日本文化的理

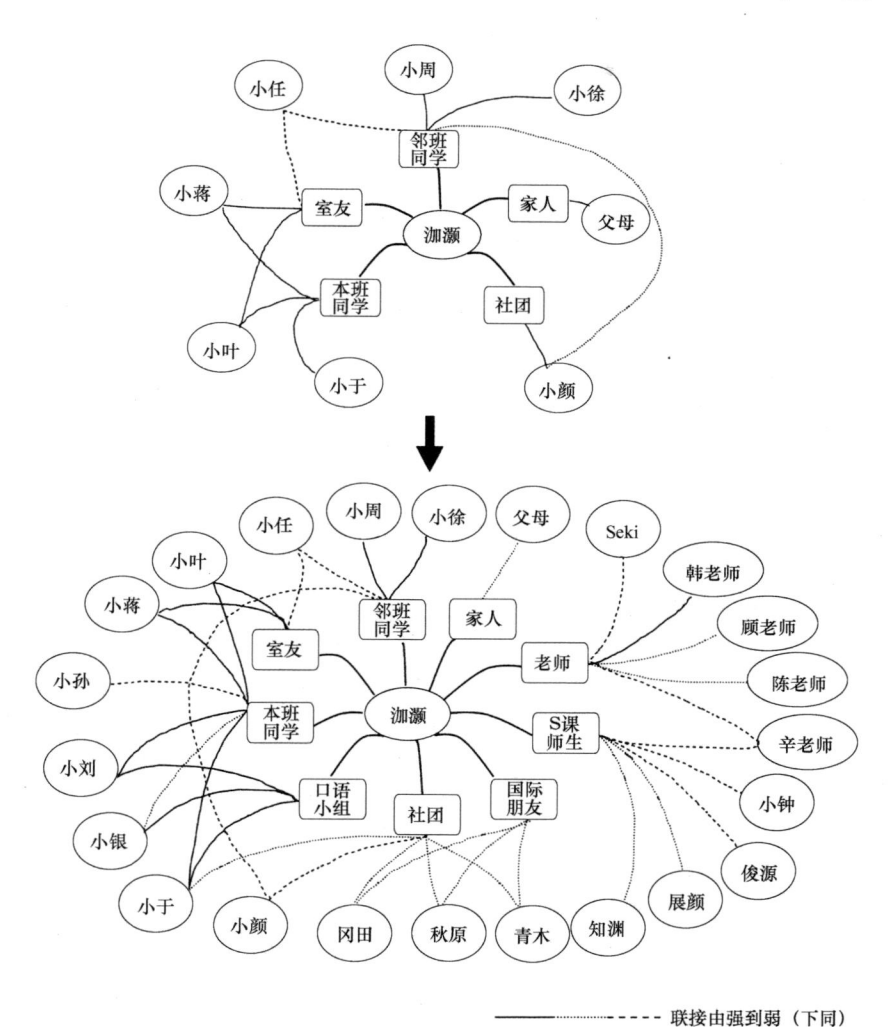

第六章 外语专业本科新生学术素养社会化影响因素

图 6.1 迦灏开学初与一年后的个人实践网络

————— 联接由强到弱（下同）

解。小叶是哈萨克族，他的母语是哈萨克语，汉语是其第二语言，他还学过一年维吾尔语，懂一点俄语，日语是其主修专业。与小叶的交流让迦灏认识到了母语对第二、第三语言学习的影响，也"让我对哈萨克语，相应的语系产生了一点兴趣"（访谈—迦灏—Ⅳ—20190710）。与小叶交流，迦灏还发现了母语对其他语言在发音及听力方面的影响。他在访谈中提道:"他(小叶)的母语是哈萨克语,他汉语和日语的发音都会有点奇怪,尤其是日语,然后他的听力和发音都会受到影响,然后有的时候听起来就稍微有一点怪怪的。"(访谈—泗灏—Ⅳ—20190710)与小颜针对语言学习的局限性问题进行的探讨,为泗灏进一步明确语言与思维的关系以及语言学习的意义提供了机会。

泗灏:语言局限的问题,就是他会想,语言教学应该是和智力发展阶段相一致的。但现在教小学生的表达,他会有点不太满意。然后他就会跟我讲,你怎么看这个问题?

研究者:那你怎么看呢?

泗灏:我说这个可以就是自己课后做,然后他说他也是自己课后做。然后就会思考一些问题什么的。他不想把所有时间都用在学语言上,他想要思考一些比较大的问题,比如外交,或者是其他学科。

研究者:那你怎么看这个呢?

泗灏:这个我觉得,一个是你现在专业是语言,所以语言肯定要弄好。现在有点像一个投资阶段。现在语言学好了以后,可以接触到更多的渠道和资源,跟中文世界不太一样那种思维的角度。但这些都要有一个语言基础,所以现在不学,不代表会变笨。因为你还有时间去看书或者怎么样,然后你真的在乎哪个问题的话,完全有时间去看一些那方面的东西。然后学语言的一个好处就是以后你能看的东西会变多。现在可能只能看中文。区别就在于所有中文的书,都有一个共同的文化背景,然后它的隐喻都受到一定的影响,就是它的出发点很多都是一样。然后不同民族,有不一样的语言、文化,它的角度肯定会不一样,所以你能接触到那些东西不一样,以后对你的思维肯定是有帮助的,所以它不是一个局限。

(访谈—泗灏—Ⅳ—20190710)

而通过与小于及国际友人的交流,迦灏对日语听力学习有了更新的认识。他不再只想着把每个音都听清,也进一步了解日语在不同身份成员之间使用特点的不同。这些使其对日本文化有了更直观的理解。与 S 课师生(尤其是辛老师、知渊、展颜)及专业课老师(尤其是韩老师)的交流,让迦灏在语言学习相关理论与知识、具体的日语知识与语法方面有了一定的提高。由此可见,迦灏的个人实践网络也给他带来了学术回报,使其对语言学习的不同方面有了一定的认识。与此同时,与室友、同学及社团成员的交流还包括日常的生活及各种"吐槽"。因此,总体来说,迦灏的个人实践网络给予了他情感与学术回报。

此外,由一年后的个人实践网络可以看出,迦灏与他人的联系强弱与其所在的群组关系不大,即不论该节点属于哪一群组,迦灏与其联接的强弱是一致的,要强都强,要弱都弱。例如,与小于同学的联接在口语小组和本班同学群组中的强度相同。唯有与小银同学的联接因其所属的群组不同而强度不同。这体现了迦灏的处事风格,即兼因"有事情"才与别人交流。值得一提的是,与同一节点联接的强弱也会随着"事情"的变化而变化。例如,开学初迦灏与小颜有较多的探讨,是因为在社团活动过程中"总能碰到,就聊起来",而后来"共事"的机会少了,联系也就不那么紧密了。

2. 知渊

与迦灏类似,知渊同样表示自己的个人实践网络并没有太大的变化,主要是节点数量的简单增加,即只增加了 S 课师生及其他专业这两个群组(如图 6.2)。[①] 进入知渊个人实践网络的个体都是对她的语言学习有一定的影响或与她有共同兴趣的师生。例如,她的室友小石与小刘属于德语高起点,知渊会请教她们关于德语专业知识方面的内容。这让她能够高效地理解课内老师所讲内容,也让她发现了"知识点之间内在联系的逻辑顺序可能不一样"(访谈—知渊—Ⅳ—

---

① 知渊认为自己的个人实践网络没有变化,因此指出开始时的个人实践网络没什么,没必要画出来,但在访谈过程中进行了说明。研究者尊重其选择。

20190614)。与室友小桑因有共同的保送经历,所以她们会就英语学习对德语的影响进行交流,从而发现跨语言的影响。这也让她们对不同语言间的差异有了进一步的认识。

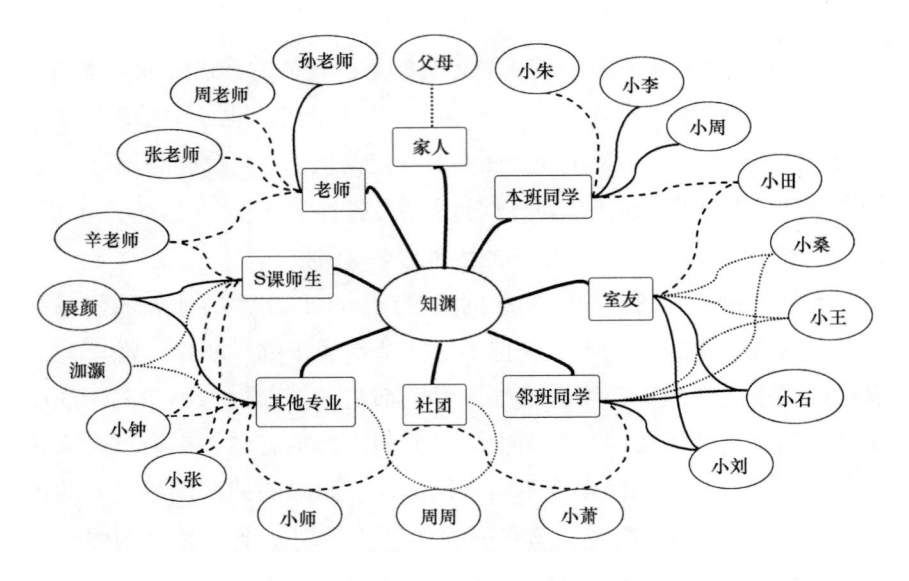

图 6.2 知渊一年后的个人实践网络

知渊不喜欢与他人交往,因此只与班级里 26 位同学中的三位有联系。她告诉研究者"我们班共 26 名同学,但是跟我交流比较多的就三个人"。小周与知渊有相同的兴趣,因此接触得较多。她俩也恰好选修了"拉丁文译本选读"这门课程,因此就相关的语言问题会进行深入交流。而通过上这门课及与同学的交流,知渊对拉丁语有了一定的认识,也对翻译的不对等性有一定的理解。她在访谈中这样描述:

因为拉丁语基本是现在欧洲所有通用语言的祖先,我学这门语言首先就是能感觉到文化上非常熟悉。它们(欧洲)的文化之间就有很多相像的成分,这是一个感受。然后另一个感受,因为我们那门课的全称叫"中国典籍拉丁文译本",它是把中国的典籍，比如"四书"及儒家的一些经典由早期来中国的传教士翻译成拉丁文。我们现在试图通过读这些翻译后的拉丁文本来理解一下当时的传教士是怎么看中国这些传统文化。你就会发现在翻译成拉丁文的时候，它的语用体现了他们对这个事情的理解。比如说孔子"仁"的概念，它在不同的句子里面被翻译成不同的拉丁文，然后你就可以感觉到他们已经能认识到"仁"在不同的地方是不一样的。但是另一个方面你又可以意识到，他们很有可能并不能理解这些其实是同一个"仁"的思想。

（访谈—知渊—Ⅳ—20190614）

知渊常与小李同学练习口语，也针对性地进行互助学习。"像我们这次期末考口语前，我们是组队把我们德语学的 12 单元的话题都过了一遍，就是互相问跟这些话题相关的问题，然后互相总结对方的错误，还有在口试中可以提升的点。"（访谈—知渊—Ⅳ—20190614）知渊认为小朱同学对"德语语法的理解，然后还有对一些语言现象非常敏感，理解非常透彻"，因此在她"感觉自己不太理解，我可能也会问她（小朱）"（访谈—知渊—Ⅳ—20190614）。但知渊表示因为自己有一个高起点的室友，所以会首选和室友进行交流。

与社团同学的交流，除社团工作内容外，还会探讨翻译"比如同一个句子，我用这种句式翻她用哪种知识翻哪个句式比较好，然后这个地方用哪个词会更精致"，从而体会不同的结构对意义表达的影响。与其他专业同学的交流，让知渊对其他的语言有了一定的认识，了解不同语言专业的教学与学习方式的不同。此外，知渊与 S 课上小组成员的接触比较多。她们除共同完成了五次口头汇报、小组作业及期末小论文外，在 S 课上，常坐一起进行探讨。这些交流不仅帮助知渊收获了相关学术知识，也让她收获了友谊。

然而整体来看，知渊更喜欢独处，因此有更多的时间可以用来阅读。她告诉研究者只要有空余的时间她就用来阅读，而且不受环境的影响，如即便是在晚上室友聊天时，她也能静心读书。这与她从小养成的习惯有关。她在访谈中也提道"可能因为我小时候养成的习惯，就不管环境是什么样的，只要那本书是我真的想读的就能读下去。"（访谈—知渊—Ⅱ—20181214）知渊是一个相对比较独立的孩子，对父母的依赖较少，这与她早期形成的独立学习的风格有关。她是一个有明确目的与计划的人，所有行动的目标驱动较明显，交际的范围也是结识更优秀的人。这也就不难理解为什么知渊对其个人实践网络的投入没有那么大，她自身较强的自律能力、时间管理能力[①]，稍加已有的个人实践网络中师生们的给养，已经能够有效帮助她实现该阶段的学术素养社会化。这也从另一个方面说明个体的社会化过程是多种因素共同作用的结果，到底哪些因素会起关键作用具有个体差异。

（二）个人实践网络裂变式发展

与平稳发展不同的是个人实践网络的裂变式发展。除泇灏与知渊外，本研究的另外三位核心参与者的个人实践网络呈现出了裂变式的发展，即他们的个人实践网络不仅在数量上有较大的增加，更在复杂度上有着明显的变化。下文将分别对锦添、浚源与展颜三位同学的个人实践网络进行描述，以进一步了解他们的个人实践网络有何变化，及其对他们学术素养社会化的影响。

1. 锦添

锦添在"入学初谁都不认识，只有宿舍的一两个人相对比较了解"，与他人的交际尚"不能成网"。为尊重参与者，研究者没有将其可视化。[②] 然而，一年后锦添的个人实践网络像一盆盛开的鲜花，结满果实（见图6.3），这也充分体现了他"爱与人打交道"的性格。整体来看，锦添的个人实践网络中群组有9个，节点达31个。由此而产生的联接也相对复杂，并以双联接居多，同时也出现了多联接，即同一个节点归属于多个群组。因此，锦添的个人实践网络呈现出一

[①] 可参见第三章与第四章有关知渊的介绍。
[②] 根据研究者所观察，锦添不愿意讨论开学初的个人实践网络是因为他觉得人太少了。

定的复杂性。他在个人实践网络方面的投入同样为他带来了情感与学术回报。

例如,室友小陈与小成给锦添的专业学习带来很大动力。锦添与小陈是同一个专业,是邻班同学。他俩会一起上自习,"暗自较劲"。锦添在访谈中提到室友小陈时说:

> 他确实比上学期要努力得多,然后经常就是一下课不会回宿舍了,就在图书馆泡着。给我一种很强大的压迫力,所以我也就是坐立不安了,我也来(图书馆)。而且,每次周末的时候,如果我没有什么其他事情,我说咱一块去图书馆,然后我俩就一块写作业。

(访谈—锦添—Ⅳ—20190619)

锦添在社团活动中遇到了志同道合的朋友。由于社团中的朋友来自不同的语言专业,为锦添了解不同语言提供了非常好的机会。尤其是当锦添决定尝试转专业时,他经常与社团中法语专业的同学探讨相关知识。例如,"发小舌音,了解学习一些法语的简单问候语,然后常用的生活用语和语音的发音技巧等"。此外,与社团中学长的交流不仅扩展了锦添语言方面的知识,也让他对如何适应大学生活有了间接经验。例如,锦添与学长小熊的交流给他的学习与生活提供了较多的指导。在访谈中锦添指出:

> 在学习生活上他(小熊)给我的指导多一点。因为他是法语国关专业的,他们的课排得也很多,他们是两个专业,法语和国关,他教我们如何在这个课最多的时候应对,然后教我们如何去适应大学新环境,很受用。

(访谈—锦添—Ⅳ—20190619)

而与学长兼社团领导小董的交流,让锦添感受到了来自学长的关

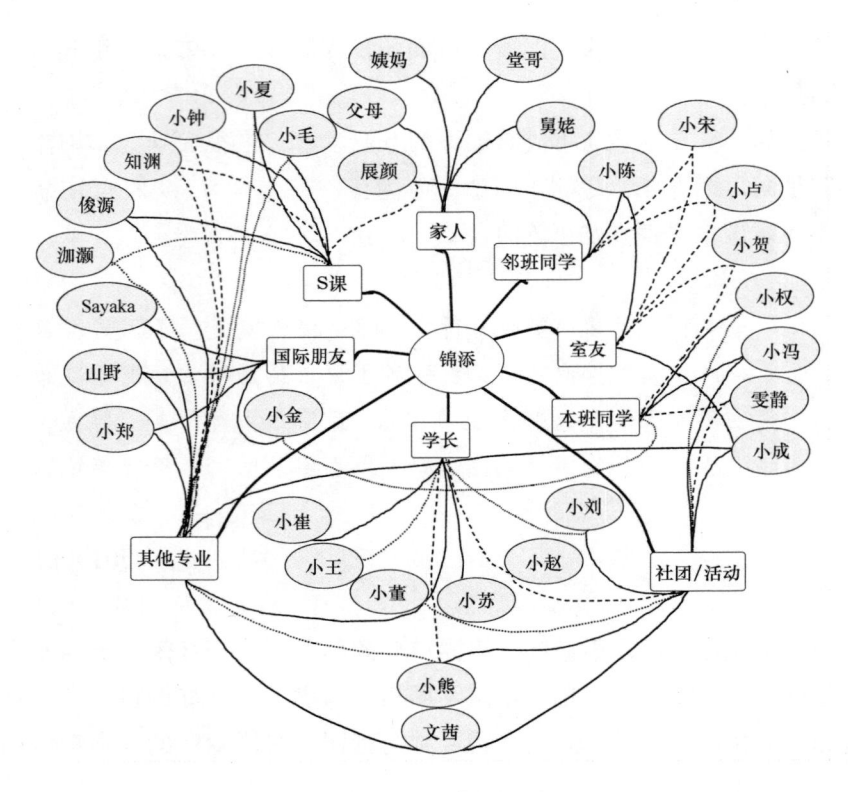

图 6.3　锦添一年后的个人实践网络

爱与支持。锦添"在学日语的时候,会向副队长请教。他人很好,经常不厌其烦地解答我这些问题。让我觉得很舒服"(访谈—锦添—Ⅳ—20190619)。

锦添认为加入社团组织,极大地扩充了他的朋友圈,不仅让他了解了不同的语言知识,感受到了与志同道合的朋友聊天所带来的快乐,也帮助他解决学习、生活中的困惑与迷茫。通过与社团中朋友们的交流,锦添看到了"只要努力了,真的就会有收获",也让他明白了"做人应低调"。更可喜的是通过交流,锦添找到了自己的目标,锦添说"他(小刘)真的是我梦想成为的人,真的真的蛮厉害"。可见,与社团组织中个体的交流对锦添的学术素养社会化产生了重要的影响。

此外,学长小崔(实际年龄比锦添小),是他学习的榜样,激励他不断进步。小崔不仅年龄小,专业课成绩好,而且工作能力很强。在锦添看来就是一个"神话"、让他"很佩服"。提到小崔学长,锦添抑制不住赞美与欣赏,他在访谈中这样描述该学长:

> 他很厉害,年级第一,对。他很厉害。而且他很神奇,现在大二了,但他是2002年出生,他比我还小1岁。这个学生很厉害,他是一个神话。而且他学习很认真。就比如说大早上的时候我去阿语楼,他有时候一个人坐在班里拿个电脑在敲东西,或者自己在写。他挺有目标的。我觉得这学长真的很厉害,而且他工作能力很出色,他是团学联的哪个部的部长,反正他工作能力很出色。而且我们现在用的整个大一用的思修、计算机,包括阿概,像您刚说历史文化那门课等的资料都是他亲手整理的,提纲和要点都是出自他一个人之手。他真的很厉害,我昨天看的提纲也是他整理的。他真的是每次考完,马上回宿舍,我们考完第一件事是回去玩。他每考完一门课,回去先靠记忆列提纲给我们。所以这个学长就很厉害,我很佩服他,所以我就是这方面,我问他问得比较多一点。他也激励我努力学习。
>
> (访谈—锦添—Ⅳ—20190619)

在班级①里,锦添会与"班长及学习成绩靠前"的同学进行交流,尤其与小冯和小权同学的交流比较多。他们会就课上老师讲解的内容如语法知识及语义理解、作业内容等进行交流。与小冯因为"我跟他关系更好,所以我就会不那么怕打扰,问他会问得更琐碎更详细一点,有什么小问题我都会去问他"(访谈—锦添—Ⅳ—20190619)。然而,由于同桌是一个"厉害的女同学",锦添抗拒与其交流。在访谈中锦添指出"问她总有一种我自己被……也不是被嘲笑,反正不太

---

① 这里指锦添所在专业的自然班级。

痛快"。可见,学习成绩、关系亲疏、情感体验等因素会对个人的实践网络发展产生一定的影响,决定了个体在该方面的投入程度。例如,锦添因感觉女同桌"太厉害",而与其"就很少联系,也就是物理距离比较近一些而已"。这与锦添的交友原则,即与"成绩靠前"的同学交往相矛盾。因此,也反映出了锦添对性别的认识尚存在"男性应该优于女性"的观点,否则就"不痛快"。也许锦添也会因此而错失了向"优秀"学习的机会,一定程度上对其学术素养社会化来说可能会是一种损失。

锦添与国际友人的交往,尤其是学习阿语的好友小郑与学习俄语的好友小金的交流[①]不仅让他认识到学习环境的重要性,也对 S 课程的内容有了进一步的理解。

> 他（小郑）是小学 1 年级到 4 年级在大连进行了学习。他回韩国的时候不会说韩语。对,然后他回韩国以后,他爸爸妈妈给他请了家教全陪,就是在家先辅导的韩语。再后来,他到中国的八年前,他就在韩国用韩语,但他中文完全没有退化,因为小学黄金时期在学习中文。嗯,我瞬间想到这是不正好也印证咱们上课讲的孩子学习语言的关键期,对吧？他中文学得特别好,和我们一样的水平了。……然后金同学和郑同学这两个朋友,让我意识到语言环境是有多么的重要,会影响语言学习。
>
> （访谈—锦添—Ⅳ—20190619）

而与小郑同学关于语言环境的交流也让锦添明白了真实语言环境的重要性。为此,锦添更加坚定了去阿拉伯国家进行学习体验的决心。

> 他（小郑）跟我说其实从汉语学习来看的话,他觉得语言学

---

① 锦添是通过他人介绍结识了这些国际友人。

习获得最多东西的不是在课堂上，也不是私下里与同学们交流。他觉得他在与语言学习能力增长最强的时候，就是他在武汉的酒吧里、餐厅里跟别人聊天，他觉得这是他中文能力增长最快的时候。所以这个就让我明白要融入生活，对融入社会。……我觉得语言一定要有环境。大三有出国的项目，如果我大二没进外交部的话，或者是没有拿到公派的话。那么我一定要自费去阿拉伯那边待上一年。我觉得语言环境是很重要的。既然我们在F大学有这个机会，一定要出去走走，学习的。

（访谈—锦添—Ⅳ—20190619）

与山野同学的交流让锦添不仅了解到了日本的文化，更对其学习态度有了一定的影响。锦添认识到了整理能力的重要性，对他们的学习能力及学习态度深表钦佩。在访谈中锦添这样描述山野同学：

山野同学有好几个本子，上面都密密麻麻，记满了自己整理词汇。然后中文教材上也是记了很多笔记，有中文有日文。确实很认真，让我看到了自我整理能力的重要性。我觉得他作为一个外国人学中文，让我们这些学其他语言的学生挺受触动。山野同学真的很认真。所以他们的学习能力，学习态度确实是让我钦佩的。

（访谈—锦添—Ⅳ—20190619）

不论锦添如何与室友、社团朋友、同学、学长、国际友人交往，在他心中与家人的联系仍是第一位的。在访谈中，他最后才聊到重要的家人，而且将家人置于其个人实践网络中最上面的核心位置。他和家人聊的都是轻松的话题，当聊过一次学业压力后，妈妈的关爱与担心让他意识到了应该报喜不报忧，说明了锦添能够体恤理解家人的担心，更能为父母着想，是情感上成熟的表现。他在访谈中提到这一点还仍有些激动："……真的，我第一次听见我妈跟我说这样的话'别让他老学了',因为之前我妈都是嫌我不学。真的第一次。但我瞬间就受触动了,我说我以后不能让我妈就觉得我在这多苦多累,所以我就不太喜欢和他们聊压力什么的。"(访谈—锦添—Ⅳ—20190619)此外,因姨妈现居于F大学所在城市,锦添有空就会去姨妈家放松,这让锦添享受到了家的温暖及亲人的关爱。他们也会就目前语言学习进行探讨交流。

有趣的是,锦添认为洳灏是比较密切的朋友,而洳灏在个人实践网络中,并没有提到锦添。可见,关系有时也不是"相互的"。锦添因为总请教洳灏日语方面的问题,所以觉得洳灏是重要的朋友,对他理解日语很有帮助。然而,由于洳灏的性格以及他的处事方式,他并不认为在学术素养方面锦添对他有帮助。因此,没有将锦添纳入他的个人实践网络。这也正说明了本研究从以个人为核心的个人实践网络出发,能真正探索出对个人产生影响的重要他人。

2. 浚源

与其他几位参与者不同,浚源在开学前就参与了"歆苗计划"。①因此,在开学初期浚源的个人实践网络包括家人、朋友、室友、同学以及"歆苗计划"成员(见图6.4上半部分)。

参与"歆苗计划"使得浚源在一定程度上提前接触了大学生活,结识了一些"优秀"的同学。浚源指出参与"歆苗计划"扩展了他的社交圈子。

> 通过这次计划("歆苗计划")认识了很多同学,基本上因为我们是刚开学之前就认识了,会有一种亲切感,大家一起的时候就感觉会更开心一点更熟一点。而且现在基本上是我的一个重要的社交圈子,就是来源于"歆苗计划"。
>
> (访谈—浚源—Ⅳ—20190621)

---

① "歆苗计划"是以培养综合素质高、组织领导能力强、实践能力强、思维与视野开阔的高层次复合型人才为目标,以课堂学习和工作实践为主要内容的综合培养计划。"歆苗计划"涉及小组合作、专题讲座、成果汇报等多种形式。

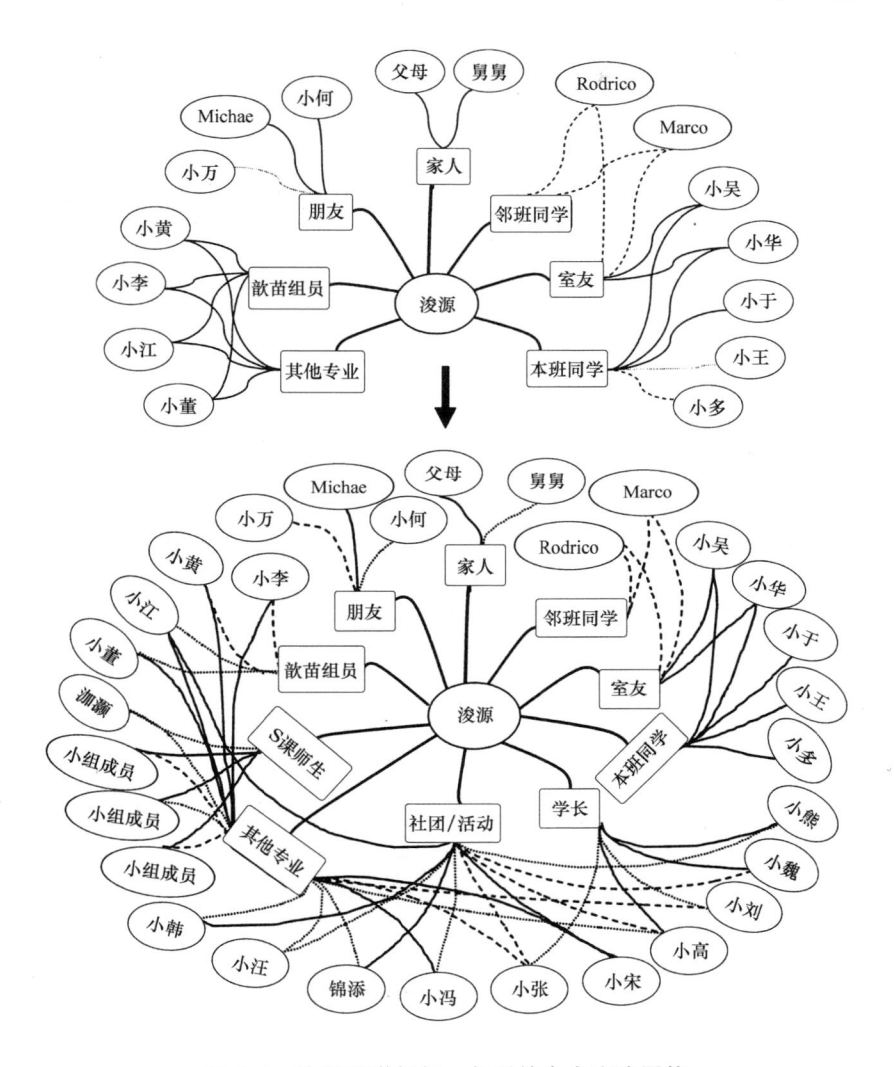

第六章 外语专业本科新生学术素养社会化影响因素 203

图 6.4 浚源开学初与一年后的个人实践网络

但是，浚源在"歆苗计划"活动中的体验并不愉快，他"感觉过得很痛苦，很压抑"。浚源认为这是因为自己缺少参与类似活动的经历，缺乏一定的社交能力。因此，他把参与"歆苗计划"视为转变这一局面的机会。在访谈中他这样描述：

以前没有过这种经历的。因为之前的生活模式基本上就是学习，没有别的。"歆苗计划"是我的一个转变的开始。之前我和别人的交流比较少，然后自己的社交能力也很有限。所以很多这种和以前不一样的事情我做得不好。有的时候也会很受打击，尤其是刚来的那两个星期。第一个星期的时候，我觉得过得好漫长，一天一天过。因为每天都有新的活动，然后都有新的任务，而且要接触各种各样的人，就会感觉很不习惯，所以说就会感觉过得很痛苦，很压抑，每天在各种打击中度过。

（访谈—浚源—Ⅳ—20190621）

然而，浚源并没有被这样的打击所击垮，相反他通过认真反思，认识到了自己尚存在的不足，如没有调动组员的积极性。此外，他对小组长这一职责有了更深入的体会，认为小组长也好，队长也罢，其职责应该是"调和剂"，并让"每个人的价值都发挥出来"。他在访谈中这样剖析：

其实当时（我们）是没有真正意义上的合作，（我）没有真正地调动大家一起参与进来。还有就是其实也是对领导人物的领导作用存在一种理解上的错误，理解尚不充分。不是让你当一个队长或一个组长，就把各种事情都给大家安排好，然后大家跟着你做就行，不是这样。你的作用可能更多的是一个调和剂的作用，让每个人的价值都发挥出来，让他们能觉得跟在你身边，然后他们能有所成长，然后能获得一些有价值的东西，这样他们才是你的"人"。还有就是我当时组内的也处理得不是太好，虽然说没有太大矛盾，但是没有做到让大家在当时两个星期之内能很快地相互熟悉起来。因为当时刚入学的时候，我也是比较内敛，当时还是比较内敛的性格。

（访谈—浚源—Ⅳ—20190621）

第六章　外语专业本科新生学术素养社会化影响因素

通过"歆苗计划",浚源不仅结识了优秀的伙伴,更认识到了自己的不足,为今后的发展指明了方向。他在访谈中告诉研究者:

> 这让我自己认识到,在刚开学的时候就认识到,其实自己的不足之处还是有很多。不单单是说考上大学就完事了,其实还有很多要发展的空间,所以说这也算是影响我后来在社交活动这方面参与比较多的因素之一。因为通过这次经历我知道在这方面确实还有很多需要提高的地方。
>
> (访谈—浚源—Ⅳ—20190621)

基于这一认识,随着时间的推移,浚源与"歆苗计划"的组员在其他方面(如专业语言学习)的交流进一步加强,同时也结识了其他朋友。从图6.4可以看出,一年后,浚源的个人实践网络有了裂变式的发展。群组增加到了10个,节点增加到了30个,而且以多联接为主。浚源的个人实践网络也因此显示出一定的复杂度,而且联接的强弱(图中联接线段的虚实)也相应地发生了变化。最明显的是与朋友这一群组的联系随着新的大学生活的展开慢慢变弱,唯有与Michael的联系强弱没有变化。这是因为"其实这个人比较有想法,他对自己将来的规划都有很清楚的方向,很有想法。所以我觉得他这个人对我吸引力比较大,所以后来就我们俩的关系就可以说是最好的"(访谈—浚源—Ⅳ—20190621)。此外,Michael在上海一所大学学习德语专业,因此有语言学习方面的共同话题可以探讨。

与家人的交流除了日常学习生活外,也探讨职业规划的问题。浚源对之前向外交方面发展的想法产生怀疑,开始有些犹豫。他认为自己的热情不足了,可能需要调整。可以看到浚源对此有一些焦虑,他很"想尽快重新确定下来"。

> 浚源:这段时间经常和我爸聊将来职业规划的问题,因为我现在在考虑这个事情。对,因为之前是一直想着是往外交方面发

展，但是过了这两个学期之后，其实开始有一点犹豫了。

研究者：为什么犹豫了？

浚源：就是感觉自己会不会不完全适合这个职业，而且经过这么长时间后，就是自己也有想过，其实发现自己对这方面的热情不是那么大了，所以就会有点犹豫。最近这段也在看一些东西，还有职业规划这方面的东西，就是想尽早把自己将来发展方向重新确定下来，然后跟我爸经常聊些这些内容。

（访谈—浚源—Ⅳ—20190621）

然而，在与"对自己人生规划很清晰的"学长小刘的交流过程中，浚源认识到规划的变化是正常的，明确规划也是需要时间的。因为，学长也有类似的经历："也是到后来才慢慢发现自己其实对这方面不是特别喜欢，然后才换了方向。所以对我也是一种启发，我也就不那么焦虑了。"可见，这一类似经历的交流不仅帮助浚源解答了疑虑，也缓解了他的焦虑。这种安慰对浚源来说是其个人实践网络的一种情感回报。

与其他几位参与者所不同的是，浚源是唯一一位将职业规划视为大学生活中一项重要任务的同学。因此，职业规划是连接浚源与他人的重要话题，尤其是在与其他专业及社团成员交流的过程中，除相关语言学习话题外，职业话题是浚源与他人交流"不变的主题"。而与小高学长的交谈更是让浚源认识到了规划的重要性，他认为方向的选择比努力更重要。他在访谈中告诉研究者：

和他（小高）交流我感触最深的是不论你再怎么优秀，能力再强，一旦你对自己将来的规划，或者对自己的生活节奏没有属于自己的把控的话，不论你再优秀，你再与众不同，到最后还是被染缸染成一样的色儿。一个人对方向的选择永远比努力要更重要。

（访谈—浚源—Ⅳ—20190621）

为此，浚源不认可"大一的时候不要多想，把专业课学好就可以"这一观点。他指出："虽然现在也只是大一，但是挺紧迫，虽然好多老师都在劝我们，几乎都是在说你先把自己学习搞好，然后说才大一想那么多干什么。但是，我觉得不是这样，就是你如果真的规划好的话，可以用这些时间去发展。"所以经过一年的时间，浚源对自己的未来有一些想法，他"现在就比较想做自媒体方面，就是想自己尝试，然后现在也就是在规划着开始着手去尝试一些"（访谈—浚源—Ⅳ—20190621）。

在语言学习方面，浚源会与朋友们探讨学习方法，并尽量去了解其他语言的特点，也会向学习好的同学请教。例如经过与本班同学小王的探讨，浚源认识到语言学习与理科学习的不同，认识到语言学习过程中细节的重要性，要功夫到位。他在访谈上指出：

  语言其实还是就是揉来揉去的一个过程，不是像学理科就是一头扎进去，然后能很快地把整个体系过一遍。其实学语言是很细节的一个东西，还是平时的那个精力要下到位，然后很重要的一点可能就是记忆的方法，背诵的方法。然后她（小王）推荐我们去看一些讲记忆法的书。

（访谈—浚源—Ⅳ—20190621）

浚源在与其他专业同学的交流过程中，认识到语言学习需要时间与深度的积累。他认为只有深入学习之后才真正体验到语言的魅力与文化的特点，否则只是表层的理解，兴趣点也很难被激发。他在访谈中就提到了自己的这一看法，他这样叙述：

  刚开始的时候，很少有人是真正意义上喜欢这门语言才来学，说实在话，你说你问他为什么来学一门语言，其实就是就业方向，将来出路好，这个真的就是大实话。但是很多人其实学到后边，你深入地学习它之后你才会发现语言的魅力，或者说是特点或者说让你感兴趣的点在哪里。因为你刚开始对它的了解只停留在表层，你不一定对它深层的一些东西有太大的兴趣或理解什么的。

（访谈—浚源—Ⅳ—20190621）

浚源认为与他人在语言学习方面的交流一方面满足了自己的表达欲，进一步深入理解了已有知识；另一方面也帮助自己发现不足，进而深入了解未知内容。浚源因此获得了交流所带来的情感与学术回报。

3. 展颜

与上述两位参与者类似，展颜的个人实践网络也发生了较大变化。虽然在群组数量上只增加了两个，但是节点数由 13 个增加到了 27 个。经过一年的投入，展颜的个人实践网络除在数量上的增加与复杂度上的变化外，联系的强弱也有所变化，最终呈现出花篮状（如图 6.5 所示），喻义为美好的发展。

然而在开学初期，展颜觉得并不顺利，一方面因为自己被调剂而学习不喜欢的阿拉伯语；另一方面，她不够独立，对大学期间需要独立生活不能很好地适应。这主要源于家长替她"包办"所有，让她觉得自己的事情就只是学习。这对其之后的独立生活会产生负面影响，带来本可以避免的焦虑。展颜因此觉得压力比较大、很焦虑。她说：

之前是我妈帮我把所有事都包办了。我到大学后要负责自己，负责买东西。然后会觉得突然多出来好多事情。本来我只要负责学习这一块，觉得很多事情都没有完成。我就比较会烦躁，比较焦虑。

（访谈—展颜—Ⅳ—20190619）

但是，通过与妈妈的交流，展颜得到了妈妈的情感与物质支持。

此外，由于家庭原因，展颜更愿意与她年龄相仿的堂姐交流大学生活中的困惑与压力。展颜的个人实践网络中家人这一群组带给她的主要是情感方面的回报。

在开学初，展颜更倾向于与高中的老师和朋友交流，这使她的压力得到了有效缓解。展颜在压力大的时候会与谢老师交流，得到了老师的鼓励，也让她认识到大一迷茫属于正常现象。对此，展颜充满感激。因此与朋友与高中老师的交流获得了较多情感回报，使她更有"安全感"。

> 我跟她（谢老师）讲我压力特别大，我不知道大一进来应该干什么，没有目标。然后他跟我说，他举了他很多之前他的学生的例子，比如说那种北大清华的，大学就很咸鱼，后来就变成全国保研第一的那种。然后他就一直在鼓励我，跟我说不要有压力，大一这种情况是很正常的。所以我特别感谢我的老师，她是非常给人安全感的一个老师，不管有什么事情都能跟她讲。
>
> （访谈—展颜—Ⅳ—20190619）

开学初，展颜很少与本班同学交流。她在访谈时指出她给大家留下了"冷漠"的印象。她与同学交流较少一方面是由她开学时"不屑"的心态导致的：

> 我一开始跟大家都不是很熟，而且我不知道为什么，我现在想想有点搞笑，我大学一开始想抱着大家都不要太熟的那种心态。然后大家现在对我的印象就是我大学一开始很冷漠。然后包括那种我没有跟学长学姐的那种破冰的聚会，然后我就是特别的不屑一顾的感觉。然后现在觉得有点可笑，然后一开始跟同学都不是特别熟。我不知道为什么我那个时候就觉得进大学保持自我，就要做一个酷一点的自己，所以我就跟大家都没什么交流。
>
> （访谈—展颜—Ⅳ—20190619）

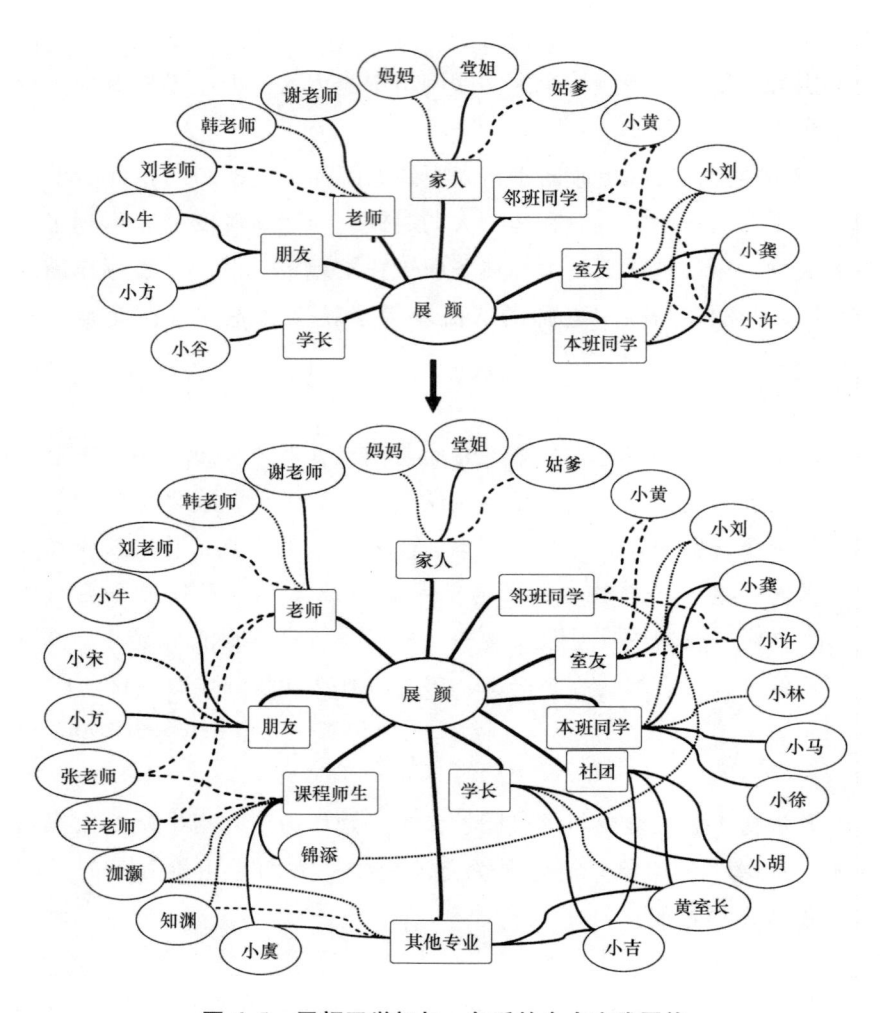

图 6.5　展颜开学初与一年后的个人实践网络

另一方面这也与她接触的一位谷学长有关,因为当时无条件信任学长,展颜"以她(小谷)那种为人处世①为模板,然后发现跟别人相处下来不太对。我想我大一可能是因为这个学长的原因,让我觉得

---

① 展颜指的是"为人处世很假,就是那种官僚主义,有很多人觉得她很有问题"(访谈—展颜—Ⅳ—20190619)。

我大一有点被毁掉的那种感觉"。因此，慢慢地展颜开始疏远该学长。这也是展颜个人实践网络的变化与其他参与者的不同之处。其他的参与者都是在节点数量及复杂度上的增加，而展颜则有删除的节点。这也体现了个人实践网络整体发展态势下的个体差异。

通过主动与师生交流，一年后展颜与大学老师及同学可以更融洽、更自然地交流。她告诉研究者："我现在就跟大家关系相处得就很轻松、很自然。"通过交流，展颜在不同方面都得到了改变与提高。例如，展颜认为特别"有趣、有魅力"的韩老师，对展颜的学业及大学生活产生了重要的影响，使得她对阿拉伯语产生兴趣。而韩老师的经历，如"高中自学的俄语，然后大学挑战阿拉伯语，现在他自己在读阿语博士同时，也在读我们学校的三外乌兹别克语"也激发了展颜去尝试学习不同语言的想法。此外，与大学同学的交流让展颜转变了"冷漠"的态度，变得"由于敬佩他们（同学）能专心学习阿语，而积极与他们交流"，也让展颜认识到"阿拉伯语就是需要花时间去学，只要花了时间，就一定会有收获"。此外，与小马同学关于具体学习方法的交流也更好地帮助展颜找到了自己的学习方法，明白了复习的重要性。展颜在访谈中告诉研究者：

> 她（小马）就是属于那种特别聪明，效率特别高的。然后我学期开始的时候还问她，她就跟我说，你在晚上就应该想好第二天要干什么，要分出几个时间段。她会分得特别具体，去哪里学习，学哪些内容。然后跟我说最重要的是要复习，而不是做下一课的内容。我觉得这一点还对我挺有影响，就是（让）我重视先打好我自己的基础，这一点我觉得很有帮助。
>
> （访谈—展颜—Ⅳ—20190619）

而通过参加社团成员交流，展颜不仅展示了自己的专业能力，还感受到了被认可的幸福。因此她在与社团成员交流文献"更有动力、更觉自在"。这也极大地增强了展颜的自我效能感,是其个人实践网络情感回报的体现。展颜对个人实践网络的投入同样收获了情感与学术回报。

> 我会跟他们聊得比较多,然后我会比较有想法。他们会觉得可能我是一个比较值得工作室留下来的人。(我)就挺受鼓舞的,包括感觉是"为爱发电",写到哪怕凌晨两点,也是非常有动力。写脚本的话也是我比较感兴趣,所以觉得没什么压力。
>
> (访谈—展颜—Ⅳ—20190619)

二 能动性

从以上对参与者个人实践网络的描述可以发现,个人实践网络的变化与发展实则是参与者发挥能动性的结果。关于能动性的作用,Duff 和 Doherty 指出:"(第二)语言社会化通过学习者能动性实现,而(第二)语言社会化同时也促发学习者的能动性。"[①] 可见在社会化过程中,能动性与社会化过程是交互影响的关系。正如前文所述,能动性是做出选择进而行动的能力。[②] 研究中的参与者在能动性方面均能主动出击、灵活适应,进而促成学术素养社会化。

能动性在个人实践网络的变化方面的重要作用主要体现在个人决定与谁联接、如何联接。本研究中,参与者对与谁联接都有明确的意向。例如,泇灏愿意与"认真"的人交往,在访谈中他多次提到了他为什么会选择与一些人深入交流,如:

> 泇灏:徐同学就是成绩很好,然后挺认真的一个人……

[①] Patricia Duff and Liam Doherty, "Examining Agency in Second Language Socialization Research", in P. Deter, A. Gao, E. R. Miller & G. Vitanova eds., *Theorizing and Analyzing Agency in Second Language Learning*, UK: Multilingual Matters, 2015, p. 66.

[②] Laura M. Ahearn, "Language and Agency", *Annual Review of Anthropology*, Vol. 30, 2001, pp. 109 – 137.

>   泇灏：他（小于）也是一个挺认真的人……
>   ……
>   泇灏：影响最大的应该是韩老师，因为他是一个很认真的老师……
>
> （访谈—泇灏—Ⅳ—20190710）

而这样的选择与其个人的性格有关，在课堂观察过程中，研究者发现泇灏做事、学习都很认真。他是 S 课程的班长，认真配合辛老师完成相关工作；在小组合作中，他是小组长，积极组织成员开展活动。在课堂观察笔记中研究者做了以下记录："泇灏做事真是认真。老师安排的任务总是完成得很好。点评也是一丝不苟的，总会提到同学们'很认真'。"（课堂观察—8—20181113）。

锦添和浚源都愿意与"厉害的、优秀的"人交往。锦添更是坦言"在 F 大学，我周围的人都很优秀，都是我学习的榜样"。浚源为了弥补高中时期只学习的遗憾，努力结识不同的人，扩展自己的个人实践网络。展颜则愿意选择与"有趣"的人交往，也会无条件地信任他人。但这让她吃了些苦头，即当她在开学初无条件信任一位学长，并以学长的为人处世方式为模板①，却发现自己的"大一有种被毁的感觉"（访谈—展颜—Ⅳ—20190619），于是决定疏远此人。

在如何联接方面，参与者也都有不同的方式。有的参与者持中立态度，即有条件就主动联系，正如泇灏"遇到具体事了，就聊聊"，又如知渊的"不会刻意"与他人交流。因此，他们的个人实践网络呈现平稳式发展，体现了一种"随遇而安"的为人态度。然而一旦遇到了，他们会在与他人交流的过程中积极思考，进一步加深对交流内容的理解。例如，知渊与同学小李组队复习学习内容，总结问题，进一步提升，正如她在访谈中提到的"这次期末考口语前，我们是组队把我们德语学的 12 单元的话题都过了一遍，互相问跟这些话题相

---

① 可参见上文展颜个人实践网络部分。

关的问题，然后总结对方的错误，还有在口试中可以提升的点"（访谈—知渊—Ⅳ—20190614）。

有的参与者是积极为之，如锦添与浚源。他们积极加入多个社团，不断扩展自己的实践网络。例如，锦添加入主持人协会及讲演队等社团，又积极与社团朋友了解不同语言的知识。在决定尝试转专业时，锦添会经常与社团中相关专业的朋友探讨相关知识。而通过这一实践网络，锦添也找到了自己的奋斗目标，并坦言要成为"他（小刘）那样的人，真的是我梦想成为的人，真的太厉害了"（访谈—锦添—Ⅳ—20190619）。浚源则是在参加"歆苗计划"时体验了压抑痛苦后，认真总结经验，不仅结识了优秀的伙伴，也认识到自己的不足，为今后的发展指明了方向。他在访谈中明确指出：

（跟别人交流）满足了我的一种表达欲，就是自己知道的一些东西，然后把这些东西讲述给别人之后，一方面是自己对知道的东西印象更深刻一点，然后理解更深。另一方面，他们有时候问我问题说我不知道，然后这个时候就会给我一个提示说原来这方面我还没有了解到，既然你学了这个专业，就应该去了解更透彻一点，就会提醒我更多地去了解。

（访谈—浚源—Ⅳ—20190621）

也有先被动后主动的，如展颜。她在进入大学后经历了一段迷茫期，但之后她主动与他人沟通。通过主动与同学及老师交流，展颜慢慢认识到大一迷茫的"正常"。展颜在访谈中提到"上学期我可能不是很适应大学状态。最近的话，上学期也不是特别努力，而且最近就是有经常在跟老师沟通，感觉有了学习的劲头"（访谈—展颜—Ⅲ—20190301）。这使得展颜开始逐渐适应了大学生活，在一年后可以"很自如、轻松"地跟大家交流，也让她更有信心与他人交流。这些事例一方面说明了能动性对个人实践网络的作用；另一方面也说明了个人实践网络也可以激发新的能动性。

此外，数据分析结果显示本研究参与者的能动性在其学术素养社会化过程中的重要中介作用还体现在专业与课程的选择、中介资源的利用、应对困难与问题以及抵制产生不良体验事件的发生等方面。

第一，在专业与课程的选择方面，参与者均能根据多方因素考虑做出选择，但受客观环境的影响，体现出主动选择与被动选择的差异。例如，洳灏基于个人兴趣、高考成绩以及高校信息等因素最终选择日语专业。然而，日语专业并非其最理想的专业，洳灏的理想专业是经济学。为此，他感觉有些"落差"（访谈—洳灏—Ⅰ—20181026），遂将大学第一年的重心完全放到了专业学习上，很少参与社团活动，以"证明我也不差"。这里洳灏不论是选择日语专业，还是选择少参与社团活动都是其主动选择的结果。浚源、知渊和锦添都与洳灏一样，在综合考虑多方因素后，做出了主动的选择。唯有展颜属于"被选择"，她是被调剂到阿拉伯语专业的。

而在课程选择方面，也同样体现了主动选择与被动选择的差异。例如，知渊与浚源就是在选择新生研讨课时，对 S 课程及授课教师有一定的了解，也接受了学长的推荐进而进行的主动选择。在其他课程方面他们也基本能做到根据兴趣进行主动选择。然而展颜、锦添和洳灏在 S 课程选择上属于被动选择，且都受选课系统的影响，不得已进行的选择。例如，洳灏选择 S 课是因为没有选到理想的课，洳灏"怕又被选掉，就没得上了"（访谈—洳灏—Ⅱ—20181214），不得已而进行的选择。

由此可见，无论是主动选择，还是被动接受，在"选择"的过程中，客观的环境因素，如高考成绩不够理想的现实、高校情况、学习情境等是最终决定其专业选择、社团活动参与或者课程选修等行为的重要环境因素。换言之，能动性的发挥受社会环境的制约，而每一次的"选择"决定了接下来一系列不同的经历与过程，是其日后大学生活的"转折点"，也即能动性与社会环境是相互影响的关系。

第二，在中介资源的利用方面，参与者大都表现出了较强的能动性，均能积极主动地去使用或探索可资利用的各种中介资源。参与者积极选修各种课程，利用学校、学院及教师提供的各种资源进行学习，主动与师生沟通等都是其能动性的具体体现。以 S 课的教学大纲这一中介资源的使用为例，参与者表示在上课之前已经认真研读课程的教学大纲。阅读教学大纲不仅帮助参与者了解课程、了解教学目标，同时也帮助他们提前做好心理准备。例如，知渊表示"看完（大纲）我就会心里有数了，就会做好心理准备，知道该怎么做了"（访谈—知渊—Ⅱ—20181214）。正是参与者的能动性，即使用教学大纲去了解教学内容与作业并指导其准备口头汇报才使得教学大纲成为重要中介工具，并指导其下一步的学习，即采取具体的行动。此外，参与者积极主动参与 S 课堂的学术实践活动（学术阅读与写作、口头汇报、小组合作）过程中，为实现一定的目标，合理地使用如文献资料、师生的示范、多媒体等多种中介资源，都是其能动性发挥的体现。

第三，在应对困难与问题方面，参与者均能不断地尝试找到恰当的方法。例如，在 S 课上学术阅读中参与者经历"挫败感""看不懂"时，他都能积极摸索解决办法，最终找到学术阅读的"规律"。例如，迦灏发现"挑重点看后就还好"（访谈—迦灏—Ⅱ—20181214）。而浚源看不懂材料时会"借助翻译软件，但发现有的时候看翻译也不行，就会在老师上课讲的时候更加认真地听"（访谈—浚源—Ⅱ—20181215）。这很好地反映了参与者具有一定的能动性。他们能将课内教师的示范"搬来"用到课下的学术文章的阅读中，也能主动去摸索提高学术阅读效率的方法，其学术素养社会化在如何进行学术阅读方面向前迈了一大步。在口头汇报活动中，参与者也能针对现存问题进行及时调整。研究者在观察笔记中做了这样记录：

【Memo：同学们的 pre 进步真是大，上一次的问题都有明显的改变，时间的控制、表情、内容的展示、形式各方面都有进步。这就是这些学生与众不同之处吧？接收能力很强，指出来能很快地进行改正提高，这是其能动性的体现。用心才能有好的效果，这些都是用心的孩子，认真对待学习的孩子，而且能 learn from peers，这一点很重要，期待他们后面的更精彩的表现。】

（课堂观察笔记—5—20181023）

此外，针对时间紧的问题，浚源与展颜都表示会使用手机软件或手账来帮助自己规划安排时间。浚源在访谈中告诉研究者："在这（手机）上面下了专门的软件去安排时间，因为平常事情多。"（访谈—浚源—Ⅱ—20181215）

在专业学习方面遇到困难与问题时，参与者也都努力找到解决方案。例如，泇灏会努力创造语言使用环境以更好地练习日语。他说："就是会有意识地尽量创造一些使用日语的环境。比如说在宿舍里面，简单地用一些日语。就是跟别人说话的时候，用一些简单的表达。"（访谈—泇灏—Ⅱ—20181214）而针对日语听力的问题，泇灏通过观看网络直播或日媒报道进行练习提高。泇灏倾向于利用网络资源，他认为"通过网络大部分问题都能解决"（访谈—泇灏—Ⅳ—20190710）。针对阅读问题，"我以前是以为日语水平不够的话，你可能读不了什么东西。但是发现可以有儿歌或者诗歌或者绘本什么可以读。会去选择性地阅读一些相关的东西，以提升自己的专业阅读水平吧"（访谈—泇灏—Ⅲ—20190303）。

展颜会选择看专业相关的电影，以促进对该语言及文化的进一步理解。展颜看了阿拉伯电影《何以为家》，对她产生了较大的影响。展颜强调"我去电影院看了三遍，对。这个（《何以为家》）电影我是看了看三遍"。看了《何以为家》这部电影三遍，不仅坚定了她学习阿语的信念，更让她对自己未来职业充满期待。她说："我看的那部阿拉伯语电影（《何以为家》），然后我觉得有点方向，我就觉得做志愿者还一个是很有意义，一个就是比较特别的事情。"（访谈—展颜—Ⅳ—20190619）

第四，在抵制不佳体验的事件方面，参与者也采取了一定的行动，发挥了其能动性，进而避免或减少了负面影响或不佳体验。例如，洇灏在口头汇报时由于过度使用肢体语言，遭到师生点评时的"打击"后，开始控制自己在口头汇报时肢体的过度使用。他说："然后说了几次后，被打击到了以后就乖了，就不大动了，该拖也就拖一下，都不是这样子（向研究者展示动作）抽一下了。"（访谈—洇灏—Ⅱ—20181214）此外，在提到用所学专业语言进行阅读时，洇灏觉得自己看不懂，所以不去尝试。可见，能动性的发挥还取决于个体的认知。但洇灏同时会利用"这个时间做别的事情"，也即洇灏会将"不去尝试"的行为转移为"做别的事情"的行为，也即能动性的转移。洇灏这样告诉研究者：

洇灏：我现在还不敢去看原版的小说，所以这个方面（停顿）……

研究者：你尝试过吗？

洇灏：我没有特别尝试过。因为我觉得肯定不行，所以没有去试，感觉这个时间可以做别的事情。

（访谈—洇灏—Ⅳ—20190710）

锦添在专业学习遇到问题时，不会与同桌过多交流，因为请教同桌让锦添感觉很不痛快、很有压力。为了回避这样的不佳体验，锦添有问题时也会选择"不去问"。锦添在访谈中这样描述：

但是我的同桌是个女生，很厉害。她是我们这一届年级第一，是个女孩子，就是也挺文静吧。但是有什么问题我不会去问她。我曾经有上课的时候问过她，但总有一种我自己被嘲笑的感觉，反正不太痛快。我可能不会太去问她。就很少联系，也就是物理距离比较近一些。她实在是给我压迫力太大了。

（访谈—锦添—Ⅳ—20190619）

总之，在参与者实现学术素养社会化之旅中，在不同的情境下他能适时地进行"选择"，采取"行动"，发挥其能动性。不同情境激发了他不同的"选择与行动"，而不同的"选择与行动"又引发了不一样的经历与过程。因此，研究认为学术素养社会化的实现既是能动性发挥的结果，又同时会激发出新的能动性。也即能动性既是学术素养社会化的结果，同时也是学术素养社会化的影响因素。① 能动性贯穿学术素养社会化的整个过程。两者是相互影响、相互促进的关系。此外，参与者对个人实践网络的投入不仅获得了情感与学术回报，也进一步促使自己迈向更高的台阶，最终实现了学术素养社会化。参与者个人实践网络的投入是其能动性的表现，而实践网络的进一步扩展同时也激发了参与者新的能动性，这些都是其实现学术素养社会化过程中的重要影响因素。

第四节　小结

本章主要探讨外语专业本科新生学术素养社会化的影响因素，并从宏观、中观及微观三个层面进行了分析。

首先，本章从机构这一宏观层面论述了影响外语专业本科新生学术素养社会化的因素，主要包括国家相关的教育政策，如《高等学校外语类专业本科教学质量国家标准》及《高等学校英语专业本科教学指南》等外语类专业人才培养文件等背景。高校是这些政策的执行者、实践者，是对学生产生直接影响的重要机构。接着本章论述了 F 大学作为同学们实现社会化的主要场所，为他们所提供的种类资源以及这些资源对他们实现学术素养社会化的中介作用。

其次，本章从课堂这一中观层面，以 S 课程为例，探讨了课程为参与者学术素养社会化所提供的中介资源。并从课程资源，教师输入与同伴输入以及互动模式三个方面进行了说明。研究发现，S 课程为

---

① 在下一章学术素养社会化影响因素部分还将进一步讨论。

参与者提供的大量课程资源，如教学大纲，阅读材料包等有效地帮助参与者了解课程内容、体验学术阅读、掌握学术体裁、理解口头汇报等。教师与同伴的输入是参与者实现学术素养社会化最直接、最有效的方式。课堂的互动模式在一定程度上促进了参与者学术素养社会化的发展。

最后，本章从个人这一微观层面论述了个人实践网络及能动性对其学术素养社会化的影响。研究发现，参与者的个人实践网络呈现两种发展模式，即平稳式与裂变式发展，同时呈现出个体差异性。个人实践网络的分析可以更有效地揭示参与者的学术素养社会化过程及相关影响因素。个人实践网络的投入及其所带来的情感与学术回报。能动性在个人实践网络的投入，在专业与课程的选择、中介资源的利用、应对困难与问题以及抵制产生不良体验事件的发生等方面均发挥了重要的中介作用。能动性的发挥是参与者在学术素养社会化过程中重要的微观因素，是他们实现学术素养社会化的重要中介。

第七章　学术素养社会化再认识

> We live in a field that extends into a distant past and into a far future.
>
> —Asch, S. E., *Social Psychology*, 1952

前面两章对本研究的主要发现即外语专业本科新生学术素养社会化的主要过程和影响因素进行了呈现。基于这些发现，本章对外语专业本科新生学术素养社会化过程进一步整合与提炼，以期对外语专业本科新生学术素养社会化有更全面、更深入的系统理解，进而构建外语专业本科新生学术素养社会化模型。本章旨在说明外语专业本科新生的学术素养社会化是在特定的情境下，在多种中介资源的共同作用下，通过主体与环境的互动而实现的一个动态、复杂过程。

第一节　学术素养社会化之互动过程性

前面两章所呈现的外语专业本科新生在F大学的学术素养社会化过程、结果以及影响因素体现了学术素养社会化过程中参与者在特定时空维度情境下的交互过程。参与者的学术素养社会化具有过程性，在具体的时空情境下实现，体现在时间延续与空间延展两个方面。入学前，参与者都带着自己的独特经历开启了学术素养社会化之旅。在F大学S课内通过参与学术实践活动，他们经历了初期的挫败体验，通过深度参与体验了发现之旅。在 S 课外,他们体验了不同的专业课程、社会活动,经历了个人实践网络的不断变化与发展。而一年后,参与者将带着这一年的种种经历,重新出发。他们的这一学术素养社会化过程无不体现着时间与空间的交织,是时空向度共同作用的结果。时空交织所催生的具体情境为参与者实践学术素养社会化提供了最为直接的资源,并最终促成了其学术素养社会化的阶段性结果。正如吉登斯所言:"各种形式的社会行为不断地经由时空两个向度再生产出来……"① 学术素养实践是在一定的时空向度上得到有序安排的一种社会实践。

一 学术素养社会化的时间延续

"每个人的独特经历都将成为其后续适应过程的序幕。"② 马克思也曾指出:"人类创造历史……是在直接碰到的、既定的、从过去承继下来的条件下实现的。"③ 虽然马克思讲的是人类创造历史的问题,但当每个个体在创造属于自己的历史时,无不遵循着这一"规律"。

这里暂时将时间"拉回过去",来讨论参与者入学前的学习经历。研究发现参与者的过往学习经历是其当前学术素养社会化实践的重要影响因素。首先,参与者的过往学习经历为其当前学术素养社会化奠定了一定的基础。在知识维度,参与者在入学前已经积累了对语言知识及语言学习的基本认识;在技能维度,他们具备一定的语言技能,具备一定的阅读与写作技能,找到了各自的学习方法;在品性维度,养成了良好的阅读习惯,培养了积极的能动性。例如,本研究的参与者最早从幼儿期开始接触阅读,内容丰富多彩,包括儿童绘本、寓言

---

① [英]吉登斯:《社会的构成——结构化理论纲要》,李康、李猛译,中国人民大学出版社 2016 年版,第 9 页。
② Young Yun Kim, *Becoming Intercultural: An Integrative Theory of Communication and Cross-Cultural Adaptation*, Thousand Oaks, CA: Sage, 2001, p.165.
③ 此部分参考[英]吉登斯《社会的构成——结构化理论纲要》,李康、李猛译,中国人民大学出版社 2016 年版,第 9 页;《马克思恩格斯选集》第一卷,人民出版社 1995 年版,第 585 页。

故事、唐诗宋词,甚至还有原版英文图书等。进入小学阶段,他们阅读的内容有所扩展,难度也有所提升。从小学到高中的长期积累,使得他们具备了良好的读写能力,养成了良好的阅读习惯,积累了丰富的知识,具备了一定的思维能力。这些均是他们进入F大学后实践学术素养社会化的重要基础。除此之外,研究参与者中的知渊与锦添在大学前就积累了一定的学术素养。例如,知渊在高中时期参与模联,接触了学术阅读并实践了学术写作,因此,在进入新的场域——F大学的S课堂再经历学术阅读与写作任务时,她觉得"理解内容没什么问题"。同样,锦添在高中时期较丰富的主持经历帮助他即使在不清楚何为"pre"的情况下,仍能在S课的首次口头汇报中展示出"老将"风范。由此可见,过往经历为参与者当前学术素养实践提供了重要的基础,是当前学术素养社会化的重要中介工具之一。

其次,参与者在大学之前学术实践的缺乏是其当前学术素养社会化初体验不佳的重要影响因素。参与者对学术性较强的文献的阅读经历寥若晨星、英语阅读的深度与广度相对欠缺,加之写作实践是以应试为主的"模板式"写作,这些在一定程度上限制了他们学术素养社会化进程。除上文所述知渊与锦添有一定的学术实践经历外,其他研究参与者大学之前的学术实践均比较匮乏。这极大地影响了他们在F大学的学术素养实践体验。不论在学术阅读、口头汇报,还是学术写作与小组合作,抑或是专业学习与社会交际等方面,参与者均经历了不同程度的压力与挫折。例如,在学术阅读方面,较强的专业性以及独特的语言特点给新手带来一定的挑战。参与者因缺乏足够的体验,在初入F大学的S课堂面对学术阅读时,他们觉得学术阅读"有些枯燥乏味""难嚼""看得很吃力",体验到了一种挫败感。而知渊虽然在理解学术文献的内容方面没什么问题,但在阅读过程中仍觉得"费时、不能够集中精力"。又如在口头汇报方面,珈灏在第一次口头汇报时,由于"很没有经验",对口头汇报的理解不足,导致"屏幕像块磁铁把我的目光牢牢吸住,不敢移开去看观众,因为我也不知道要讲什么,以念PPT为主"。而在专业学习方面,有参与者表示由于所学语种与英语差别较大,发现英语的学习方式方法"失灵了"。例如,锦添就指出:"阿拉伯语真的就是一个很让人头疼的东西,它跟你知道的(语言)完全就不一样。不光是语法还是发音,那真的就是两个世界。"因此,锦添在专业学习初期体验不佳,产生了转专业的想法。在小组合作方面,同样由于缺少相应的体验,参与者充满了怀疑与担忧。

由此可见,过往的学习经历对学习者当前的学术素养实践会产生重要影响。一方面,它为学习者当前的学术素养实践奠定一定的基础,为他们学术素养社会化提供一定的给养,是他们学术素养社会化的重要中介;但另一方面,参与者过往经历的不足也会限制当前学术素养的社会化进程,进而产生不良的情绪体验。这一发现与 Spack 及 Altınmakas 和 Bayyurt 等的发现一致。Spack 发现其研究参与者 Yuko 的国内学习经历、文化背景一方面为他在美国的学习提供了较好的英语基础,但同时也限制了他在美国的专业学习。[1] 同样,Altınmakas 和 Bayyurt 也发现学习者的学术写作受到入学前教育经历的影响。他们指出土耳其的初等教育没能为学生提供充分的在大学期间可转移或利用的学术写作知识与技能,从而影响了其在大学期间的表现。[2] 此外,Bailey 和 Orellana 的研究也同样得出学习经验可以影响学习者的学术素养发展这一结论。[3]

现在,将时间"拉回到当下",来讨论参与者在 F 大学作为外语专业本科新生的学术素养实践情况。参与者在 F 大学的学术素养实践是其学术素养社会化的核心阶段,为其未来学术素养的社会化奠定重

---

[1] Ruth Spack, "The Acquisition of Academic Literacy in a Second Language: A Longitudinal Case Study", *Written Communication*, Vol. 14, 1997, pp. 3–62.

[2] Derya Altınmakas and Yasemin Bayyurt, "An Exploratory Study on Factors Influencing Undergraduate Students' Academic Writing Practices in Turkey", *Journal of English for Academic Purposes*, Vol. 37, 2019, pp. 88–103.

[3] Alison Bailey and Faulstich M. Orellana, "Adolescent Development and Everyday Language Practice: Implications for the Academic Literacy of Multilingual Learners", in D. Molle, E. Sato, T. Boals and C. A. Hedgspeth eds., *Multilingual Learners and Academic Literacies: Sociocultural Contexts of Literacy Development in Adolescents*, London: Routledge, 2015, pp. 53–74.

要的基础。本研究的参与者在 F 大学的学术实践经历了初期茫然中的摸索前行阶段、深度参与中的发现之旅阶段以及后期收获阶段的奇妙体验阶段。这一时间延续历程说明学术素养社会化是建立在过去经历的基础上并不断优化的一个动态发展过程。正如 Dewey 所述:"每一次经历都会从过去的经历中吸取一些东西,并在某种程度上使后来的经历更好。"①

本研究参与者的学术素养社会化过程较好地体现了学术素养实践的时间延续性。通过不断地深度参与,研究参与者从初期经历的学术阅读困难到发现学术阅读的规律;从开始对学术写作的"毫无概念",到发现学术写作的"本来面目";从初期对口头汇报的陌生到发现其"大有名堂";从开始对小组合作的担忧与怀疑到后来打消了疑虑,并发现小组合作可以"更融洽、高效"。所有变化都是参与者学术素养社会化在具体的学术素养实践中的不断复现,即所谓经验在时间②上的延续性。此外,时间延续性还体现在具体学术素养实践活动的序列性上。以 S 课为例,每一次的上课铃响表示一次系列活动的开始,下课铃响表示这一系列活动的结束。而课上每一个环节或具体活动的"始"与"终"都体现了一种序列性。③ 正是这种序列性使得各活动具有了某种常规特征,而这些特征同时也成为帮助或者限制具体活动的条件。例如,S 课上学术口头汇报的开场与结束以及时长控制等都使得学术口头汇报具有其固有特征。要掌握这些特征就需要参与者不断地参与体验,也即学习者的投入。④ 本研究参与者就是通过不断地参与体验口头汇报,进而认识到口头汇报的"大有名堂"。

当时间点来到一年后,即研究参与者的新生学习生活告一段落之际,他们的学术素养社会化也到达了该阶段的"终点"。在此"终

---

① John Deway, *Experience and Education*, New York, NY: Basic Books, 1938, p.35.
② 这里的时间是指现象学时间,是一切体验的普遍特性。参见王恒《时间性:自身与他者——从胡塞尔、海德格尔到列维纳斯》,凤凰出版传媒集团 2008 年版。
③ 同福柯所说的时间安排。参见[英]吉登斯《社会的构成——结构化理论纲要》,李康、李猛译,中国人民大学出版社 2016 年版,第 137—150 页。
④ 这里包括时间投入,即物理时间的投入。

点"时段,参与者在时间、精力、物质等多方面的投入所带来的个体变化表现为社会化的结果①,标志着该阶段学术素养社会化的实现。依据本研究对学术素养内涵的解读,参与者的学术素养社会化在知识维度、技能维度及品性维度硕果累累。例如,在知识维度,参与者对语言知识的理解加深,对学术知识与规范实现了零的突破以及对自我认知有了深入理解。在技能维度,通过不断反思,参与者了解了学术阅读与写作的具体方法及其相互关系,也实现了对学术口头汇报与点评的"知其所以然"。在品性维度,参与者培养了积极的情感态度,并能主动发挥能动性。这一"终点"时段即将成为下一个学术素养社会化阶段的起点,并以这样的方式不断循环。这与 Weidman 所提出的大学生社会化是一个反复、循环的过程的观点相一致。

总之,外语专业本科新生的学术素养社会化具有时间延续性,是在原有经历的基础上,不断反复实践的过程,实则是一个"体验流"②。图7.1呈现了学术素养社会化的时间延续性。横轴表示时间"流",纵轴代表学术素养社会化。矩形代表各种经历,"台阶"喻义为发展。时间流可以切分为不同的阶段,每一阶段的经历③都会受到上一阶段经历的影响,并用阴影来表示这种影响。正如上文所述,影响有直接的,也有间接的。④ 无论是直接的还是间接的影响都是对未来产生影响的重要因素。本研究强调当下学术实践阶段的核心地位,即在外语专业本科新生的整个学术素养社会化过程中,"当下"的新生阶段是其学术素养社会化的核心阶段,是面向未来的重要阶段。它

---

① John C. Weidman and Linda DeAngelo eds., *Socialization in Higher Education and the Early Career-Theory, Research and Application*, Switzerland: Springer, 2020.

② 参见[德]胡塞尔《纯粹现象学通论》,李幼蒸译,商务印书馆1995年版,第204页。

③ 这里的经历对应英语中的 experience。但也有使用经验一词的,如将杜威的 *Experience and Education* 译为《经验与教育》,本书中经历与经验通用。

④ 直接的影响是本书所关注的内容。由于间接的影响在当下不体现在外表上,甚至"无法言说",因此本书不作详述。但我们认可这种影响的存在,并认为也是一种时间延续的体现。可参见[美]杜威《我们怎样思维·经验与教育》,姜文闵译,人民教育出版社2005年版。

在空间维度处于前景位置。接下来将讨论学术素养社会化的空间延展性。

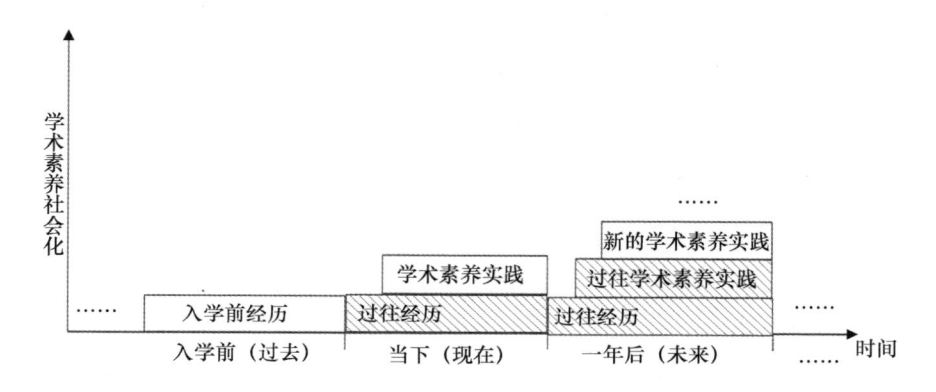

图 7.1 学术素养社会化与时间

二 学术素养社会化的空间延展

学术素养的社会化同其他一切社会行为一样，其发生离不开空间这一维度。换言之，学术素养社会化是在一定的空间下实现的。每个空间场所又因具体活动的不同可以分为不同的区域，即吉登斯所说的"区域化"①。这些具体活动的空间为参与者的学术素养社会化提供了互动的各种场景，是其实现学术素养社会化的重要中介资源。本研究中参与者的学术素养社会化空间从家庭延展到初等教育机构，再延展到 F 大学。

在进入 F 大学之前，参与者学术素养的初步培养主要是在家庭及初等教育机构中完成。首先，家庭为他们的学术素养发展提供了充足的经济支持及舒适的物理环境，是其学术素养社会化的重要环境资源。一方面，父母的陪伴是影响他们阅读习惯养成的重要因素。例如，知渊的家人都有良好的阅读习惯，为她提供了榜样。而浚源则因

---

① ［英］吉登斯：《社会的构成——结构化理论纲要》，李康、李猛译，中国人民大学出版社 2016 年版，第 112 页。

为父母"回家就看手机，没有阅读的习惯"，使他没有养成良好的阅读习惯，始终"坐不下来""感觉欠了好多"。另一方面，家庭的经济投入也是影响参与者阅读习惯养成的重要因素。例如，参与者均表示父母为他们购买了多种书籍，有效地培养了他们良好的阅读习惯。家庭在影子教育方面的投入，也为参与者最终进入F大学提供了重要的中介工具。这与文献中关于家庭影响的相关研究发现一致，即家庭环境是影响学生发展和教育获得的重要因素。到了初等教育阶段，家庭虽仍是重要的社会化场所，但参与者所在学校成为其学术素养社会化的主要场所。该场所为他们提供了优越的学习环境资源。例如，知渊提到她所在的学校为学生提供丰富的图书资源、组织多样的读书活动。这些都很好地激发了她的阅读兴趣与动机。总之，在进入F大学之前，参与者的学术素养社会化场所主要集中在家庭与初等教育机构，且重心随着时间的推移由家庭转向初等教育机构，尤其是初高中学校。这些场所为培养参与者的学术素养社会化提供了丰富的环境资源，为他们下一阶段的学术素养社会化奠定了基础，是学术素养社会化的重要中介。

在进入F大学后，基于入学前的准备，参与者开启了新的学术素养社会化之旅。参与者的学术素养社会化场所因此也发生了变化，即由家庭、初等教育机构转移到了F大学。F大学为参与者的学术素养社会化提供了充足的资源（可参见第三章及第五章关于F大学的介绍部分），是其学术素养社会化的核心场域。而该核心场域又因不同的学术素养实践活动"区域化"为不同的区域或场景，如S课堂、专业课堂、其他课堂、社团、图书馆、宿舍、及其他室外场所等。其中，S课堂为参与者更好地理解相关语言知识，语言学理论、语言学习方式提供了最直接的资源，为参与者提供了大量学术素养社会化实践的具体情境。因此，S课堂成为参与者学术素养社会化实践最主要的场所。例如，S课上参与者阅读大量的文献资料，在获取具体的语言学理论及语言学习理论的同时也了解了学术文献的格式规范与语言特点，并为其之后的学术写作奠定了基础。通过多次口头汇报实践与观摩,参与者不仅发现了口头汇报的"名堂",更是在较短的时间内掌握了口头汇报的精华。参与者的口头汇报多模态分析有效揭示了参与者运用多模态掌握口头汇报技能的具体社会化过程。这一发现与Gánem-Gutiérrez 和 Gilmore 的研究结果一致。他们运用微观多模态分析了教师指导学生写作的互动过程,并发现手势及表情可以帮助师生交流,是学生学习的有效中介工具,并指出运用多模态分析可以更好地探究学生的学习发展过程。[①] 此外,本研究参与者的学术素养社会化也呈现出多模态的特点,体现在参与者所使用的诸如阅读、写作、口头、观察、聆听以及语言、图片等多种形式。这些多模态的综合使用,有效地帮助参与者实现学术素养社会化,也为研究者更好地理解参与者的学术素养社会化过程提供了可能。本研究不仅关注学术素养社会化实践过程中的多模态,还关注参与者在具体实践活动中所使用的多模态。本研究同样发现多模态是学习者学习过程中的有效中介,多模态分析可以有效地揭示学习过程。

除 S 课堂外,参与者与他人发生互动的其他空间,如宿舍、图书馆、社团等不同的场合,也为其学术素养社会化提供了重要的环境资源。例如,第五章所介绍的参与者个人实践网络表明不同环境或实践共同体为其学术素养社会化提供了不同的给养。本研究参与者的个人实践网络作为其学术素养社会化的重要共同体,体现了不同时空下,参与者与他者互动而"再生产"出的多种资源。这些资源同样是其实现学术素养社会化的重要中介。

图 7.2 展示了参与者学术素养社会化的空间延展。横向表示空间的变化,纵向表示学术素养社会化。矩形大小表示空间对学术素养社会化的作用大小,越大表示其影响作用越强。椭圆表示被区域化的场所,其大小同样表示影响作用的大小,而虚线则表示该区域所产生的影响不仅局限于该区域。参与者在某一空间的实践情况决定了该空间

[①] Gabriela Gánem-Gutiérrez and Alex Gilmore, "Expert-novice Interaction as the Basis for L2 Developmental Activity: A SCT Perspective", *Language and Sociocultural Theory*, Vol. 5, No. 1, 2018, pp. 21-45.

的地位。例如，在本研究中，由于参与者大多数的学术素养实践活动，如学术阅读、口头汇报、学术写作等均发生在 S 课堂，因此 S 课堂是其该阶段学术素养社会化的核心场域。然而随着参与者对某一空间的实践和规范投入的变化，其学术素养社会化的核心场域也会随之发生变化。这一发现与 Soltani 的研究发现一致，即个人对学术空间的实践和规范投入越多，个人的社会化程度也会越高，而因此该学术社会空间也越有活力，从而成为核心场域。[①]

总之，本研究参与者的学术素养社会化随着时间的变化，空间也会发生相应的变化，体现了学术素养社会化的空间延展性。在 F 大学之前，参与者的学术素养社会化空间主要以家庭及初等教育机构为主。而进入 F 大学后，其学术素养社会化的空间转移到了 F 大学。由于参与者不同的学术素养实践活动，F 大学被区域化为不同的情境场所。这些空间场所为其学术素养社会化提供了丰富的环境资源，是其学术素养社会化过程中的重要中介。需要特别是指出，能否成为核心区域取决于个体在该区域对实践活动的投入。

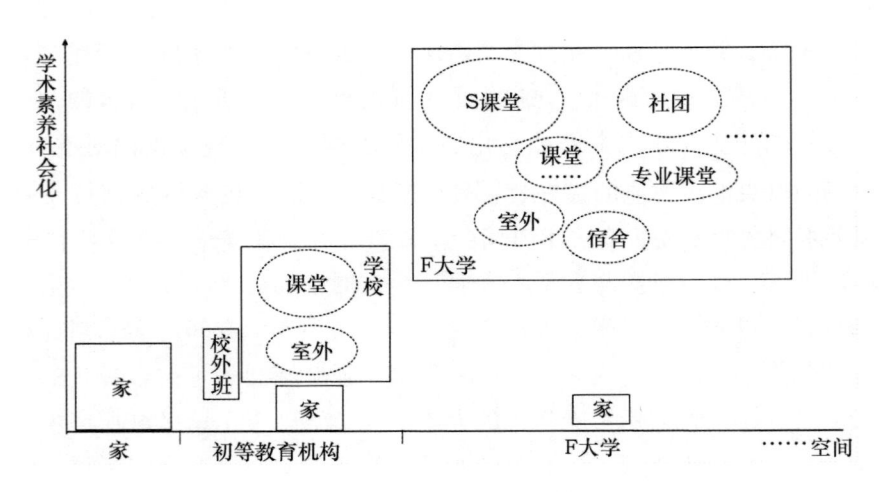

图 7.2　学术素养社会化与空间

---

① Bahnam Soltani, "Academic Socialization as the Production and Negotiation of Social Space", *Linguistics and Education*, Vol. 45, 2018, pp. 20–30.

三 学术素养社会化互动情境性

学术素养社会化的时间延续与空间延展两者无法割裂，是彼此时刻交织在一起的整体。时空的交织，为参与者的学术素养社会化提供了具体情境。情境是"由与身体和环境现象之间的相互作用交织在一起而形成的"①，因此具有互动性。

整体而言，在入学前，参与者的学术素养社会化空间以家庭及初等教育机构为主；入学后，其学术素养社会化空间延伸到 F 大学。换言之，参与者的学术素养社会化进程随着时间的延续，其空间也得到了延展。时间与空间两者是相互交织、不可分割。这种时空的交织为参与者的学术素养社会化提供了具体时空下的情境。以 F 大学的 S 课程为例，每周周二 19：30—21：20 这一时间段，参与者都会到 S 课堂体验各项学术素养实践活动。而每一项具体活动的时空安排都会不同程度地影响其学术素养社会化。例如，在第一次口头汇报时，泇灏作为小组长，需要第一个到台上进行汇报并使用自己不太熟悉的设备，因此，没有可以学习的"样板"。如此的"时空安排"在一定程度上影响了泇灏的第一次口头汇报效果，他表现比较拘谨、语言不流利、没有互动等。可见，时空安排会对参与者的学术素养表现产生一定的影响。这样的影响为其学术素养的发展提供了更大的空间，正如泇灏的口头汇报技能的提升效果最为明显。

不同的时空安排会产生不同的学术素养社会化情境。在这些特定的情境下，行动者总会被自己或他人所定位（positioning）而产生一定的"处境"。在特定的情境下，由于与他人及环境互动经历不同所产生的定位或处境也会有所不同。例如，在初期的口头汇报中，泇灏的定位是"很没有经验"，而锦添则是"比较有经验"；又如在学术阅读方面，知渊的定位是"理解内容没有问题"，而其他参与者则普

---

① Torsten Hägerstand, "Survival and Arena: on the Life-history of Individuals in Relation to Their Geographical Environment", in T. Carlstein et al. ed. , *Timing Space and Spacing Time*, Vol 2, London: Arnold, 1978, p. 123.

遍定位于不能胜任；再如在小组合作过程中，展颜的定位是"什么都不懂，想着混过去算了"，而知渊却被认为是"很有经验"的。此外，点评活动及与他人的交流过程也对参与者的定位有一定的影响。例如，S 课上的师生对口头汇报的点评进一步加深了参与者对自己的认识，从而有效地提升自我。由此可见，参与者在互动情境下的定位一方面是基于自身的反思，另一方面是基于他人的评价。这一发现结果与 Davies 和 Harré 提出的反思型（reflective）和互动型（interactive）两种定位类型不谋而合。[①] 互动情境在时空中不断地消逝又重新构成，源源不断地为参与者的学术素养社会化提供能源。因此，参与者在其新生生活结束之时，对自己的定位又有了新的认识。正如前文所述，参与者不论是在知识方面、技能方面还是在品性方面，均有较明显的进步。这些都为其将来的学术素养社会化打下了良好的基础。

本研究参与者所在的学术共同体（如个人实践网络中与他人的互动）也是学术素养社会化互动情境性的一种体现。例如，参与者在 S 课、专业课、社团等共同体中与"有能力他者"（如辛老师、同伴、专业课老师及学习好的同伴、社团中的学姐学长）等共同体成员的互动过程中所"收获"的"果实"就是参与者与该情境互动的结果，是时空两个向度共同作用的结果。该互动过程是参与者不断定位的过程，对其学术素养社会化产生了重要影响。实践共同体是社会化发生的重要场域，是参与者实现学术素养社会化的重要情境。

总之，具体情境为参与者与他人及环境的连续互动提供了资源，使得参与者在掌握知识与技能的同时，深化了对自我的认识，影响了其品性，进而实现了学术素养社会化。学术素养的社会化是时空向度共同作用的结果，是参与者在不断定位的过程中所产生的结果。

[①] Bronwyn Davies and Rom Harré, "Positioning: The Discursive Production of Selves", *Journal for the Theory of Social Behaviour*, Vol. 20, 1990, pp. 43–63.

第二节　学术素养社会化影响因素间的关系

如第六章所述，学术素养社会化是由多种因素共同作用的结果，既受宏观社会文化因素的影响，也受中观课程因素的影响，还受微观个人因素的影响。本节是对这三个层面的影响因素之间的关系的进一步讨论。

一　影响因素间的交互关系

基于上文的分析与说明，研究者将外语专业大学生在新生阶段学术素养社会化的影响因素间的关系进行了总结提炼，如图 7.3 所示。可以看出，外语专业本科新生学术素养社会化的影响因素多元。该社会化过程既是诸因素联动的复杂过程，也是个体与环境交互的结果。

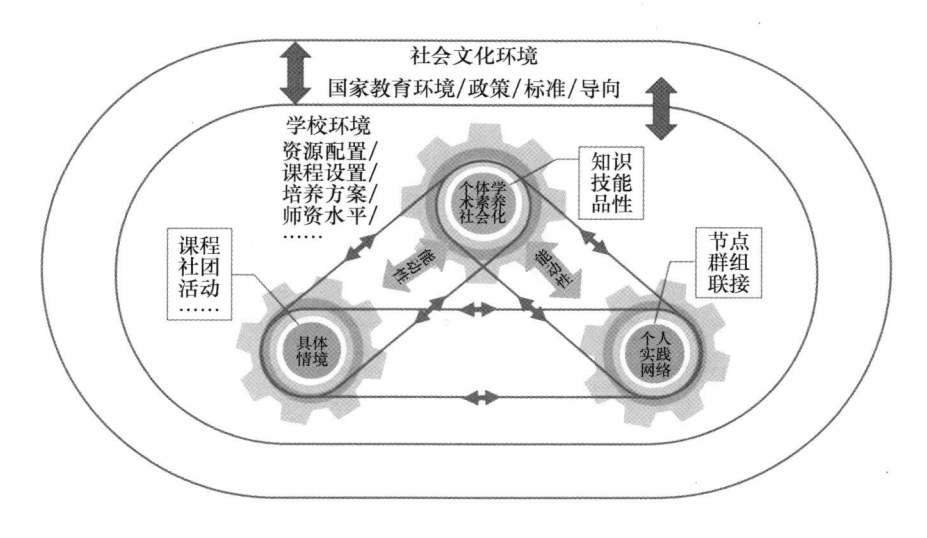

图 7.3　学术素养社会化影响因素

宏观的社会文化环境是外语专业本科新生学术素养社会化的大环境，对个体学术素养社会化有着相对宏观且相对稳定的影响，是其他诸因素的"总控"，但同时也受其他因素的反向影响。宏观环境中的子因素，如国家的教育环境、方针政策、标准与指南等纲领性文件都会影响学校这一层面的决策。但学校环境具有一定的灵活性，它既受宏观环境的影响也因学习者个体环境的不同进行适当的调整。例如，《国标》为高校外语专业人才的培养提供了参考标准，但要求各高校根据实际设置符合校本发展标准，体现了国家层面的指导与学校层面的灵活运用。而学校的具体实践又会为国家教育政策的修改与制定提供支撑。

学校环境是影响个体学术素养社会化相对直接的环境，其子因素如学校的资源配置、课程设置、培养方案以及师资水平等既受国家宏观教育政策、方针与标准等的制约，也会在不同程度对个体学术素养社会化产生影响。例如，F大学开设的新生研讨课就是在《国标》等关于外语专业本科生培养质量要求的指导下而开设的具有校本特色的课程。同时，该课程也为外语专业本科生的学术素养社会化提供了机会。在一定的社会文化环境及学校环境下，对个体学术素养社会化产生最直接影响的是具体情境，包括课堂、社团、活动等子因素。本研究中所探讨的S课堂就是参与者学术素养社会化的一个直接具体情境，S课的课程资源、教师输入（理念与知识、技能、品性等）、同伴示范以及课堂互动方式等因素对学习者的学术素养社会化产生了重要影响。每一个影响因素均包含一定的子因素，子因素同样可能包括一些具体因素。例如，课堂这一子因素还包括课程资源、教师输入、同伴示范及课堂互动方式等具体因素。这些子因素或具体因素要发挥作用既受所在因素集的制约，又受个体能动性调节的影响。个体能动性是使个体参与具体情境，指导其与他人发生联系（个人实践网络）的最直接的内部影响因素，是其学术素养社会化的直接动力源。

个体学术素养社会化发展、具体环境以及个人实践网络三者在特定的学校环境中联动发挥作用，图7.3中用双向传输的箭头表示该联动关系，即因素内部及诸因素之间相互制约、相互影响，共同促成学习者学术素养社会化的实现。总之，外语专业本科新生的学术素养社会化影响诸因素是一个复杂系统，彼此制约，相互影响，同时又能自我调节，使得个体与环境之间的互动形成不同的张力对个体产生不同影响的同时，又能保持一种平衡，进而为个体的学术素养社会化提供良好条件。在诸影响因素中，个体的能动性是影响整个学习者社会化过程的关键中介，是各要素发挥作用的动力。下一小节将重点讨论能动性在社会化过程中的重要中介作用。

二　能动性

能动性是指行动者采取行动的能力，涉及个人在具体情境下的不同行事方式，而在这一过程中，个体的反思性监控至关重要。在行动过程中反思性监控是行动的"惯有特性"[1]。可见，能动性与反思性是个体行动者在实践过程中应具备的两个特性，两者会在定位过程中对"多少有些'遥远'的时空情境"产生影响。[2] 本节将对外语专业本科新生在学术素养社会化实践过程中的主体能动性与反思性进行讨论。

能动性的发挥，即"选择与行动"具有时空连续性，是在一定的情境下实现的。它使个体在互动过程中使用并再生产出一些资源。能动性是学术素养社会化的重要"动力源"。

以本研究参与者的专业选择为例，迦灏、锦添、浚源与知渊都是在高考后或确定保送资格后，在综合考察了自己的兴趣、爱好、特长及专业发展等因素后，主动做出的专业选择。虽然是主动选择，迦灏与锦添在选择过程中也受到了高考成绩不够高以及目标学校所设条件等的限制，是退而求其次的选择。本研究的另一位参与者展颜，更是受到了成绩的影响，"被选择"了所学专业。可见，在主体选择时会受到具体情境的影响，比如目标学校条件、当年的高考整体情况、机构"权力"等的影响。

---

[1] ［英］吉登斯：《社会的构成——结构化理论纲要》，李康、李猛译，中国人民大学出版社2016年版，第6页。

[2] ［英］吉登斯：《社会的构成——结构化理论纲要》，李康、李猛译，中国人民大学出版社2016年版，第12页。

无论参与者如何选择，这些选择对其之后的学术素养社会化过程均会产生一定的影响，甚至会产生意外的结果。例如，锦添虽然主动选择了阿拉伯语作为专业，但在后来的学习过程中发现阿拉伯语"太难了"，进而产生了转专业的想法。同样产生意外结果的还有展颜。她被调剂到阿拉伯语专业后本想着"既来之则安之"，但是经历了大一初期的迷茫后，她对自己更没有信心，也产生了转专业的想法。然而，锦添努力去实施转专业这一想法，还在社团活动之余努力与其他同学了解目标专业情况。但是，锦添最终没能实现转专业的愿望。此时，他虽有些失望，但最终还是接受了这一结果，并表示"既然真主选择了我，那我还是努力好好学吧"。相反，在纠结到底要不要转专业的展颜，最后主动放弃了这一想法。她认为一方面是因为自己没有达到转专业的要求，更重要的是由于电影《何以为家》对她的影响。不论是失望后的接受，还是主动放弃，锦添与展颜都选择继续学习原来的专业，这是其发挥能动性的结果。而参与者做出的这些选择均是在一定的情境下实现的：锦添努力实施转专业的想法，是因为 F 大学提供这样的机会给同学重新选择钟爱的专业；展颜放弃该想法则是恰巧遇见了《何以为家》。由此便知，参与者能动性的发挥在特定的情境下体现出了个体差异性。这一发现也回应了 Duff and Doherty 所号召的要关注学习者能动性的个体差异。[1]

参与者在 F 大学的学术素养社会化实践过程均体现着他们的能动性以及其能动性发挥的时空情境性。F 大学提供了新生研讨课（如 S 课），而本研究的参与者选择了该课程，才使其有可能开启了学术素养社会化之旅。在 S 课上，参与者选择上台做口头汇报、接受同伴及老师的评价，进而改进自己的口头汇报；在学术阅读遇到困难时，参与者及时调整，最终发现了其规律性；在小组合作中，参与者积极参与，不仅打消疑虑，更体验到同伴间的合作所带来的喜悦与温暖；在

---

[1] Patricia Duff and Liam Doherty, "Examining Agency in Second Language Socialization Research", in P. Deter, A. Gao, E. R. Miller & G. Vitanova eds., *Theorizing and Analyzing Agency in Second Language Learning*, UK: Multilingual Matters, 2015, pp. 54–72.

社团活动中，参与者主动参与不仅弥补了高中时的遗憾，更为扩展其个人实践网络（例如浚源）提供了条件；在遇到对自己产生负面影响的"他人"时，参与者主动远离、积极调整心态，不仅变得开朗，还对找到了新的发展方向（例如展颜）……这些都是参与者在特定情境下发挥能动性的结果，是其在学术素养社会化过程中的重要投入，为其学术素养社会化提供了重要的资源，是其学术素养社会化的重要影响因素与中介。Weidman 和 DeAngelo 也强调能动性在大学生社会化过程中的重要中介作用，并将能动性因素纳入了其最新提出的大学生社会化模型中。[1] 可见，能动性在社会化中具有重要意义。

能动性还体现在参与者在中介资源的利用、在应对困难与问题、在抵制不佳体验事件以及扩展个人实践网络等多个方面。此外，正如上文所述，学术素养社会化过程中的主体能动性是由具体的情境所决定的，不同情境会激发不同的"选择与行动"，而不同的"选择与行动"又会引发不一样的经历。因此，参与者学术素养社会化既是其能动性发挥的结果，又同时会激发出新的能动性。二者是相互影响、相互促进的关系，即"语言社会化是通过学习者的能动性实现的，而语言社会化同时也促发学习者新的能动性"。[2]

能动性的发挥离不开反思性，即反思性是能动性的一种表现。反思性是行动者认知能力所特有的特征，是人的一种基本存在方式和能力。[3] 反思性是对实践的"监控过程"[4]，与情境互相融合。学术素养社会化的互动情境性使得参与者的反思能力贯穿于学术素养社会化始终。本研究发现参与者个人的过往经历、当下实践以及未来发展都与

---

[1] John C. Weidman and Linda DeAngelo eds., *Socialization in Higher Education and the Early Career-Theory, Research and Application*, Switzerland: Springer, 2020.

[2] Patricia Duff and Liam Doherty, "Examining Agency in Second Language Socialization Research", in P. Deter, A. Gao, E. R. Miller & G. Vitanova eds., *Theorizing and Analyzing Agency in Second Language Learning*, UK: Multilingual Matters, 2015, p. 66.

[3] 肖瑛:《反思与自反—反身性视野下的社会学与风险社会》，商务印书馆 2020 年版，第 1 页。

[4] ［英］吉登斯:《社会的构成——结构化理论纲要》，李康、李猛译，中国人民大学出版社 2016 年版，第 3 页。

其特定情境下的反思性有着重要的联系。也正因为这样的反思,过往经历在特定的时空情境下对当下及未来的发展才有可能产生影响,从而成为学术素养社会化的重要中介。同样,由于反思当下的实践才有可能在未来的某种时空情境下产生意义,并成为未来学术素养社会化的重要前期准备与基础。因此,反思性是学术素养社会化过程中"根深蒂固的要素"①,是学术素养社会化的又一重要中介工具。

对过往经历的反思使参与者获得了更深、更新的感悟,并对当下的学术素养实践产生一定影响。正如锦添所述:"……可能当时我没有这么深的体验思考……现在(再思考)能给我一些很多新的想法,甚至是对现在产生影响。"对当下经历的反思,使参与者更好地理解所进行的实践活动的意涵,进而指导下一步的学术素养社会化实践。例如,浚源强调反思在口头汇报中的作用,指出只有加入自己思考的才能真正内化所学内容,这样的口头汇报才有意义。又如,知渊通过对S课所学理论等知识的反思,对其专业学习有了深入的理解,进而"能看到专业学习中不一样的东西"。S课上辛老师也不断地强调反思的重要性,不断地引导同学们践行"反思性实践"②。

本研究参与者的反思伴随着其学术素养社会化的整个过程。S课上,在初期体验"学术阅读难嚼、吃力、费时"之时,在口头汇报"摸不着门道"之际,在学术写作"没概念"之时以及在对小组合作充满担忧与怀疑之际,参与者均能不断地反思自己的经验与实践,坚持摸索前行,最终找到了阅读的"规律",清楚了口头汇报的"名堂",了解了学术写作的"长相",调整了小组合作的心态。这些反思有效地帮助参与者进行深度参与而体验发现之旅,并最终为学术素养社会化的实现提供了可能。在S课外,不论是在专业学习过程中,还是在社团组织的选择与参与过程中,抑或是在个人实践网络的扩展

---

① [英]吉登斯:《社会的构成——结构化理论纲要》,李康、李猛译,中国人民大学出版社2016年版,第2页。

② Thomas Farrell, "Reflecting on ESL Teaching Expertise: A Case Study", *System*, Vol. 41, 2013, pp. 1070 – 1082.

过程中，无不体现着参与者的反思。正印证了杜威在 *How We Think* 一书中所指出的：反思在实践中是连续不断的。①

此外，需要指出反思性"只在一定程度上体现于话语层次"②。因为行动者对其实践行为的了解，大抵止于实践意识。③ 对于那些"无意识"，行动者尚不能直接用语言表达的内容，研究者在不借助其他技术的条件下是无法知晓行动者大脑"黑匣子"到底是如何反思的。因此，本研究主要关注的是参与者那些可以言说的反思。但本研究认为，那些不可言说的、无意识的反思可能在参与者的学术素养社会化过程中同样起到了重要的作用。正如在第四章介绍参与者的学术素养社会化结果时指出的，有些结果尚无法体现出来，但已经存在于"无意识"中，在未来某一特定情境下可能会被激发。这也正是人类发展中那一抹"神秘"色彩的魅力所在，暂不去触碰。

总之，主体的能动性与反思性通常是交织在一起共同发挥作用的。能动性的发挥离不开反思性的作用，而反思通常又会通过能动性真正起到作用。因此，两者是驱动行动者实践的"动力"。本研究参与者在践行学术素养社会化的过程中显示出了其能动性与反思性对实现学术素养社会化的重要作用。能动性与反思性在具体时空情境下，与其他因素交织共同发挥作用，帮助参与者到达学术素养社会化的阶段性"终点"。因此，两者都是学术素养社会化的重要中介。

第三节 学术素养社会化再思考

行文至此，本书将对外语专业本科新生学术素养社会化进行再思考。在语言社会化理论及大学生社会化模型的指导下，基于本研究的

---

① John Deway, *How We Think*, New York: Dover Publications, In, 1997.

② [英] 吉登斯：《社会的构成——结构化理论纲要》，李康、李猛译，中国人民大学出版社 2016 年版，第 10 页。

③ 吉登斯实践意识指的是行动者在社会生活的具体情境中，无须明言就知道如何"进行"的那些意识。

发现，研究者构建了外语专业本科新生学术素养社会化模型，如图7.4所示。本节将对该模型进行解读。

语言社会化理论强调社会文化环境的重要性。本研究发现参与者的学术素养社会化离不开其所在社会文化环境的影响。学术素养社会化是在一定的社会文化环境下实现的，在学术素养社会化模型中用椭圆来表示社会文化环境。如图7.4所示，大椭圆表示宏观社会文化环境，小椭圆表示学术素养社会化过程中的各种具体环境。与Duff强调环境具有动态性的观点一致[①]，本研究也发现学术素养社会化所在的环境均处于动态变化之中，并用虚线来代表。三个小椭圆内嵌于社会文化环境下，并彼此相交，说明外语专业本科新生的学术素养社会化既受宏观社会文化环境的影响，也受具体情境的影响。

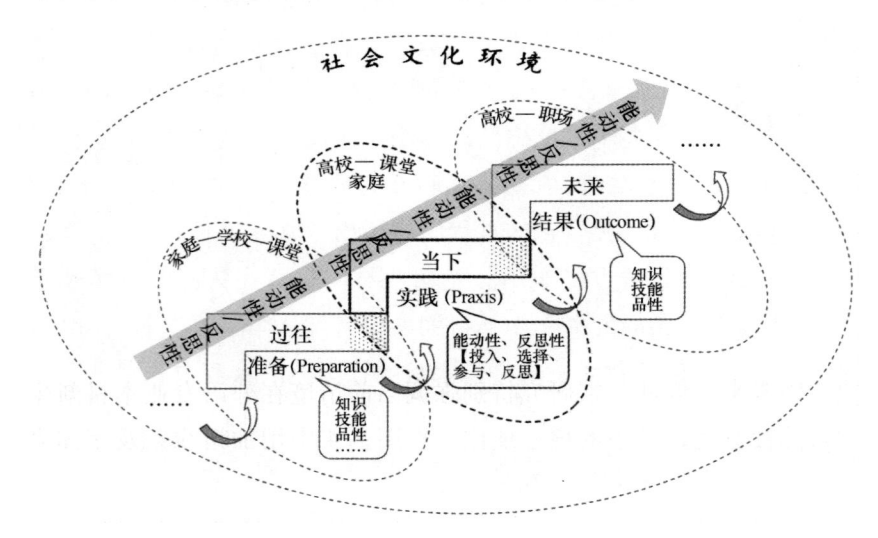

图7.4 学术素养社会化模型

具体情境是学术素养社会化最直接的环境资源。本研究发现说明

---

① Patricia Duff, "Language Socialization in Classrooms: Findings, Issues, and Possibilities", in M. Burdelski & K. M. Howard eds., *Language Socialization in Classrooms: Culture, Interaction and Language Development*, Cambridge: Cambridge University Press, 2020, pp. 249–264.

外语专业本科新生学术素养社会化的情境包括以下三种：过往经历—家庭与初等教育机构、当前实践—高等教育机构和未来实践—高等教育机构/职场。在图7.4中，用三个小椭圆来代表这三种情境。其中，过往经历作为准备阶段实则是其上一个阶段的社会化结果，是相对"固定成形"的，或者说是不可改变的一种既成事实。而当下实践—高等教育机构这一情境是学习者实践学术素养社会化的关键情境，是在时空上连接过去与未来的桥梁。在该情境下，参与者如何发挥其能动性、如何反思、如何与这一情境下的具体场景互动都将决定着其学术素养社会化的结果。因此，本研究认为当下这一情境，是学术素养社会化的核心情境（core context）。然而，本研究同时还发现，在这一核心情境下存在学术素养社会化的核心场景或核心区域。本研究发现S课因其独特的课程内容与设计，为外语专业本科新生提供了学术素养社会化所需的最主要的资源的同时，还为参与者与该情境互动、发挥能动性并不断反思提供了适切的场景，最终使其在知识、技能与品性等方面有较显著的提升。因此，S课是本研究参与者当前情境下学术素养社会化的核心场景。而未来实践—高等教育机构及职场这一情境是指向未来的尚未产生的情境。因此，本研究只关注该情境的准备阶段，即当前学术素养社会化的结果。由此可见，由于过去的既成事实与未来的不确定性，本研究认为唯有基于过去，立足当下才能更好地着眼未来。因此，本研究特别强调当前情境在外语专业本科新生学术素养社会化过程中的核心地位。在图7.4中用加粗线条及字体来显示其核心地位。

社会文化环境由时空两个向度伸展开来，为外语专业本科新生学术素养社会化提供了具体的情境。在时间向度上，学术素养社会化体现了时间延续性，遵循着"过去—现在—将来"这一时间序列。在图7.4中，用三个阶梯形状来表示三个时间序列，即在过往—当下—未来时间序列，并对应学术素养社会化的三个阶段：准备（Preparation）、实践（Praxis）和结果（Outcome）（简称PPO）。其中，准备阶段主要指学术素养社会化主体的背景资源，包括他们在学习过程中所积累的知识、技能以及形成的惯习[1]等。准备阶段为当前的学术素养社会化实践提供重要基础。实践阶段是参与者学术素养社会化的关键阶段，在这一阶段参与者通过初体验、深度参与多种学术素养实践活动，为最后取得的结果积蓄能量。在结果阶段，学术素养社会化体现为知识、技能与品性三个方面的成果。这些成果即是上一阶段实践的"硕果"，同时也是下一阶段实践的"种子"，为下一阶段的学术素养社会化奠定重要基础。三个阶梯虽然是以序列方式排列，但同时也通过部分重叠来表示上一阶段对下一阶段的影响，而一阶高于一阶喻义为学术素养社会化发展的动态非线性发展过程。学术素养社会化过程以这样的序列不断循环，用单向箭头来代表这种循环关系。

在空间向度上，学术素养社会化体现了空间的延展性。整体来说，本研究参与者的学术素养社会化空间由家庭与初等教育机构延展到高等教育机构最后再延展到职场。每一次的空间变化与转移，参与者都会将先前空间中的某些影响带入新的空间从而使得两种空间产生某种联接，即接触区。图7.4中用阶梯间及小椭圆间的重合，即图中的阴影部分来表示这些接触区。接触区因为两个时空的"共性与差异、冲突与矛盾"对学术素养社会化的发展起到一定的限制或促进作用。例如，在初高中阶段，参与者因接触的学术阅读与写作相对较少，当其进入F大学之际，不能顺利适应新的环境，经历了一定的压力与挫折，此为限制作用的体现；但由于参与者具有丰富的阅读经历、良好的阅读习惯、独特的学习方法，这又帮助他们较快地适应了新的环境，此为促进作用的体现。

Weidman和DeAngelo提出的大学生社会化模型虽然也将能动性纳入考察因素，但仍主要强调高等教育机构对大学生社会化的影响[2]。本研究则认为机构的影响，或者说社会环境与个体能动性与反思性对

---

[1] Pierre Bourdieu, *Language and Symbolic Power*, Cambridge: Polity Press, 1991.

[2] John C. Weidman and Linda DeAngelo eds., *Socialization in Higher Education and the Early Career-Theory, Research and Application*. Switzerland: Springer, 2020.

学术素养社会化的影响难分伯仲，不应该"顾此失彼"或"偏爱一方"。学术素养社会化的情境性为外语专业本科新生的学术素养社会化提供了客观的外部资源。但是这些资源成为中介发挥其作用还同时取决于参与者如何使用。这一过程就体现了其能动性与反思性，在学术素养社会化中本研究特别强调能动性与反思性的重要作用。图7.4中倾斜的小椭圆意在强调情境对学术素养社会化影响的不确定性，即何时、何地、产生何种影响还同时取决于参与者的主体能动性与反思性，标示框强调能动性与反思性在当下阶段对学术素养社会化的重要作用。能动性与反思性是伴随着整个学术素养社会化过程，是学术素养社会化的重要中介，如图中长箭头所示。

总之，学术素养社会化过程是一个复杂、互动过程，既受到宏观环境与微观情境的影响，又因学习者个人的过往经历以及当下能动性的差异而有所不同。本书所提出的学术素养社会化模型，能较好地诠释外语专业本科新生的学术素养社会化的过程，为深入理解学术素养社会化提供了一个分析框架。该模型既重视宏观社会文化环境对学术素养社会化的间接作用，也强调微观情境对学术素养社会化的直接作用；既强调学术素养社会化的动态变化，又关注学术素养社会化的整体过程；既注重学习者的能动性与反思性，也强调主体与情境的交互关系，体现了外语专业本科新生学术素养社会化的发展性、整体性、主体性与互动性的本质。

第四节　小结

本章是在研究发现基础上进行的总结与提炼，并尝试构建了学术素养社会化模型。首先，强调学术素养社会化的过程性，并从学术素养社会化的时间延续性及空间延展性进行了讨论。其次，指出学术素养社会化过程中主体的能动性与反思性，强调了能动性与反思性在学术素养社会化过程中的重要中介作用。最后，提出了学术素养社会化模型，并对该模型进行了详细解读。该模型反映了学术素养社会化的发展性、整体性及互动性。该模型还强调学习者的主体性，充分说明了外语专业本科新生的学术素养社会化是在特定的情境下，在语言及其他多种资源的中介作用下，通过其与环境的互动而实现的一个动态、复杂的过程。

第八章 研究结论与启示

基于前文对外语专业本科新生学术素养社会化的阐释与讨论，本章将首先对本研究的发现进行总结。接着，陈述研究的主要创新点，总结研究启示，并在此基础上对未来研究提出展望与建议。

第一节 研究结论

本书以语言社会化理论及大学生社会化模型为主要理论基础，运用民族志式个案研究方法，对五位外语专业本科新生在F大学第一年的学术素养社会化进行探究，揭示了外语专业本科新生学术素养社会化的过程及影响因素，并构建了外语专业本科新生学术素养社会化的发展模型。总体而言，外语专业本科新生学术素养社会化过程是个体在特定时空情境下，通过多种中介工具的作用，在与环境的不断互动过程中实现的。因此，学术素养社会化是一个互动的意义建构过程。本书的主要发现可以概括为：

第一，学术素养社会化具有过程性，是时空交织共同作用的结果，主要体现在学术素养社会化的时间延续性及空间延展性两个方面。本书发现外语专业本科新生的过往经历是其学术素养社会化的重要基础。过往经历既为其学术素养社会化提供了重要中介，也同时由于参与者相关经历的欠缺限制了其学术素养的实践体验，使参与者面临一定的困难与挑战。外语专业本科新生的过往经历大都发生在家庭及初等教育机构，这些场合是其积累经验的重要空间。进入F大学这一新的学术空间，参与者深度参与了一系列学术素养实践活动，F大学成为其学术素养社会化的核心情境。本研究尤其以S课程为例，深入描述了参与者在S课上的学术阅读、学术写作、口头汇报及小组合作等实践活动，指出S课堂是其学术素养社会化的重要场景，与其他空间（如宿舍、图书馆、社团等）共同为参与者的学术素养社会化提供了重要的中介资源。经过一年的深度参与，参与者作为新生的学术素养社会化暂告一段落，其学术素养在知识、技能及品性方面均有了较大提升，体现为学术素养社会化在该阶段的结果。该结果又将成为下一阶段学术素养社会化的重要基础。学术素养社会化在时空向度伸展，并以这样的方式不断地呈现出螺旋式发展态势。

第二，学术素养社会化是宏观、中观和微观多种中介资源（因素）共同作用的结果。宏观的社会文化环境资源包括国家的教育政策和所在大学提供的资源，中观的课程和社团资源包括课程资源、师生输入、互动方式及社团活动等，而微观的个体资源主要考察了个人实践网络与能动性。这些中介资源是一个相互影响的复杂系统，是将个体与社会辩证统一起来的重要桥梁。

外语专业本科新生在实现学术素养社会化这一目标过程中，使用了大量的中介工具，有效地利用了社会文化环境所提供了各种资源，积极地发挥了其能动性与反思性，使中介发挥了其应有的给养作用。本研究参与者所使用的中介工具包括物质工具（material artifact）以及符号工具（symbolic artifact）。物质工具主要包括F大学提供的硬件、软件设施，如国家相关政策文件、图书馆设备、宿舍设施、教室设施、S课堂的教学材料、课本等。符号工具包括过往经历、语言（如S课程中关于语言学的理论与语言学习方法、口头汇报及点评、参与者与他人进行的交流、母语等）、反思、专业课知识，等等。正如前面章节所述，这些中介工具以不同的方式在不同程度上帮助参与者实现了当前阶段的学术素养社会化。因此，外语专业本科新生的学术素养社会化是多种中介共同作用的结果。其中，能动性是实现学术素养社会化的动力源，是特定时空情境下驱动个体与环境互动的主要力量。能动性与反思性是个体行动者在实践过程中应具备的两个特性，并受具体情境的影响。不同的情境会激发不同的"选择与行动"，而不同的"选择与行动"又会引发不一样的经历。此外，在个体与他人及环境的互动过程中，能动性的发挥还具有个体差异性。个体的定位既受他人评价的影响，也是自我反思的结果。学术素养社会化的过程因此也是参与者不断发挥能动性，不断定位的过程。能动性与反思性对其学术素养社会化产生重要的影响，是其学术素养社会化过程中的"动力源"。

第二节 研究创新

创新是科学研究的基本要求之一，也是重要指标之一，其本质是"突破"，核心是"新"。在本研究开展过程中，我尝试突破学术素养社会化研究的已有模式，不断寻找新的突破点，以期深入理解外语专业本科新生的学术素养社会化过程。本书的创新之处体现在理论、方法与实践三个方面。

在理论方面，本书概括了学术素养的内涵构成，进一步拓展丰富了学术素养的内涵。传统的学术素养主要指读写能力，教学目标以培养学生的读写能力为主。随着研究的深入，研究者从不同的视角丰富着学术素养的内涵。正如本书第二章第二节所述，学术素养从最初的读写能力，已经扩展为一套复杂技能，是实践过程中培养的一种综合能力。但这些研究尚未就学术素养的概念达成一致，更没有指出学术素养具体包括哪些维度。综观相关文献，本研究认为学术素养的发展是一个社会化过程，是在学术实践过程中形成的一种综合能力，不仅包括知识、技能及品性，还包括此过程中形成的社会关系。本研究发现外语专业本科生的学术素养内涵在知识维度方面主要包括学科知识（如语言知识、语言研究的相关理论、语言学习的相关理论及方法知识等），相关学术惯例与规范知识等（如学术文章写作知识、文献引用格式与规范、伦理道德等）以及自我认知等。在技能维度方面包括能力与方法两方面内容。能力包括语言基础能力、语言综合运用能力、交际能力、合作能力等，而方法维度则包括获得以上能力的方法，也包括语言学习方法与研究方法等。品性维度方面则相对比较宽泛，包括情感、能动性及对语言及语言学习的态度等多方面内容。社会关系主要指在参与实践过程中与他人形成的互动关系，本书将其具化为个人实践网络。

此外，本书还将语言社会化理论与大学生社会化模型相结合探究学术素养社会化过程，不仅丰富了各自领域的研究，同时还构建了外语专业本科新生学术素养社会化模型，从而加强了理论间的对话。语言社会化理论以维果斯基提出的社会文化理论为依据，强调社会文化环境的重要性，认为语言是社会化过程中重要的中介工具。然而，该理论虽有自己的一套原则，但尚未形成明确的理论应用分析框架，对于该理论的应用有一定的限制。大学生社会化模型综合考虑各构成要素及其相互关系，使得该理论模型更具开放性、包容性与国际性。该模型核心在于探究高等教育机构对大学生社会化的影响。这两个理论都有自己的优势与不足。本书将这两个理论相结合，各取其优势，为本书探究外语专业本科新生学术素养社会化提供了理论保障。研究结果显示，这两个理论可以更好地指导外语专业本科新生学术素养社会化研究，为本书最终构建外语专业本科新生学术素养社会化模型提供了可能。本书基于对这两个理论的"新"认识，尝试构建了外语专业本科新生学术素养社会化模型，将宏观、中观及微观因素相结合，也即将社会文化环境因素与个体能动性与反思性相结合，从整体上考察了外语专业本科新生学术素养社会化的复杂、动态发展过程。

在研究内容方面，本书既有宏观社会文化环境的考察，又有具体过程的微观解读。本书以F大学的一门新生研讨课S课程为主要研究场域，深入描述了外语专业本科新生在该课程内外的学术实践活动，以期发现其学术素养社会化的过程、结果及影响因素。从入学前的过往经历到当下的具体实践，从社会文化大环境到具体情境，从初期体验到其后期收获，本书较全面地揭示了外语专业本科新生学术素养社会化的过程。本书指出学术素养社会化具有过程性，是一个螺旋式的动态发展过程。学术素养社会化以过往经历为基础，并作为准备阶段，经过当下深度的学术实践，收获了在知识、技能与品性方面的成果，从而实现了当前阶段的社会化。而当前阶段的社会化又将成为下一阶段的基础，如此循环发展，不断实现学术素养的社会化。

在实践方面，本书为高等外语教育领域，尤其是小语种师生更好地理解学术素养社会化过程，从而更好地为其提供相关支持、开展实践研究提供了参考。本书明确了外语专业本科新生学术素养社会化的过程、结果及影响因素，说明学术素养社会化是个体与环境互动的复杂、动态过程。学术素养社会化受多种因素的交互影响，既需要个体投入能动性与反思性，并深度参与其中，也离不开社会文化环境的多种"给养"；既关注过往经历，更聚焦当下实践，也着眼未来发展，体现了时间延续与空间延展性的交织作用。在个体能动性与反思性的"推动"下，这些因素共同促成学术素养社会化的实现。了解外语专业本科新生学术素养社会化的过程、结果及影响因素，对高校及教育者更好地为学生提供支持、深入开展实践研究提供了重要参考。此外，本书对外语专业本科新生以及即将进入高等教育机构的学生在更好地做好前期准备，理解能动性与反思性的重要性，进而采取有效行动，积极参与学术素养实践活动等方面有较高的参考价值。

总之，本书在开展过程中，力求做"新"。不论是概念意涵的丰富、理论的融合、还是研究视角"点""面"的结合，研究者努力做到对外语专业本科新生学术素养社会化过程的"全景"与"焦点"兼顾，力求"全面深入"的探究。在对其过程、结果及影响因素"深描"的基础上，本书构建了外语专业本科新生学术素养社会化模型，以期为高等外语教育，尤其是非英语专业的师生提供可资借鉴的经验。

第三节　研究启示及未来展望

本书的发现有助于师生更好地理解外语专业本科新生学术素养社会化的过程，可以为相关"利益人"提供重要启示。

第一，在高等教育之前的准备阶段，学校、家庭均应适度加强对学生学术素养的培养。本书发现参与者的过往经历一方面为他们在大学新生阶段提供了学术素养社会化的基础，但同时也会限制其在F大学的学术素养社会化的初体验。实际来看，初高中外语教育仍难脱"应试"之窠臼。本书虽然未对此开展一定规模的科学调研，但通过对参与者的深度访谈可以"窥视"一二。研究的参与者均来自省会或较发达城市的"顶尖"学校，是F大学外语专业的佼佼者。然而，他们入学前的学术素养基础并不乐观。由此推及其他欠发达地区的非"顶尖"学校的情况可能更不容乐观。因此，学校、家庭、社会应协力合作，在为学习者提供充盈的环境资源的同时，还要创造学习机会，适当让学习者接触符合其发展规律的学术性较强的实践活动，以期为他们下一阶段的学术素养社会化提供坚实的基础，从而更好地适应大学的学术生活。

第二，在当下学术素养社会化的深入实践阶段，高校、教师、学习者均应各司其职，为学术素养社会化提供最充分中介资源。

首先，对于高校而言，具有丰富学术实践活动、较强专业理论知识和独特评价方式的新生研讨课是促进学习者学术素养社会化的有效途径之一。正如F大学开设新生研讨课的宗旨所在："帮助甫入校门的大一新生形成正确的人生观、价值观以及高等教育理念，提高思辨能力、塑造理想人格，顺利完成从中学到大学的适应性转换以及从应试教育到自我学习的学术性转换。"本书的发现进一步证明了该新生研讨课在学习者实现学术素养社会化过程中的重要作用。因此，其他高校可以借鉴这一做法，为学生提供丰富具有多样学术素养实践活动的新生研讨课，或进一步完善相关课程设置，进而为学生学术素养社会化创造良好环境。此外，虽然 F 大学为学习者提供了充足的环境资源，但参与者在实践过程中仍面临一些问题。例如，F 大学虽然藏书丰富，但针对一些小语种专业的相关资料还尚比较缺少，不少研究参与者表示很难找到适合自己专业语言能力的读物来进一步提升其语言能力。因此，高校还应平衡各语种间资源的配置，切实为学习者提供必要的可资利用的资源。

其次，对于高校教师而言，适切的课程设计是实现新生研讨课目标，进一步促进学习者学术素养社会化的保证。本书中 S 课的课程设计对其他外语专业课教师的课程设计具有一定的启示意义。S 课程所取得的丰硕成果充分说明了其课程设计的有效性。研究参与者表示其专业课程主要以教师讲授为主的基础知识的学习，与传统的外语教学并无区别。因此，S 课所提供的丰富的学术实践活动，较强的专业理论知识、独特的评价方式等可为专业课教师有所启示。在为初学者，尤其是英语水平较强的语言初学者设计课程时，教师要关注学习者的认知水平，为其提供适切的中介。同时，在学习者缺乏前期学术素养实践的前提下，教师应适当调整教学内容与方法，以便更好地帮助学习者适应大学学术素养的社会化过程。例如，本书中参与者在 S 课初期均体验了学术素养实践的挫败感，但是辛老师能及时调整[1]，如为同学们提供中文学术论文，有效地借助母语在学术素养社会化过程中的中介作用，以减少他阅读英文学术文献的语言压力。此外，教师还可以扩大学生中榜样的影响力，使同学们能向彼此学习。研究的参与者在其学术素养社会化过程中均表现出了较强的能动性与反思性，为其他语言学习者树立了榜样。但值得注意的是，并非所有的语言学习者在学术素养社会化中能较积极地发挥其能动性，不断反思。因此，对这部分同学教师还应予以特别关注，并加强引导。此外，S 课上，辛老师对学生有充分的信任，更敢于"放手"，使得同学们有了较大

---

[1] 辛老师的调整不仅体现在这学期的 S 课上。根据研究对辛老师接下来的两个轮次（2019 年秋季学期及 2020 年秋季学期）S 课的跟踪观察，辛老师根据学情，不断调整教学内容与方式，为同学们提供最大化的支架。

的发挥空间，从而激发了同学们更高的学习热情。所以，教师还应勇于"放手"，"赋权增能"于学生。

最后，对学术素养社会化的主体而言，要具备较强的能动性与反思性。作为学习者应积极投入、参与课堂互动，进而激发老师为其提供更多的帮助。本研究中，参与者能积极投入学术实践活动中，遇到困难时能及时调整解决，这些均有效地促进了其学术素养社会化的进程。

本书聚焦了F大学五位小语种外语专业初学者在S课内外的学术素养社会化过程、结果及其影响因素，并建构了外语专业本科新生学术素养社会化框架，以期为高等外语教育提供外语专业本科生学术素养社会化的全貌，为外语专业学习者未来的职业社会化提供参考。未来研究还可以针对其他性质高校的外语专业本科新生以及本科生其他阶段的学术素养社会化进行深入探究，以进一步验证本书所提出的外语专业本科新生学术素养社会化模型。此外，未来研究还可以针对外语专业，尤其是小语种专业研究生的学术素养社会化开展相关研究。

参考文献

一 中文

（一）著作

陈向明：《质的研究方法与社会科学研究》，教育教学出版社 2000 年版。

教育部高等学校教学指导委员会：《普通高等学校本科专业类教学质量国家标准》，高等教育出版社 2018 年版。

王恒：《时间性：自身与他者——从胡塞尔、海德格尔到列维纳斯》，江苏人民出版社 2008 年版。

肖瑛：《反思与自反—反身性视野下的社会学与风险社会》，商务印书馆 2020 年版。

谢维和：《教育活动的社会学分析：一种教育社会学的研究》，教育科学出版社 2007 年版。

杨鲁新、王素娥、常海潮、盛静：《应用语言学中的质性研究与分析》，外语教学与研究出版社 2012 年版。

郑杭生：《社会学概论新修》，中国人民大学出版社 2003 年版。

［德］胡塞尔：《纯粹现象学通论》，李幼蒸译，商务印书馆 1995 年版。

［美］Amos J. Hatch：《如何做质的研究》，朱光明等译，中国轻工业出版社 2007 年版。

［美］杜威：《我们怎样思维·经验与教育》，姜文闵译，人民教育出

版社 2005 年版。

［瑞典］胡森：《国际教育百科全书》（第 8 卷），李维、丁延森主编，贵州教育出版社 1991 年版。

［英］弗雷阿尔德·诺思·怀特海：《教育的本质》，刘玥译，北京航空航天大学出版社 2019 年版。

［英］吉登斯：《社会的构成——结构化理论纲要》，李康、李猛译，中国人民大学出版社 2016 年版。

（二）论文

安静、王琳博：《文科研究生学术素养的内涵、要素及培养》，《重庆高教研究》2013 年第 1 期。

常俊跃：《对〈国标〉框架下外语院校英语专业课程设置的思考》，《外语教学》2018 年第 1 期。

冯光武：《国标与新时期外语类专业定位》，《外语教学与研究》2020 年第 6 期。

龚放：《大一和大四：影响本科教学质量的两个关键阶段》，《中国大学教学》2010 年第 6 期。

郭英剑：《对"新文科、大外语"时代外语教育几个重大问题的思考》，《中国外语》2020 年第 1 期。

何莲珍：《新时代大学外语教育的历史使命》，《外语界》2019 年第 1 期。

何瑞珠：《家长参与子女的教育：文化资本与社会资本的阐释》，《教育学报（香港）》1999 年第 1 期。

胡咏梅、范文凤和丁维莉：《影子教育是否扩大教育结果的不均等——基于 PISA 2012 上海数据的经验研究》，《北京大学教育评论》2015 年第 3 期。

蒋洪新、杨安、宁琦：《新时代外语教育的战略思考》，《外语教学与研究》2020 年第 1 期。

李波：《父母参与对子女发展的影响——基于学业成绩和非认知能力的视角》，《教育与经济》2018 年第 3 期。

李佳丽、何瑞珠:《家庭教育时间投入、经济投入和青少年发展：社会资本、文化资本和影子教育阐释》,《中国青年教育》2019 年第 8 期。

李玉琪、崔巍:《语言社会化进程中来华留学生跨文化交际能力培养——以南亚留学生为例》,《语言与翻译》2017 年第 2 期。

李忠路、邱泽奇:《家庭背景如何影响儿童学业成就？——义务教育阶段家庭社会经济地位影响差异分析》,《社会学研究》2016 年第 4 期。

刘保中、张月云和李建新:《家庭社会经济地位与青少年教育期望：父母参与的中介作用》,《北京大学教育评论》2015 年第 3 期。

刘秋颖、苏彦捷:《跨学科新生讨论班：学术生涯发展意义上的学习与研究经验的建构》,《教育研究与实验》2017 年第 3 期。

史兴松:《超学科视角下的二语社会化理论》,《现代外语》2016 年第 1 期。

史兴松、冯悦:《留学生汉语课堂跨文化适应情况质性研究》,《外语教育研究》2018 年第 1 期。

苏芳、杨鲁新:《〈课堂环境下的语言社会化：文化、互动与语言发展〉评介》,《外语教育研究前沿》2021 年第 2 期。

苏芳、杨鲁新:《外语专业本科新生学术素养社会化研究》,《外语界》2022 年第 2 期。

苏芳、杨鲁新:《语言社会化理论视角下的外语课堂研究》,《外语教学》2021 年第 5 期。

孙有中:《贯彻落实〈国标〉和〈指南〉，推进一流专业和一流课程建设》,《外语界》2020 年第 3 期。

孙有中、张虹、张莲:《国标视野下外语类专业教师能力框架》《中国外语》2018 年第 2 期。

陶沙:《从生命全程发展观论大学生入学适应》,《北京师范大学学报》（人文社会科学版）2000 年第 2 期。

王俊菊:《英语专业本科国家标准课程体系构想——历史沿革与现实

思考》，《现代外语》2015 年第 1 期。

王立非、金钰珏：《国标指引下商务英语教师专业核心素养阐释》，《外语电化教学》2019 年第 4 期。

王立非、王灿：《高等学校（财经类）英语专业人才培养方案解读：指导意见与实施要求》，《外语界》2016 年第 2 期。

王颖、王笑宇：《本科新生导师制对大学生的影响路径及实施效果研究》，《教育研究》2016 年第 1 期。

王卓：《回归与创新：〈国标〉视野下高校英语专业外国文学课程体系构建》，《外语电化教学》2019 年第 189 期。

吴岩：《新使命 大格局 新文科 大外语》，《外语教育研究前沿》2019 年第 2 期。

熊静、杨颉：《过渡与适应：哈佛大学新生指导与支持服务体系探微》，《高教探索》2018 年第 7 期。

徐烈炯：《外文系怎么办》，《外国语》2004 年第 1 期。

徐玲、母小勇：《研究生拔尖创新人才的学术素养：内涵、结构与作用机理——基于扎根理论的分析》《研究生教育研究》2022 年第 2 期。

旋天颖、黄伟：《大学本科新生研讨课的经验与分析》，《中国大学教学》2014 年第 2 期。

尹洪山：《跨文化语境中的第二语言社会化》，《广东外语与外贸大学学报》2017 年第 2 期。

应洁琼：《基于语言社会化理论的留学生汉语语用能力发展研究》，《语言教学与研究》2018 年第 5 期。

余继、石晓菲：《一流大学研究生学术素养的养成——以剑桥大学教育系博士研究生培养为例》，《重庆高教研究》2016 年第 1 期。

曾艳钰：《英语专业本科教学指南解读》，《外语界》2019 年第 6 期。

张德禄、陈一希：《我国外语专业本科生多元能力结构探索》，《外语界》2015 年第 6 期。

张德禄：《外语本科生多元能力培养教学选择模式探索》，《外语界》

2018 年第 1 期。

张德禄：《外语专业本科生信息技术能力培养模式研究》，《西安外国语大学学报》2019 年第 1 期。

张德禄、王正：《多模态互动分析框架探索》，《中国外语》2016 年第 2 期。

张德禄、张时倩：《论设计学习——多元读写能力培养模式探索》，《解放军外国语学院学报》2014 年第 2 期。

张虹：《国标背景下高校非通用语教师身份认同研究》，《中国外语》2019 年第 5 期。

张莲：《问答、交互与课堂话语——一位高校英语教师课堂话语个案分析报告》，《中国外语教育》2009 年第 2 期。

张文忠：《外语人才培养规格新议》，《山东外语教学》2021 年第 1 期。

钟美荪、金利民：《英语专业本科人才培养改革与教师专业发展》，《外语界》2017 年第 2 期。

仲伟合、赵军峰：《翻译本科专业教学质量国家标准要点解读》，《外语教学与研究》2015 年第 2 期。

二 英文

Alison Bailey and Faulstich M. Orellana, "Adolescent Development and Everyday Language Practice: Implications for the Academic Literacy of Multilingual Learners", in D. Molle, E. Sato, T. Boals and C. A. Hedgspeth eds., *Multilingual Learners and Academic Literacies: Sociocultural Contexts of Literacy Development in Adolescents*, London: Routledge, 2015.

Andrea Fontana and James Frey, "Interviewing: The Art of Science", in N. K. Denzin & Y. S. Lincoln eds., *Handbook of Qualitative Research*, Thousand Oaks: Sage, 1994.

Anne Pitkethly and Michael Prosser, "The First Year Experience Project: A

Model for University-Wide Change", *Higher Education Research and Development*, *Vol.* 20, No. 2, 2001.

ArleenLeibowitz, "Parental Inputs and Children's Achievement", *The Journal of Human Resources*, Vol. 12, No. 2, 1977.

Asta Cekaite, "Teaching Words, Socializing Affect, and Social Identities: Negotiating a Common Ground in a Swedish as a Second Language Classroom", in M. J. Burdelski and K. M. Howard eds., *Language Socialization in Classrooms: Culture, Interaction and Language Development*, Cambridge: Cambridge University Press, 2020.

Ayşegül Nergis, "Exploring the Factors that Affect Reading Comprehension of EAP Learners", *Journal of English for Academic Purposes*, Vol. 12, 2013.

Bahnam Soltani, "Academic Socialization as the Production and Negotiation of Social Space", *Linguistics and Education*, Vol. 45, 2018.

Bambi B. Schieffelin and Elinor Ochs eds., *Language Socialization Across Cultures*. New York: Cambridge University Press, 1986.

Bambi B. Schieffelin and Elinor Ochs, "Language Socialization", *Annual Review of Anthropology*, Vol. 15, 1986.

Bambi B. Schieffelin, "The Acquisition of Kaluli", in D. Slobin ed., *The Cross-Linguistic Study of Language Acquisition*, Vol. 1, Hillsdale: Lawrence Erlbaum Associates, 1985.

Bambi B. Schieffelin, *The Give and Take of Everyday Life: Language Socialization of Kaluli Children*, New York: Cambridge University Press, 1990.

Brain Street, *Literacy in Theory and Practice*, New York: Cambridge University Press, 1984.

Brain Street, Mary R. Lea and Lillis Theresa, "Revisiting the Question of Transformation in Academic Literacies: The Ethnographic Imperative", in THeresa Lillis, K. Harrington, Mary R. Lea and S. Mitchell eds.,

Working with Academic Literacies: *Research*, *Theory*, *Design*, Fort Collins, CO: WAC Clearing house, 2015.

Brian Paltridge, "Academic Writing", *Language Teaching*, Vol. 37, 2004.

Bronwyn Davies and Rom Harré. , "Positioning: The Discursive Production of Selves", *Journal for the Theory of Social Behaviour*, Vol. 20, 1990.

Carey Jewitt, "Different Approaches to Multimodality", in C. Jewitt ed. , *The Routledge Handbook of Multimodal Analysis*, New York: Routledge, 2014.

Catherine Marshall and Gretchen Rossman, *Designing Qualitative Research*, Thousand Oaks, CA: Sage, 1999.

Christine Casanave, "Local Interactions: Constructing Contexts for Composing in a Graduate Sociology Program", in D. Belcher and G. Braine eds. , *Academic writing in a Second Language*: *Essays on Research and Pedagogy*, Ables, NJ: Norwood, 1995.

Chtherine Compton-Lilly, "Academic Literacy Development: A Ten-year Case Study of an Aspiring Writer", in D. Molle, et al. eds. , *Multilingual Learners and Academic Literacies*, New York: Routledg, 2015.

Cliffford Geertz, "Thick Description: Toward an Interpretive Theory of Culture", in C. Geertz ed. , *The Interpretation of Cultures*: *Selected Essays*, New York: Basic Books, 1973.

Daniella Molle, Sato Edynn, Boals Timothy and Hedgspeth A. Carol, Multilingual Learners and Academic literacies, New York: Routledge, 2015.

Daniella Molle, Sato Edynn , Boals Timothy and Hedgspeth Carol A. , *Multilingual Learners and Academic literacies*, New York: Routledge. 2015.

Dayna Staci Weintraub, "Tied Together Wirelessly: How Maintaining Communication with Parents Affects College Adjustment and Integration", in J. C. Weidman and L. DeAngelo eds. , *Socialization in Higher Education and the Early Career*, Switzerland: Springer, 2020.

Deborah Poole, "Language Socialization in the Second Language Classroom", *Language Learning*, Vol. 42, 1992.

Debra A. Friedman, "Citation as a Social Practice in a TESOL Graduate Program: A Language Socialization Approach", *Journal of Second Language Writing*, Vol. 44, 2019.

Derya Altınmakas and Yasemin Bayyurt, "An Exploratory Study on Factors Influencing Undergraduate Students' Academic Writing Practices in Turkey", *Journal of English for Academic Purposes*, Vol. 37, 2019.

Don Kulick and Bambi Schieffelin, "Language Socialization", in A. Duranti ed., *A Companion to Linguistic Anthropology*, Oxford: Blackwell, 2004.

Donna Patrick, "Language Socialization and Second Language Acquisition in a Multilingual Arctic Quebec Community", in R. Baylay and S. R. Scheter eds., *Language Socialization in Bilingual and Multilingual Societies*, Sydney: Multilingual Matters, 2003.

Dwight Atkinson, "Language Socialization and Dy-socialization in a South Indian College", in R. Bayley and S. Schecter eds., *Language Socialization in Bilingual and Multilingual Settings*, Clevedon: Multilingual Matters, 2003.

Ekaterina Moore, "Affective Stance and Socialization to Orthodox Christian Values in a Russian Heritage Language Classroom", in M. J. Burdelski and K. M. Howard eds., *Language Socialization in Classrooms: Culture, Interaction and Language Development*, Cambridge: Cambridge University Press, 2020.

Elinor Ochs and Bambi Schieffelin, "Language Socialization: An Historical Overview", in Patricia Duff and S. May eds., *Language Socialization*, Switzerland: Springer, 2017.

Elinor Ochs and Bambi Schieffelin, "The Theory of Language Socialization" in A. Durante, E. Ochs and B. B. Schielffelin eds., *The Handbook of Language Socialization*, UK: Wiley-Blackwell, 2012.

Elinor Ochs and Lisa Capps, *Living Narrative: Creating Lives in Everyday Storytelling*, Cambridge, MA: Harvard University Press, 2001.

Elinor Ochs, *Culture and Language Development: Language Acquisition and Language Socialization in a Samoan Village*, Cambridge: Cambridge University Press, 1988.

Elinor Ochs, "Variation and error: A Sociolinguistic Study of Language Acquisition in Samoa", in D. Slobin ed., *The Cross-Linguistic Study of Language Acquisition*, Vol. 1, Hillsdale: Lawrence Erlbaum Associates, 1985.

Fei Guo, Huafeng Zhang and Xi Hong, "Understanding Graduate Students Socialization in China: A Theoretical Framework", in J. C. Weidman and L. DeAngelo eds., *Socialization in Higher Education and the Early Career*, Switzerland: Springer, 2020.

Fogle, Lyn Wright Fogle, *Second Language Socialization and Learner Agency: Adoptive Family Talk*, Bristol: Multilingual Matters, 2012.

Gabriela Gámem-Gutiérrez and Alex Gilmore, "Expert-novice Interaction as the Basis for L2 Developmental Activity: A SCT Perspective", *Language and Sociocultural Theory*, Vol. 5, No. 1, 2018.

Gabriele Pallotti, "Towards an Ecology of Second Language Acquisition Process", in E. Kellerman, B. Weltens, and T. Bongaerts eds., *Euro SLA 6: A Selection of Papers*, Vol. 55, 1996.

Geoff William, "Language Socialization: A Systemic Functional Perspective", in P. A. Duff and N. H. Hornberger eds., *Encyclopedia of Language and Education*, Vol. 8, *Language Socialization*, 2008.

George Blue, *Developing Academic Literacy*, New York: Peter Lang, 2010.

Gina A. Garcia, Jenesis J. Ramirez and Oscar E. Patrón, "Rethinking

Weidman's Models of Socialization for Latinxs along the Postsecondary Educational Pipeline", in J. C. Weidman and L. DeAngelo eds. , *Socialization in Higher Education and the Early Career*, Switzerland: Springer, 2020.

Guofang Li, "Home Environment and Second-language Acquisition: The Importance of Family Capital", *British Journal of Sociology of Education*, Vol. 28, No. 3, 2007.

Hanna Hottenrott and Matthias Menter, "The Socialization of Doctoral Students in the Emergence of Structured Doctoral Education in Germany", in J. C. Weidman and L. DeAngelo eds. , *Socialization in Higher Education and the Early Career*, Switzerland: Springer, 2020.

Harry F. Wolcott, *The Art of Fieldwork*, Walnut Creek, CA: Alta Mira; 2005.

Henry Janks and Barbara Comber, "Critical Literacy Across Continents", in K. Pahl and J. Rowsell eds. , *Travel Notes from the New Literacy Studies: Instances of Practice*, Clevedon: Multilingual Matters, 2006.

IlonaLeki, "A Narrow Thinking System: Nonnative-English-speaking Students in Group Projects across the Curriculum", *TESOL Quarterly*, Vol. 35, 2001.

James Lantolf and Steven L. Thorne, *Sociocultural Theory and the Genesis of Second Language Development*, Shanghai: Shanghai Foreign Language Education Press, 2012.

JamesLantolf ed. , *Sociocultural Theory and Second Language Learning*, New York: Oxford University Press, 2000.

James P. Spradley, *Participant Observation*, New York: Harcourt Brace Jovanovich College Publishers, 1980.

James S. Coleman, "Social Capital in the Creation of Human Capital", *American Journal of Sociology*, Vol. 94, 1988.

JeanLave and Etienne Wenger, *Situated Learning: Legitimate Peripheral*

Participation. Cambridge: Cambridge University Press, 1991.

Jeff Bezemer and Gunther Kress, *Multimodality, Learning and Communication: A Social Semiotic Frame*, London: Routledge, 2016.

John C. Weidman and Linda DeAngelo, *Socialization in Higher Education and the Early Career-Theory, Research and Application*, Switzerland: Springer.

John C. Weidman, Darla Twale and Elizabeth Stein, "Socialization of Graduate and Professional Students in Higher Education: A Perilous Passage?" *ASHE-ERIC Higher Education Report*, Vol. 28, No. 3, San Francisco: Jossey-Bass, 2001.

John C. Weidman, Weidman, *The Effects of Academic Departments on Changes in Undergraduates' Occupational Values*, Unpublished PhD. Dissertation, University of Chicago, 1974.

John Deway, *Experience and Education*, New York, London: Routledge, 2015.

John Deway, *How We Think*, New York: Dover Publications, 1997.

John Seely Brown and Paul Dufuid, "Knowledge and Organization: A Social-Practice Perspective", *Organization Science*, Vol. 12, No. 2, 2001.

John W. Creswell and Cheryl N. Poth, *Qualitative Inquiry and Research Design: Choosing Among Five Approaches*, Thousand Oaks, California: SAGE Publications, Inc, 2018.

John W. Creswell, *Research Design Qualitative and Quantitative Approaches*, CA: USA: Sage, 1994.

Karen A. Watson-Gegeo and Matthew C. Bronson, "The Intersections of Language Socialization and Sociolinguistics", in R. Bayley, R. Cameron and C. Lucas eds., *The Oxford Handbook of Sociolinguistics*, Oxford University Press, 2003.

Karen A. Watson-Gegeo, "Ethnography in ESL: Defining the Essentials", *TESOL Quarterly*, Vol. 22, No. 4, 1988.

Karen A. Watson-Gegeo, "Thick Explanation in the Ethnographic Study of Child Socialization: A Longitudinal Study of the Problem of Schooling for Kwara'ae, Slomon Islands Children", in W. A. Corsaro and P. J. Miller eds., *Interpretive Approaches to Children's Socialization*, Special issue of *New Directions for Child Development*, Vol. 58, 1992.

Karen Watson-Gegeo and David Gegeo, "Calling-out and Repeating Routines in Kwara'ae Children's Language Socialization", in Bambi Schieffelin and E. Ochs eds., *Language Socialization Across Cultures*, Cambridge: Cambridge University Press, 1986.

Karen Watson-Gegeo and Sara Nielsen, "Language Socialization in SLA", in C. J. Doughty and H. L. Michael eds., *The Handbook of Second Language Acquisition*, Oxford: Blackwell, 2003.

Kate Pahl and Jennifer Rowsell, "Introduction", in K. Pahl and J. Rowsell eds., *Travel Notes from the New Literacy Studies: Instances of Practice*, Clevedon: Multilingual Matters, 2006.

Kate Pahl, "Ephemera, Mess and Miscellaneous Piles: Texts and Practices in Families", *Journal of Early Childhood Literacy*, Vol. 2, No. 2, 2002.

Ken Hyland and Liz Hamp-Lyons, "EAP: Issues and Directions", *Journal of English for Academic Purposes*, Vol. 1, No. 1, 2002.

Lanita Jacobs-Huey, "Ladies are Seen, not Heard: Language Socialization in a Southern, African American Cosmetology School", *Anthropology and Education Quarterly*, Vol 34, 2003.

Laura M. Ahearn, "Language and Agency", *Annual Review of Anthropology*, Vol. 30, 2001.

Leslie Moore, "Language Socialization and Second/Foreign Language and Multilingual Education in Non-western Settings", in P. A. Duff and N. H. Nancy eds., *Encyclopedia of Language and Education*, Vol. 8, *Language Socialization*, Boston: Springer, 2008.

Lev S. Voygotsky, *Mind in Society: The Development of Higher Psychological*

Processes. Cambridge, MA: Harvard University Press, 1978.

Linda Harklau, "Representational Practices in Multi-modal Communication in U. S. High Schools: Implications for Adolescent Immigrants", in R. Bayley and S. Schecter eds. , *Language Socialization in Bilingual and Multilingual Societies*, England: Multilingual Matters, 2003.

Lucinda Pease-Alvarez, "Transforming Perspectives on Bilingual Language Socialization", in R. Bayley and S. Schecter eds. , *Language Socialization in Bilingual and Multilingual Societies*, England: Multilingual Matters, 2003.

Luxin Yang, "Doing a Group Presentation: Negotiations and Challenges Experienced by Five Chinese ESL Students of Commerce at a Canadian University", *Language Teaching Research*, Vol. 14, No. 2, 2010.

LysyaSeloni, "Academic Literacy Socialization of First Year Doctoral Students in US: A Micro-ethnographic Perspective", *Journal of English for Academic Purpose*, Vol. 11, No. 1. 2012.

Margaret Eisenhart, "Educational Ethnography: Past, Present and Future: Ideas to Think With", *Educational Researcher*, Vol. 30, 2001.

Marilyn S. Sternglass, *Time to Know Them: A Longitudinal Study of Writing and Learning at the College Level*. Mahwah, NJ: Lawrence Erlbaum Associates, 1997.

Marina Aminy, *Constructing the Moral Identity: Literacy Practices and Language Socialization in a Muslim Community*, PhD dissertation, University of California, Berkeley, 2004.

Mary Louise Pratt, "Arts of the Contact Zone", *Profession*, Vol. 91, 1991.

Mary R. Lea and Brain V. Street, "Student Writing in Higher Education: an academic literacies approach", *Studies in Higher Education*, Vol. 23, No. 2, 1998.

Masaki Kobayashi, *A Sociocultural Study of Second Language Tasks: Activi-*

ty, *Agency, and Language Socialization*, Unpublished doctoral dissertation, University of British Columbia, Vancouver BC, Canada, 2004.

Masaki Kobayashi, Sandra Zappa-Hollman and Patricia Duff, "Academic Discourse Socialization", in Patricia A. Duff and S. May eds., *Language Socializing, Encyclopedia of Language and Education*, New Zealand: Springer, 2017.

Matthew Clay Bronson and Karen Ann Watson-Gegeo, "The Critical Moment: Language Socialization and the Revisioning of First and Second Language Learning", in P. Duff & N. Hornberger eds., *Encyclopedia of Language and Education*, Vol. 8: Language Socialization, Boston: Springer, 2008.

Matthew Clay Bronson, *Writing Passage: Academic Literacy Socialization Among ESL Graduate Students: A Multiple Case Study*, PhD dissertation, University of California, 2004.

Matthew M. Burdelski and Kathryn M. Howard, *Language Socialization in Classrooms: Culture, Interaction and Language* Development. Cambridge: Cambridge University Press, 2020.

Matthew M. Burdelski, "Embodiment, Ritual, and Ideology in a Japanese-as-a-Heritage-Language Preschool Classroom", in M. J. Burdelski and K. M. Howard eds., *Language Socialization in Classrooms: Culture, Interaction and Language Development*, Cambridge: Cambridge University Press, 2020.

Matthew Miles, Michael Huberman and Johnny Saldaña, *Qualitative Data Analysis: A Methods Sourcebook*, London: Sage Publications, Inc, 2014.

Merill Swain, Penny Kinnear and Linda Steinman, *Sociocultural Theory in Second Language Education*. Toronto: Multilingual Matters, 2015.

Meryl Siegal, "The Role of Learner Subjectivity in Second Language Sociolinguistic Competency: Western Women Learning Japanese", *Applied Linguistics*, Vol. 17, 1996.

Michael Q. Patton, *Qualitative Research and Evaluation Methods: Integrating Theory and Practice*, Thousand Oaks, CA: Sage Publications, Inc, 2014.

Monique Sénéchal and Jo-Anne LeFervre, "Storybook Reading and Parent Teaching: Links to Language and Literacy Development", in P. R. Britto and J. Brooks-Gunn eds. , T*he Role of Family Literacy Environments in Promoting Young Children's Emerging Literacy Skills*, San Francisco, CA: Jossey-Bass, 2001.

Monique Sénéchal, "Testing the Home Literacy Model: Parent Involvement in Kindergarten is Differentially Related to Grade 4 Reading Comprehension, Fluency, Spelling, and Reading for Pleasure", *Scientific Studies of Reading*, Vol. 10, No. 1, 2006.

Nancy Hornberger and Holly Link, "Translanguaging Andtransnational Literacies in Multilingual Classrooms: A Biliteracy Lens", *International Journal of Bilingual Education and Bilingualism*, Vol. 15, No. 3, 2012.

Nancy Hornberger, "Biliteracy, Transnationalism, Multimodality, and Identity: Trajectories Across Time and Space", *Linguistics and Education*, Vol. 18, 2007.

Naoko Morita, "Discourse Socialization through Oral Classroom Activities in a TESL Graduate Program", *TESOL Quarterly*, Vol. 34, No. 2, 2000.

Naoko Morita, "Negotiating Participation and Identity in Second Language Academic Communities", *TESOL Quarterly*, Vol. 38, No. 4, 2004.

Niko Besnier and Brain Street, "Aspects of Literacy", in T. Ingold ed. , *Companion Encyclopedia of Anthropology*, London: Routledge, 1994.

Norman K. Denzin and Yvonna S. Lincoln eds. , 2018, *The Sage Handbook of Qualitative Research*, LA: Sage Publications, Inc, 2018.

Orville G. Brim Jr. , "Socialization through the Life Cycle", in O. G. Brim, Jr. and Stanton Wheeler eds. , *Socialization After Childhood: Two Essays*, New York: Wiley, 1966.

Patricia A. Alexander, "Reading into the Future: Competence for the 21st Century", *Educational Psychologist*, Vol. 47, No. 4, 2012.

Patricia Duff and Liam Doherty, "Examining Agency in second language Socialization Research", in P. Deter, A. Gao, E. R. Miller & G. Vitanova eds, *Theorizing and Analyzing Agency in Second Language Learning*, UK: Multilingual Matters, 2015.

Patricia Duff, "An Ethnography of Communication in Immersion Classrooms in Hungary", *TESOL Quarterly*, Vol. 29, 1995.

Patricia Duff, "Language Socialization in Classrooms: Findings, Issues, and Possibilities", in M. Burdelski & K. M. Howard eds., *Language Socialization in Classrooms: Culture, Interaction and Language Development*, Cambridge: Cambridge University Press, 2020.

Patricia Duff, "Language Socialization into Academic Discourse Communities", *Annual Review of Applied Linguistics*, Vol. 30, 2010.

Patricia Duff, "Second Language Socialization", in A. Duranti, E. Ochs and B. Schieffelin eds., *The Handbook of Language Socialization*, UK, Wiley-Blackwell, 2012.

Patricia Duff, "Social Dimensions and Processes in Second Language Acquisition: Multilingual Socialization in Transnational Contexts", *The Modern Language Journal*, Vol. 103, Supplement 2019.

Patricia Lamarre, "Growing up trilingual in Montreal: Perceptions of College Students", in R. Bayley and S. Schecter eds., *Language Socialization in Bilingual and Multilingual Societies*, England: Multilingual Matters, 2003.

Patrick T. Terenzini, Rendon Laura I., Upcrft M. Lee, Millar Susan B., Allison Kein W., Gregg Patricia L. and Jalomo Romero, "The Transition to College: Diverse Students, Diverse Stories", *Research in Higher Education*, Volrefoot Betsy Overman eds., *Challenging and Supporting the First-year Student: A Handbook for Improving the First Year of College*,

Vol. 254, San Francisco: Jossey-Bass, 2005.

PaulAtkinson, *Ethnography: Principles in Practice*, London: Routledge, 2007.

Paul Garrett and Patricia Baquedano-López, "Language Socialization: Reproduction and Continuity, Transformation and Change", *Annual Review of Anthropology*, Vol. 31, 2002.

Paul Garrett, "Researching language socialization", in K. King et al. eds., *Research Methods in Language and Education*, Encyclopedia of Language and Education, Switzerland: Springer, 2017.

Pierre Bourdieu and Jean-Claude Passeron, *Reproduction in Education, Society and Culture*, Newbury Park, CA: Sage, 1990.

Pierre Bourdieu, *Language and Symbolic Power*, Cambridge: Polity Press, 1991.

Pippa Stein and Lynne Slonimsky, "An Eye on the Text and an Eye on the Future: Multimodal Literacy in Three Johannesburg Families", in K. Pahl and J. Rowsell eds., *Travel Notes from the New Literacy Studies: Instances of Practice*, Clevedon: Multilingual Matters, 2006.

RobertBayley and Sandera R. Schecter eds., *Language Socialization in Bilingual and Multilingual Societies*, Clevedon, UK: Multilingual Matters, 2003.

Robert K. Yin, *Case Study Research and Applications: Design and Methods*, California: Sage Publications, Inc, 2018.

Roz Ivanič, *Writing and Identity: The Discoursal Construction of Identity in Academic Writing.* Amsterdam: John Benjamins, 1998.

Ruth Spack, "The Acquisition of Academic Literacy in a Second Language: A Longitudinal Case Study", *Written Communication*, Vol. 14, 1997.

Sandra Zappa-Hollman, "Academic Presentations across Post-secondary Contexts: The Discourse Socialization of Non-native English Speakers", *Canadian Modern Language Review*, Vol. 63, No. 4, 2007.

Sandra Zappa-Hollman and Patricia Duff, "Academic English Socialization through Individual Networks of Practice", *TESOL Quarterly*, Vol. 49, No. 2, 2015.

Seth Chaiklin and Jane Lave eds. , *Understanding Practice: Perspectives on Activity and Context*, Cambridge, UK: Cambridge University Press, 1993.

Sharan Merriam, *Qualitative Research and Case Study Applications in Education*, San Francisco: Jossey-Bass, 1988.

Shirley BriceHeath, *Ways With Words: Language, Life and Work in Communities and Classrooms*, Cambridge: Cambridge University Press, 1983.

Sigrid Norris, "What is a mode? Smell, Olfactory Perception, and the Notion of Mode in Multimodal Mediated Theory", *Multimodal Communication*, Vol. 2, No. 2, 2013.

Steven Talmy, "The Cultural Productions of ESL Student at Tradewinds High: Contingency, Multidirectionality, and Identity in L2 Socialization", *Applied Linguistics*, Vol, 29, No. 4, 2008.

Sures Canagarajah, *A Geopolitics of Academic Writing*, Pittsburgh: University of Pittsburgh Press, 2002.

Suresh Canagarajah, "A Somewhat Legitimate and very Peripheral Participation", in C. P. Casanave & S. Vandrick eds. , *Writing for Scholarly Publication: Behind the Scenes in Language Education*, Mahwah, NJ: Lawrence Erlbaum, 2003.

Thomas Farrell, "Reflecting on ESL Teaching Expertise: A Case Study", *System*, Vol. 41, 2013.

Étienne Wenger, *Communities of Practice: Learning, Meaning and Identity*, Cambridge, UK: Cambridge University Press, 1998.

Torsten Hägerstand, "Survival and Arena: on the life-history of Individuals in Relation to Their Geographical Environment", in T. Carlstein et al. ed. , *Timing Space and Spacing Time*, Vol 2, London: Arnold, 1978.

Ursula Wingate, *Academic Literacy and Student Diversity*, Toronto: Multilingual Matters, 2015.

Valerie J. Janesick, "A Journal about Journal Writing as a Qualitative Research Technique: History, Issues, Reflections", *Qualitative Inquiry*, Vol. 5, 1999.

Wayne Yang, *Taking Over: The Struggle to Transform an Urban School System*, PhD dissertation, University of California, Berkeley, 2004.

William Firestone, "Alternative Arguments for Generalizing from Data as Applied to Qualitative Research", *Educational Researcher*, Vol. 22, 1993.

Yalun Zhou, Rebecca L. Oxford and Michael Wei, "A Chinese Student's Early Education in U. S. K‐12 Schools: A Multilevel Perspective", in W. Ma, and G. Li eds., *Chinese-Heritage Students in North American Schools: Understanding Hearts and Minds Beyond Test Scores*, New York: Routledge, 2016.

Young Yun Kim, *Becoming Intercultural: An Integrative Theory of Communication and Cross-Cultural Adaptation*, Thousand Oaks, CA: Sage, 2001.

Yrjö Engeström, *Learning by Expanding: An Activity Theoretical Approach to Developmental Research*, Helsinki: Orienta-Konsultit, 1987.

Yvonna S. Lincoln and Egon G. Guba, *Naturalistic Inquiry*, Newbury Park, CA: Sage, 1985.

附　　录

附录一　大学生社会化模型演化

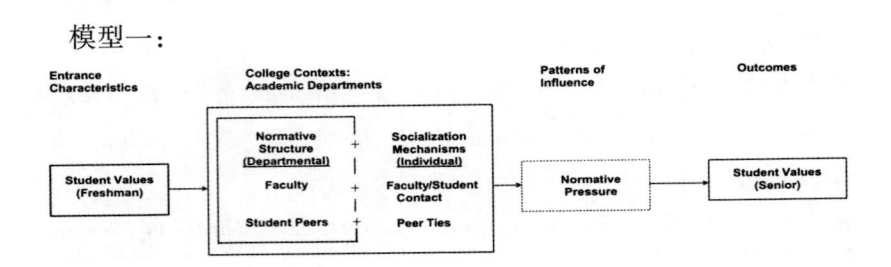

模型一：

A model of undergraduate socialization in academic departments (Weidman 1974: 16).

模型二：

A conceptual framework for the study of undergraduate occupational socialization (Weidman 1984: 447).

模型三：

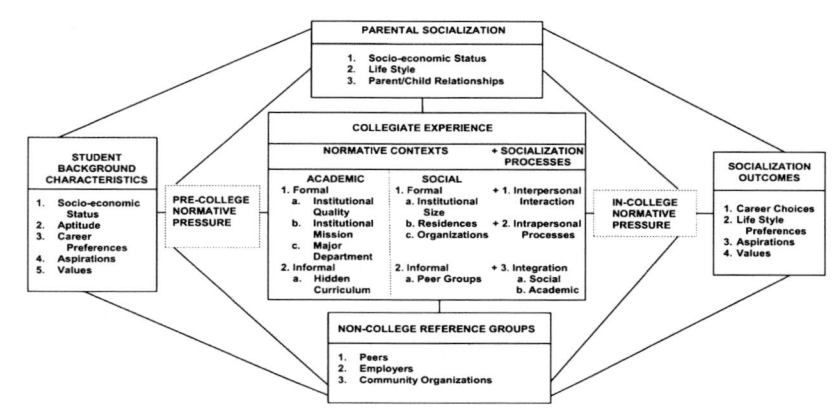

A conceptual model of undergraduate socialization（Weidman 1989：299）.

模型四：

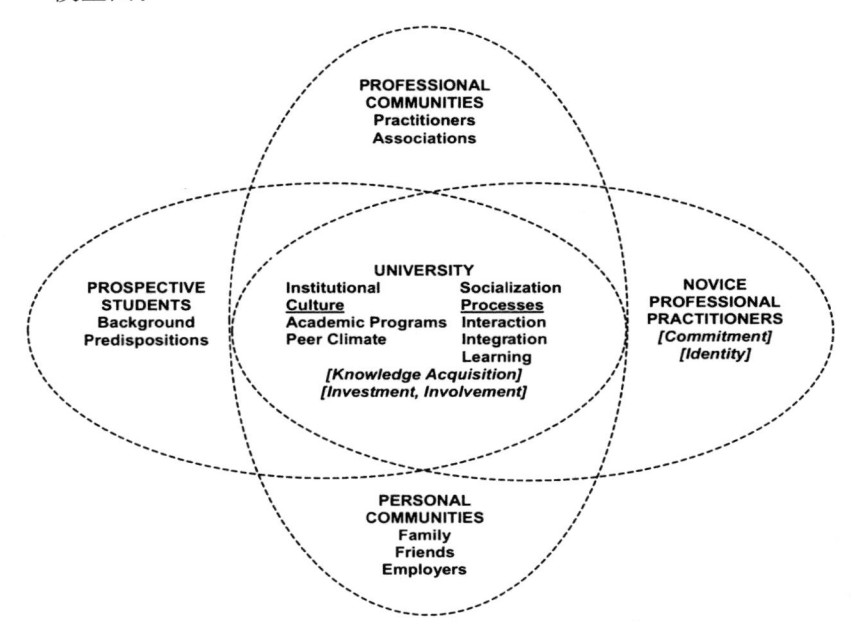

Conceptualizing graduate and professional student socialization（Weidman et al. 2001：37）.

模型五：

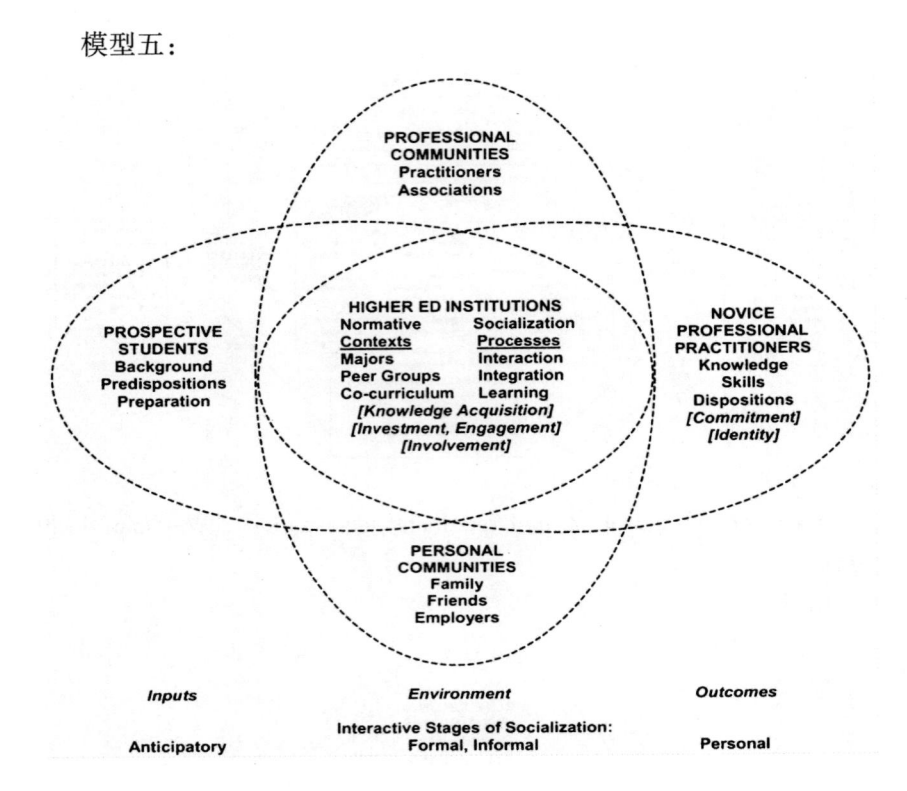

```
                    PROFESSIONAL
                     COMMUNITIES
                     Practitioners
                      Associations

                   HIGHER ED INSTITUTIONS
                   Normative    Socialization        NOVICE
   PROSPECTIVE     Contexts     Processes         PROFESSIONAL
     STUDENTS     Majors        Interaction       PRACTITIONERS
    Background   Peer Groups    Integration         Knowledge
  Predispositions Co-curriculum  Learning             Skills
    Preparation   [Knowledge Acquisition]          Dispositions
                  [Investment, Engagement]         [Commitment]
                       [Involvement]                [Identity]

                      PERSONAL
                     COMMUNITIES
                       Family
                       Friends
                      Employers


      Inputs             Environment              Outcomes

                  Interactive Stages of Socialization:
   Anticipatory         Formal, Informal           Personal
```

Conceptualizing organizational socialization of students in higher education (Weidman 2006: 257).

模型六：

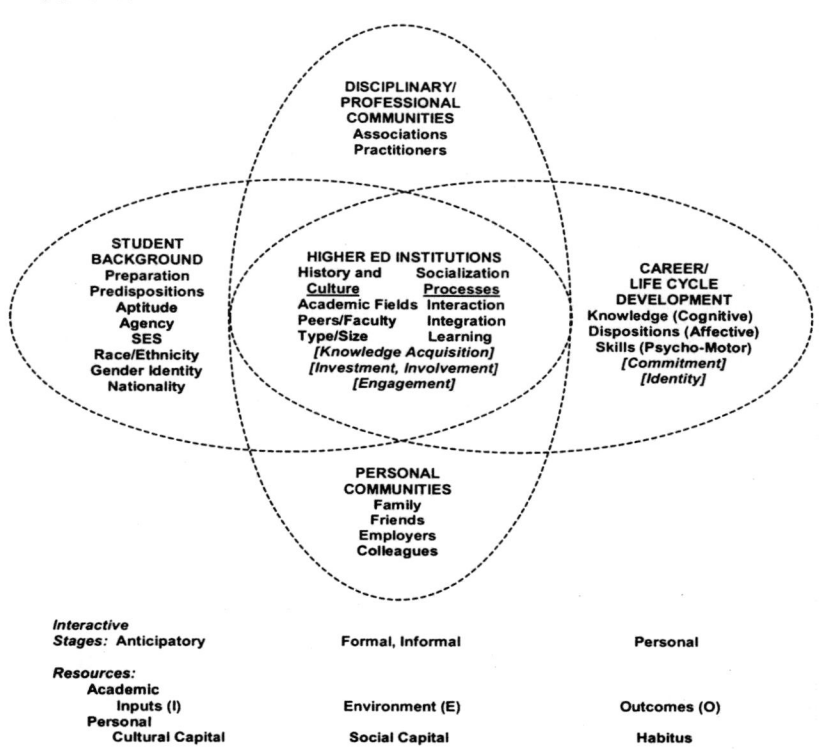

DISCIPLINARY/ PROFESSIONAL COMMUNITIES
Associations
Practitioners

STUDENT BACKGROUND
Preparation
Predispositions
Aptitude
Agency
SES
Race/Ethnicity
Gender Identity
Nationality

HIGHER ED INSTITUTIONS
History and   Socialization
Culture   Processes
Academic Fields Interaction
Peers/Faculty   Integration
Type/Size   Learning
[Knowledge Acquisition]
[Investment, Involvement]
[Engagement]

CAREER/ LIFE CYCLE DEVELOPMENT
Knowledge (Cognitive)
Dispositions (Affective)
Skills (Psycho-Motor)
[Commitment]
[Identity]

PERSONAL COMMUNITIES
Family
Friends
Employers
Colleagues

Interactive
Stages: Anticipatory   Formal, Informal   Personal

Resources:
Academic
  Inputs (I)   Environment (E)   Outcomes (O)
Personal
  Cultural Capital   Social Capital   Habitus

Conceptualizing socialization of students in higher education（Weidman and DeAngelo 2020：314）.

附录二　参与者第一年阅读书单

泇灏大学第一学年（2018—2019 年）阅读书单

《存在主义简论》	《红玫瑰与白玫瑰》	《天朝的崩溃》
《通往奴役之路》	《瞧，这个人 尼采》	《房思琪的初恋乐园》
《文学理论》	《悲剧的诞生》	《战后日本经济史》
《中国哲学简史》	《鼠疫》	《秒速五厘米》
《慢、好笑的爱》	《墙》	《存在主义是一种人道主义》
《权力意志与永恒轮回》	《我的职业是小说家》	《胡适散文集》
《爱情与其他魔鬼》	《青色时代》	《浮生六记》
《心是孤独的猎手》	《情人 渡边淳一》	《饥饿的盛世》
《乌合之众》	《这不是一只烟斗》	《大明王朝的七张面孔》
《刺杀骑士团长》	《什么是批判/自我的文化》	《假如真有时光机》
《过于喧嚣的孤独》	《疯癫与文明》	《低欲望社会》
《下流社会》	《中国国民性演变》	

展颜第一学年（2018—2019 年）阅读书单

Vision（《设计艺术》）、Times（《时代周刊》）、《环球银幕》《巴黎评论》《少数派报告》《纳博科夫短篇小说》《漫威公司历史》《穆夏画册》《达利画册》《王尔德》《那不勒斯四部曲》《阿拉伯通史》《阿多尼斯诗集》《我们一无所有》《幻影书》《小径分岔的花园》《阿西莫夫作品》《二十首情诗和一首绝望的歌》《魔山》《爱伦坡小说》《4321》（保罗奥斯特作品）

浚源大学第一学年（2018—2019 年）书单

《哲学是什么》《西班牙旅行笔记》
《人间失格》《时间移民》
《三体》《心理罪》
《天朝的崩溃》
《阿弥陀佛么么哒》
《斯坦福高效睡眠法》
《你不是记性差，只是没找对方法》
《霍乱时期的爱情》
《你的降落伞是什么颜色的》
《人性的弱点》

知渊第一学年（2018—2019 年）书单

《科里尼案件》
《守望灯塔》
《佩德罗·巴拉莫》
《在通向语言的途中》
《文化遗产报告》
《南南合作和中国的对外援助》
《中国南南合作发展报告》
《老妇还乡》（*Der Besuch der alten Dame*）
The Gallic War（《高卢战记》）（英文）
联合国教科文组织网站上的部分英文报告

附录三　问卷调查

大学生语言学习与语文能力发展问卷调查

同学，您好！本问卷旨在了解您的语言学习经历。您详尽细致的答案将对我们进一步了解大学生的语言学习过程有着重要的作用。您的信息仅供研究，不会用作其他用途，请您放心！感谢您的配合！

您的姓名：_____

性别：男/女

年龄：_____

您所在省市：_____省_____市

该省市的高考语文满分为：_____您的成绩：_____如您是保送生请打钩（　）

该省市的高考英语满分为：_____您的成绩：_____如您是保送生请打钩（　）

您的专业：_____

您选择该专业的理由是：

请您描述一下您初高中英语学习经历（重点谈谈对您产生重要影响的事件或人）

如您愿意接受进一步访谈，请您选择您所倾向的任一联系方式进行填写：

QQ：

微信：

E-mail：

电话：

附录四　访谈题纲（四例）

辛老师访谈题纲

课前

1. 您是怎么想到要开这门课的？（是否可以提供学校开课的相关材料）

2. 您如何设计这门课，依据是什么？

课中

1. 前两周主要是您讲，您有什么感受？

2. 为什么会在第二周结束的时候想到让学生做 pre？这是大纲上没有。

3. 您关于 pre 给学生的指示很少，是有意这样做的吗？

4. 学生第一次 pre 后您满意吗？（我要听一下录音，看老师给了什么评价）

5. 第三、第四、第五周是五个组都做，后来您进行了调整，改为每周两组做，是出于什么考虑？

此外，您对 pre 的内容也有所调整

6. 第六周（10 月 30 日）上课时您加入了学生点评环节，您为什么会在此时加入点评？您如何评价学生的点评？

7. 您在整个过程中也不断地给学生提供中文文献，是出于什么考虑？您也会关心学生，您在教学中更看重什么呢？

8. 第七周（11 月 9 日）您在微信群里发了课程成绩评估要求的文件，这与教学大纲上的评估不同，您为何做这样的调整？

课后

9. 您如何评价您的这个课，您觉得您的教学目标达成了吗？

10. 如果还开这个课，您会做什么调整吗？

学生第一次访谈题纲

1. 请详细说一下你为什么选择这一专业？如何接触的？是否有基础？

2. 初、高中的语言学习经历？

语言学习的时间（课内，课外）怎么学？重点是什么？听说读写？

3. 写作方面有什么经历？写作的地位？有什么训练？

写前的准备？

写作过程，重注什么？

写后：修改？反馈？什么样的反馈？收获是什么？有何期待？

4. 课外的阅读？阅读对写作的影响？

5. 开学这段时间的专业学习情况？困难？期望？如何应对？

6. 他人的影响？

老师、同学、家庭等？

7. 未来语言学习的期望。

学生第二次访谈提纲

1. 课前对教学大纲了解吗？有什么感受？

2. 对大纲上的作业有了解吗？有什么感受？

3. 目前为止这个课你的收获是什么？具体谈一下，印象最深的是什么？

4. 阅读怎么样？难度？怎么读？有什么问题？怎么解决？

The power of reading?

时间安排？

5. 写作怎么样？难度？怎么写的？有什么问题？怎么解决的？学术写作的认识从何而来？

几次写作作业有无变化？是什么？

6. 对学术写作有什么认识？

7. 对 pre 有何看法？收获是什么？

8. 点评怎么看？有何收获？

9. 外语（英语）学习情况？

10. 专业课进展（这门课对专业课的作用体现在哪里？）

锦添第三次访谈提纲

1. 假期生活怎么样？有什么经历？

2. 你在假期开始不久就很快完成了叙事的写作，其中特别提到了 pre，论文，那你觉得你在论文写作方面的收获是什么？觉得进步大吗？老师分享了第一组的学期论文，你看了吗？有什么感受？

你在叙事中的成长经历部分"观察思考与成长"谈到了自己如何观察，如何思考，你能再具体谈一下你的成长吗？

3. 经过一个学期的学习，你对语言学习与语文能力发展是否有新的认识？对语文能力发展有什么理解？是什么原因导致你的变化？

4. 还记得我们大纲上的课程目标吗？你觉得你达到这些目标了吗？

现在来看这门课你的收获是什么？对你现在语言学习有什么指导，具体说一下。

5. 在学期末的成绩申请中，你给自己打 90 分，但只是列举了一些优点，不足。但优点并不是很特别，可能每个同学都可能有类似的努力，你还能想出你更特别的方面吗？

6. 你怎么看待这样的评价方式（让学生自己申请分数）？对你的学习过程有什么帮助？具体说明一下。

7. 你在第一次访谈中提到了学习时间不够多的问题，现在时间安排如何？第二次访谈中也提到了要多读书，你执行得怎么样？进展如何？

8. 你如何评价这门课（课堂活动形式、内容、设计、目标、评价及效果），你觉得这门课上老师教会了你什么？

9. 老师对课程在教学中有不断的调整，你有注意到吗？

10. 之前我们聊了对同学们点评的看法，在此期间，其实老师的点评也不少，你怎么看老师的点评？

11. 如何评价老师的教学？

你会和同学或者其他人聊这个课吗？都聊什么？

12. 这门课对你阿语专业的学习有何影响，具体谈谈。语言学习的影响因素是什么？

13. 如果有机会重新学习这门课，你会有什么不一样的行动吗？为什么？

14. 如果让你给自己取个名（在论文或报告里出现），你会取什么？

附录五 知情同意书

Dear Students,

  I am a doctoral student at the National Research Centre for Foreign Language Education at Beijing Foreign Studies University. You are invited to participate in a research about your academic literacy socialization. The following information is provided for you to make an informed decision whether or not to participate. Your participation in this research project is voluntary. I promise to protect your privacy. And any information will have NO affect on your grade of taking the course.

  The purpose of this study is to explore the processes, experiences, and practices of academic literacy socialization of first year language learners at university. Specifically, this research project delves into how Chinese first year language learner go through the processes of language socialization, what academic literacy practice they engage in, what challenges they encounter during this process and how they deal with them.

  Participation in this research will require your permission to use your data files that you submit to the course instructor and to video-record some of your participation in the class, such as your oral presentations. In addition, you will be asked to have interviews with the researcher with your permission to audio-record.

  If you agree to participate in this research project, you will be asked to sign an Informed Consent form.

  Your participation is voluntary. You may withdraw at any time by notify the researcher, SU Fang via Email: sufang811@bfsu.edu.cn or Phone: 13674853430 or scan the QR code to contact with me via WeChat. If you consent to participate, all of your response and information will NOT be disclosed to a third party.

The results obtained from the research may be published in professional journals or presented at academic meetings but the researcher will keep your identity confidential under the pseudonym you chose for yourself at the first interview.

If you elect to participate in this study, please sign the statement attached.

The investigator:
Ms. Fang Su
Ph. D. candidate in Applied Linguistics, BFSU
E-mail: sufang811 @ bfsu. edu. cn
Phone: 13674853430

Dissertation Advisor:
Dr. Luxin, Yang
professor of Applied Linguistics, BFSU
E-mail: yangluxin @ bfsu. edu. cn
Office: 653 West Campus Building, BFSU

Voluntary Consent Form

I have read and understand the information on the informed consent form. I agree to volunteer to be a research participant in this study. I understand that my responses and information are handled as strictly confidential and that I have the right to withdraw this study at any time.

Name: _____

Signature: _____

Date: _____

(Contact via, choose one)

Phone number: _____

Email: _____

WeChat: _____

I hereby certify that I have explained to the above individual the purpose, the nature, the potential benefits, and possible risks associated with participating in this study in a clear manner. I have answered any questions that have been raised and have verified the above signature by the participants.

Date: _____   Investigator's Signature: _____

附录六 访谈数据报告（节录）

泇灏第一次访谈数据报告

访谈时间：18.10.26 14:40-15:40   时长：46分
访谈地点：图书馆研讨间
撰写时间：19.1.23
访谈内容要点：
  一、关于专业选择
  二、英语学习经历
  三、关于英语写作
  四、关于阅读
  五、家庭环境对语言学习的影响
  六、目前的学习（入学两月）
  七、关于业余生活、社团活动
  八、关于S课程初步感受

一、关于专业选择

  最主要的原因是高考的分数没有达到自己想学的经济专业，退而选择语言专业。其次是个人喜好，对日本文化有了解，有一点点基础。

  2. 泇灏：啊这个原因很多是首先最主要的其实是高考，原因就是高考的分数没有到，我个人是第一想学经济，第二想学语言，然后就是高考那个分不够去我想去的大学学经济，然后那我想那就学语言吧。然后我是因为自己报了上外和F大学的那个自招，但是上外过的那个专业不是语言专业，是一个综合类的专业，然后北外过的专业有日语。我个人比较喜欢日语，然后就选了这个专业！

  3. 苏：为什么喜欢日语呢？
  4. 泇灏：就是个人兴趣原因吧。就是首先小时候看那个动漫比较多嘛，然后就挺感兴趣的。然后上了高中以后就是同学也是接触日本文化比较多那种，然后下课可以聊聊天这样子。然后平时看日本的文学也比较多，像那个村上啊什么都挺喜欢的，然后我觉得日语呢它比较有意思，就是讲起来挺有意思的。
  5. 苏：之前有日语基础吗？
  6. 泇灏：我高一那个时候就是还没有决定要干吗的时候，就是自己在学那个五十音，就是最基础的东西，我想先学一点。（就是怎么说）就感觉挺有意思的。

二、英语学习经历

  1、小学：接触时间较早，主要是学校的英语课。妈妈建议去上辅导班，试听了一些，但不感兴趣，拒绝去。主要是自己学，因为不难，学得不错。

  8. 泇灏：英语最早最早接触应该就是在小学里嘛，小学里就是普通的那个啊。上课就是跟着老师上英语课，然后就是该做作业做作业。然后主要我妈是一个比较注重学英语的人，她觉得英语非常重要，然后小的时候带我去过那种

附录七　研究日志两则

　　之前对于访谈如何开展应该说是只基于理论，虽然也开展了几次访谈，但与真正意义上质性研究中的访谈是不大一样的。通过上一次的访谈，似乎明白了如何做到聆听。这一次的访谈虽然之前有个大概的框架，但还是在聆听的过程中挖掘到了不少的问题，让我觉得访谈的不易。但是还应该看看相关的研究方法的书，进一步了解一下，读一些英文专著。

　　此外，在访谈的过程中我意识到了作为研究者的多重身份，有的说要保持客观，但我认为在本研究中，目的是看学生的读写能力的发展，我为什么不能作为一种 mediation 在访谈的过程中，通过问题本身也向受访者提供帮助呢？也许就是本研究对受访者的作用之一吧。在写作的过程中可以谈一下，尤其是有访谈者指出"我现在才认识到"。这也许对我们的教学也是一种启示：课后的反馈，对学生的了解，也是 assessment 的内容之一吧。访谈中还出现的问题是有时你希望受访者多说的地方，他却没话说，或者说不出来，如何引导是个问题。

（2018 年 12 月 13 日 14：50 图书馆 5 楼）

　　下午锦添的这个访谈有点费劲，可能是与自己的期望有关。这个问题要改，不能带着期望去访谈。但我最大的一个发现就是在访谈的过程中学生似乎对一些问题有了认识，或产生了新的认识，或有了新的思考，这是让我觉得研究比较有意义的一点。我给学生了点小小的礼物作为感谢，但学生说"您让我参加这个，为我做这么多，让我学习到，认识到很多，还给我吃的，谢谢您"。但发现了访谈的不足，即有些问题对他们来说是需要时间来思考，回忆的，尽管我说你可以思考，但似乎孩子们都害怕"安静"时刻，或许会觉得不好意思，就会匆匆开口，要么就是说我只能想到这些，暂时就这么多等。其实他们还是有很多话要说的。所以提前给他们布置了一个写 narrative 的作业，就是写一个关于自己学习这个课的故事。但显然，烯月欣然接受，而锦添有点不知所措，他害怕达不到我的要求，但我一再强调，你的目标是尽可能展示出自己学习的经历，稍注意一下逻辑，要写成故事就可以了。他点点头似乎明白了。我关了录音笔，又与他交流了一些看到的问题，他似乎明白了很多，频频点头，一再感谢！

（2018 年 12 月 13 日 16:30 图书馆 3 楼）

后　　记

I am a part of all that I have met.

—Alfred, Lord Tennyson, *Ulysses*, 1882

　　本书旨在探究外语专业本科新生学术素养社会化的过程。回首这一研究历程，又何尝不是我自己的学术素养社会化过程呢？我又何尝不是受过往经历的影响，经历了初期的焦虑，又通过不断的探索，最后体验到"成功"的喜悦。一路走来，与周围的人与事的每一次遇见，都成就了现在的我，让我遇到了更好的自己。

　　当我来到北京外国语大学开启博士学习生涯之际，并没有丝毫的喜悦。因为我清楚地知道自己"欠账"太多——理论不够扎实、研究方法不够了解、文献也没读多少……对于自己博士阶段要研究什么一片茫然。但我始终在寻找着方向，不断地与导师杨鲁新教授沟通。同时，我抱着向辛老师学习的态度，聆听了辛老师几乎所有的课程与讲座。在博二的第一个学期，我再去听辛老师的课，突然被课上同学们的表现所吸引，引发了我的思考。我想知道他们有什么样的经历？这门课上他们会怎么学习？这门课又会对他们产生什么样的影响？他们在大学第一年又是如何适应大学生活的？……带着一系列问题，我开始去接触学生，并试着收集数据。但对于到底要研究什么，是不是能够能为博士论文的选题，仍是摸不着头脑。时常因此而失眠，也开始更加怀疑自己的学术能力。短暂的思考之后，当我决定以此作为博士论文选题与导师沟通时，导师没有明确肯定而只是说："可以先做着，做一个小研究也是可以的。"而天生敏感、爱多想的我则理解为"不行"。于是我经历了一个当时看来特别漫长的困惑期。但是，随着大量的文献阅读、数据的进一步收集，研究开始有所聚焦，研究问题开始清晰起来。在一次次与导师的交流中，终于得到了导师的"认同"。没来得及欣喜，我便又迎来了下一阶段的挑战。

对已收数据的处理让我感觉非常枯燥乏味。转写与校对是一项机械又枯燥的任务，我甚至觉得质性研究很"无趣"。在导师的建议下，我从写数据报告着手，逐渐开始熟悉数据，慢慢走入参与者的"文本世界"，也尝试进行初步的分析。可原本以为自己明白如何做质性研究，这时才发现自己是"似懂非懂"，只知其然而不知其所以然。于是再回头一本一本地读质性研究方法书，一遍一遍地看数据文本，一篇一篇地抠文献……其中的艰辛无法用言语诉说。但我清楚地知道我必须到达"彼岸"。因此，虽然纠结、痛苦与迷茫一直伴随左右，但并没有让我停下脚步。研究还是一步一步"向前挪着"。而我也开始慢慢学着去"享受"这一过程。

在写作过程中，如何从海量的数据中抽取最典型的数据，然后谋篇布局，对我来说同样是一大考验。培根说过 "Reading makes a full man, conference a ready man and writing an exact man"，对此我深有体会。写作让我对数据、对参与者有了更深入的理解。在完成论文之际，除了质性研究的不易让我深有体会外，我更明白了质性研究对研究者的综合素养要求之高。没有一定的理论高度，研究者是无法解读出数据的内涵，那么研究者最多就是一个理论的搬运工。一个好的质性研究者是站在理论的高度，甚至能跳出原有理论，结合自己的数据有所创新。在经历了质性研究的这一次考验后，我发现了质性研究的魅力。是它让我看的更深、更远、更清，让我有了更多的收获。

质性研究让我真切地感受到人生的每一步都很重要。通过本研究，我了解了参与者的过去、亲见了他们的当下、展望着他们的未来，看到了他们如何一步一个脚印完成一程又一程，成为更好的自己。回首自己的经历，我对此更是深信不疑：脚踏实地、用心走好每一步，去拥抱更优秀的自己。质性研究让我领略了倾听的魅力，从而更好地理解参与者，也更好地理解我自己。每一次与参与者的访谈以及每一次的课堂观察，我深切地体会到了倾听带给我的惊喜。原来，静下来、少说话不仅可以获得更多信息，也能给自己一个思考的空间。质性研究让我变得更加自信，学会了与自己和解。本研究开展过程充满困难、焦虑、痛苦，甚至让我一度到达抑郁的边缘。然而，一路走来我明白了只要坚持、懂得接受磨炼、学会与压力"交朋友"，目标定能实现，定能到达"众里寻他千百度，蓦然回首，那人却在灯火阑珊处"的境界。当然我仍为到达此种境界而不断努力着……

质性研究是一场发现之旅、探索之旅。生命不息，探索不止……

终于历经四度春秋，博士论文孕育而生。一路艰辛，满怀感恩！

感恩我的导师杨鲁新教授。导师严谨的治学态度、专业的智慧学识一直引领着我前行。导师的教导，我终身受益。导师是我人生的一座灯塔，为我前行指明方向。难忘一次次去往地铁站的途中，我们聊学术，聊教学，聊生活，聊家庭……在导师的悉心指导、关爱与鼓励下，一个个问题得到解决，一层层迷雾得以拨开，师生情谊得到滋养。牢记导师"十年磨一剑""学术如人生，做学术先要做好人""保持对学术的敬畏，不被某些社会现象所蒙蔽"等诸多教诲。是您真正开启了我的学术生涯之门，并引领我进一步探索发现。往后余生，您是我学术与人生的指明灯。

感谢亦师亦友的侯俊霞教授。您的鼓励、安慰与指导给了我莫大勇气。难忘一起在办公室吃泡面分析数据的情景，难忘讲座中强忍泪水的坚强，难忘咖啡厅所做的"五年规划"……感谢您百忙中为论文修改所提出的宝贵意见。感恩张莲教授拨冗参加我的预答辩和答辩，并对我的博士论文提出十分中恳的意见。不会忘记您在课堂上的谆谆教导，不会忘记您在办公室的用心点拨。衷心感谢百忙中参加我博士论文预答辩和答辩的专家委员：武汉大学的邓鹂鸣教授、南京大学的徐昉教授、对外经济贸易大学的冯海颖教授和吉林大学的姜峰教授。感谢各位专家在此过程中的辛苦付出及对论文修改所提出的建设性意见。感谢 Bill Littlewood 教授对英文摘要提出的修改意见。感谢华中师范大学的闫春梅教授百忙中对我开题报告的悉心指导。您的每一次问候与安慰都让我充满动力！感谢南京信息工程大学的孟春国教授和广东外语外贸大学的肖建芳教授一直以来对我的关心与鼓励。感谢华中科技大学的徐锦芬教授对博士论文开题提出的建议。感谢我的硕士导师陈亚杰教授，您的每一次关心让我感受到母爱般的温暖，阵阵暖流涌上心头。感谢单位领导张红教授一直以来的支持与鼓励。感谢好同事田玉霞在百忙中代我处理单位的各项事务，任劳任怨。

感谢北京外国语大学博士生杜小双与我分享感悟，并不断鼓励安慰我前行。与你成为志同道合的知己令我倍感幸福。愿我们都能"与自己和解"，遇见更好的自己。感谢北京大学的博士生赵娜不断与我交流研究过程中的问题与看法，成就一段美好回忆。感谢室友马倩四年的陪伴、交流与帮助，收获一份姐妹深情。感谢安徽农业大学刘成科博士的分享与鼓励。感谢同门陈文婷博士在我读博期间的安慰与鼓劲。感谢师妹李琛、范厉杨和苗立丰及师弟傅帅、张琳涛在我博士论文写作过程中给予的无私帮助，感谢你们的认真倾听与真诚支持。特别感谢师妹李琛在我博士学位论文答辩过程中的用心准备，为我留下了美好的回忆。感谢读博四年期间与我一起学习，一起研讨，一起运动的同学们。成长的路上有你们相伴，真好！

感谢本研究参与者的无私付出！这里虽然不能写出你们的真实姓名，但是没有你们，这篇论文就不复存在。是你们的毫无保留和真情表达，让我体会到了质性研究的魅力，让我享受到了研究的快乐。忠心感谢你们的真心、用心与爱心！

感谢我的家人。感恩父母伟大无私的爱。感恩父母为让我安心学习而隐瞒健康状况。在我忙于数据收集、整理与论文写作阶段，父母"拒绝看望"而让我全心投入。衷心感谢父母的理解与支持。感谢爱人陈峰无私的爱！为了我的发展，你放弃了部队良好发展前景，主动脱下军装，成为我坚强的后盾。你一个人边带孩子边不断突破自己成为一名律师，其中的艰辛远比我这四年经历的要多。是你在我没有进展而气馁时不停地鼓励开导我；是你在我初稿成形后第一个用心通读全文，并提出宝贵意见；是你在女儿生病时还让我放心返校；是你在我即将毕业时让我好好享受最后的校园生活……感谢我的宝贝女儿陈苏日娜，你是妈妈坚持下来的重要动力，成为你的榜样是妈妈努力的方向。永远难忘深夜女儿叮嘱"妈妈回去学校要好好学习，不要浪费时间，早点儿毕业"，然后倒头沉睡的样子。没有你们的一路陪伴与支持，就不会有我今天的所得。

一文难论四载求学艰辛与磨砺，一纸难尽四年恩情所养与所获！

感谢西安外国语大学英文学院、外国语言学及应用语言学研究中心、中国社会科学出版社在成书过程中提供的支持。限于个人学识与资历，作为学术生涯的第一本著作，书中错误与浅薄在所难免，恳请读者朋友们批评指正。感恩所有遇见！

一切过往，皆为序章！让我们在探索之途，遇见更好的自己。

2021 年 4 月 26 日于北京外国语大学
2023 年 1 月 26 日修改于西安外国语大学